Verhaltensgestörte Kinder und Jugendliche

George von Hilsheimer

Verhaltensgestörte Kinder und Jugendliche

Übungsprogramme und praktische Anregungen für Erzieher, Lehrer und Eltern

Otto Maier Verlag Ravensburg

Die amerikanische Originalausgabe erschien unter dem Titel
»How to live with your special child«
bei Akropolis Books, Washington, D. C. 20009

Aus dem Amerikanischen übersetzt von Heidewig Fankhänel

Erste Auflage 1975
Umschlagentwurf: Manfred Burggraf
Printed in Germany 1975
ISBN 3-473-41029-2

Inhalt

Vorwort

Dieses Buch ist für Menschen gedacht, die mit Menschen zu tun haben. Es soll als Orientierungshilfe für den Umgang mit Kindern und Jugendlichen dienen, deren Handlungs- und Verhaltensweisen in einem unproduktiven Sinne gefährlich, unerfreulich, lästig oder sonstwie unerwünscht sind.
Das Buch beschränkt sich auf eben diese Aufgabe. Es verzichtet darauf, die wissenschaftlichen Grundlagen der hier empfohlenen Verfahrensweisen im einzelnen darzustellen oder die Vorzüge der Verhaltensmodifikation gegenüber der Psychoanalyse oder sonstigen Therapierichtungen zu diskutieren.
Der Verfasser dieses Buches geht von der Überzeugung aus, daß sich unerwünschte Verhaltensweisen schnell und wirksam verändern lassen, und daß sich die darauf verwendete Mühe auch lohnt. Anhand einer überwältigenden Fülle von eindeutigen Forschungsergebnissen läßt sich über jeden Zweifel hinweg nachweisen, daß man bestimmte Verhaltensweisen isoliert behandeln und verändern kann, ohne gefährliche Konflikte, Symptomverschiebungen, eine Verschlimmerung der Verhaltensstörung oder sonstige Schreckgespenster zu riskieren, welche Psychoanalytiker und andere einschüchtern. Dieses Buch ist für Erzieher gedacht, die sich lieber konkret einem »trockenen« verhaltensgestörten Halbwüchsigen widmen als einem mit Bettnässen, die also genügend Mitgefühl aufbringen, zu begreifen, daß schnelle Abhilfe bei quälenden Verhaltensstörungen wochenlange Gespräche wert ist.
Das Buch beschreibt Verfahrensweisen, die eine erweiterte Fähigkeit zur Selbststeuerung und Selbstbeherrschung zum Ziel haben. Es ist kein Lehrprogramm zur besseren Beherrschung anderer, sondern es zeigt Mittel und Wege, wie man Menschen helfen kann, die infolge ihrer mangelnden Integrationsfähigkeit von einem künstlichen System umweltbedingter Kontrollmechanismen und »unverdauter« Erfahrungen beherrscht werden und mit unerwünschten und ungesteuerten Verhaltensweisen reagieren. Es gibt kaum ein Kind, dem etwa das Bettnässen Spaß macht.

Kinder machen ins Bett, weil ihre Sauberkeitsgewöhnung unzureichend war, weil sie in Belastungssituationen regredieren oder weil ihre Wahrnehmungs- und Erkenntnisprozesse keine Beziehung zu ihren Körperempfindungen und Körperfunktionen haben. Setzt ein Kind das Bettnässen als »feindseligen Akt« gegen seine Eltern ein, so ist dieser feindselige Akt an sich selbstdestruktiv. Man kann dem Kind sinnvollere Formen der Auseinandersetzung mit den Eltern beibringen, wenn es erst einmal gelernt hat, das Bettnässen aufzugeben.

Meine Zielvorstellungen sind darauf gerichtet, die Menschen wacher zu machen, ihr bewußtes Erleben zu steigern, ihre Verkrampfungen zu lockern, ihren Charakterpanzer aufzulösen, ihre Hemmungen und Verhärtungen abzubauen, ihr Wesenspotential zu erweitern — kurz, die Menschen lebendiger zu machen. Dieser Ansatz gründet sich auf die Überzeugung, daß es bessere und menschlichere Formen der Selbstbeherrschung und Selbststeuerung gibt als irrationale Hemmungsmechanismen. Es gibt eine geradezu überwältigende Fülle von Beweisen dafür, daß Menschen differenziertere Formen der Selbststeuerung entwikkeln und ihr menschliches Potential erweitern, wenn ihr Gefühlsleben und ihr Handlungsspielraum von starren Begrenzungen befreit werden. Wir haben beispielsweise die Erfahrung gemacht, daß sexuell verwahrloste Mädchen im allgemeinen äußerst strenge und »hochmoralische« Ansichten über Sexualität haben. Wenn sie sexuell enthaltsamer geworden sind, lockert sich nach unseren Beobachtungen auch ihre Einstellung gegenüber der Sexualität und wird weniger prüde und verkrampft. (In der Kriminologie ist man sich übrigens darin einig, daß die Moralvorstellungen bei Kriminellen meist viel strenger sind als bei der übrigen Bevölkerung.)

Die in diesem Buch beschriebenen Methoden und Verfahren sind das Ergebnis von Experimenten und Versuchsprogrammen, die sich über zehn Jahre erstreckten und die von der Organisation *Humanitas* eingeleitet und durchgeführt wurden. Diese Programme werden bei Angehörigen der unterschiedlichsten Bevölkerungsgruppen in Nordamerika angewandt, darunter sind herumziehende Landarbeiter und deren Kinder; Bauernfamilien; Slumbewohner in den Städten (sowohl US-Neger als Anglokanadier); Indianerfamilien in Reservaten und Städten; Familien der mittleren Einkommensgruppe, die in der Stadt oder in gepflegten Vororten wohnen; wohlhabende Familien; Menschen in Kirchengemeinden, Ausbildungsstätten, heilpädagogischen Anstalten, Rehabilitationszentren, Erziehungsheimen und therapeutischen Institutionen; sowie Personen, die für die Erwachsenenbildung, Sozialarbeit oder Berufsfortbildung geschult werden. Die Erfolgsrate dieser Methoden liegt zwischen 86 Prozent bei Drogenabhängigen und Psychotikern und 99 Prozent bei Schulversagern.

Green Valley, eine von der *Humanitas* betriebene Internatsschule für »schwierige Kinder«, bietet den Eltern die Rückerstattung der gesamten Kosten für den dreijährigen Aufenthalt ihres Kindes, wenn ein Schüler der Sekundarstufe nicht zum College zugelassen wird oder dem Studium nicht gewachsen ist. Zur Schülerschaft von Green Valley gehören auch psychotische, drogenabhängige und kriminelle Jugendliche sowie ehemalige Schulversager. Es ist noch nicht vorgekommen, daß Green Valley Schulgeld zurückerstatten mußte.

Ich bin davon überzeugt, daß die in diesem Handbuch empfohlenen Methoden unseren Erfolg ausmachen. Einige wenige davon lassen sich zwar am besten unter den Voraussetzungen eines Internats anwenden, die meisten eignen sich aber auch vorzüglich für Tagesschulen. Viele unserer »ambulanten« Verfahren schließen die Arbeit mit Jugendlichen in Slumgegenden ein, wo man ohne alle Hilfsmittel buchstäblich auf die Straße, ein schäbiges Zimmer oder leere Geschäftsräume angewiesen ist. Wir führen unsere Programme auch in normalen Klassenzimmern durch und halten regelmäßige Ausbildungskurse für Lehrer an öffentlichen Schulen ab.

Der strenge oder auch nur debattierfreudige Wissenschaftler sei noch auf meine Monographie »Gibt es eine Verhaltenswissenschaft?« hingewiesen, die ich im *Humanitas Curriculum*, Orange City, Florida 1967 veröffentlicht habe und in der die wissenschaftlichen Grundlagen (540 Titel, um es ganz genau zu sagen) der in diesem Handbuch beschriebenen Methoden aufgeführt sind.

George von Hilsheimer

Einige unkomplizierte Gedanken zum Thema: Verhaltensgestörte Kinder und Jugendliche

Manche Kinder sind schwierig.

Manche schwierige Kinder wiederholen immer wieder Verhaltensweisen, die sie in Schwierigkeiten bringen.

Die meisten solchermaßen gestörten Kinder kommen aus Wohngebieten, Elternhäusern und Schulen, wo viele andere Kinder ohne besondere Schwierigkeiten aufwachsen.

Einige beispielhafte Verhaltensstörungen schwieriger Kinder und Jugendlicher:

Sie tragen ungewöhnliche Kleidung, haben eine merkwürdige Art zu sprechen und fallen durch ihr seltsames Benehmen auf, ohne sich jedoch an Menschen oder anderer Leute Eigentum zu vergreifen; diese Verhaltensstörungen sind meist durch die immer gleichbleibenden und sehr feindseligen Reaktionen der Erwachsenen bestimmt;

sie erbringen schlechte Schulleistungen;

sie schwänzen die Schule bzw. brechen ihre Ausbildung ab;

sie gehen nicht mehr zur Arbeit;

sie laufen von zu Hause weg;

sie kommen mit dem Gesetz in Konflikt;

sie greifen zu Rauschgift oder Alkohol;

sie lassen sich wahllos in sexuelle Abenteuer ein;

sie fügen sich körperliche Verletzungen zu;

sie machen Selbstmordversuche, wobei es manchen »gelingt«, ihre Schwierigkeiten für immer zu lösen;

manche Kinder zeigen keine der genannten Verhaltensstörungen, sind aber unglücklich und verzweifelt.

Die meisten verhaltensgestörten Kinder befinden sich in mehr als einem dieser Punkte in Schwierigkeiten oder geraten zumindest bald hinein.

Die meisten verhaltensgestörten Kinder haben ganz normale Vorstellungen davon, was Recht und was Unrecht ist.

Die meisten verhaltensgestörten Kinder halten sich selbst für schlecht.

Die meisten verhaltensgestörten Kinder können weder sich selbst noch andere Menschen leiden.

Die meisten verhaltensgestörten Kinder langweilen sich und wissen nicht, was sie tun sollen; im Grunde wissen sie auch gar nicht, wie man irgendetwas anpackt.

Die meisten verhaltensgestörten Kinder sehen nicht ein, weshalb sie anders sein sollten.

Die meisten verhaltensgestörten Kinder glauben, sie könnten sich überhaupt nicht ändern, und die meisten Erwachsenen, mit denen sie zu tun haben, sind darin ganz ihrer Meinung.

Die meisten verhaltensgestörten Kinder wekken die Aufmerksamkeit der Erwachsenen nur, wenn sie Schwierigkeiten machen.

Die meisten verhaltensgestörten Kinder werden nie dafür belohnt, daß sie etwas Nettes sagen oder tun, und ihre Freunde mißbilligen es häufig sehr, wenn sie einmal nicht schwierig sind.

Die meisten verhaltensgestörten Kinder kennen nur wenige Erwachsene.

Die meisten verhaltensgestörten Kinder sind so gut wie nie mit einem Erwachsenen allein.

Die meisten verhaltensgestörten Kinder kennen keinen glücklichen und zufriedenen Erwachsenen.

Die meisten verhaltensgestörten Kinder wissen nichts über die Arbeit, der die ihnen bekannten Erwachsenen nachgehen, aber sie spüren genau, wie vielen Erwachsenen ihre Berufsarbeit zuwider ist.

Die meisten verhaltensgestörten Kinder erhalten immer wieder endlose Standpauken darüber, was sie tun sollten, wobei die Anweisungen und Ratschläge der einzelnen Erwachsenen höchst unterschiedlich sind.

Die meisten verhaltensgestörten Kinder kennen keinen Erwachsenen, der ihnen gegenüber ein einigermaßen gleichbleibendes Verhalten an den Tag legt.

Die meisten verhaltensgestörten Kinder halten alle Erwachsenen für Heuchler und für unzuverlässig; für die meisten Erwachsenen, mit denen sie zu tun haben, trifft dies auch durchaus zu.

Die meisten verhaltensgestörten Kinder empfinden schon das bloße Gespräch über ihr Verhalten als Strafe, doch die meisten Erwachsenen, die diese Kinder angeblich ändern wollen, reden lediglich auf sie ein.

Verhaltensgestörte Kinder und Jugendliche brauchen:

das Gefühl, etwas wert zu sein;

die Hoffnung darauf, sich selbst und ihre Umweltbedingungen positiv verändern zu können;

das Gefühl, daß sich solche Veränderungen auch lohnen;

das Erwerben und den Einsatz von Kenntnissen und Fertigkeiten;

die Begegnung mit einigen Erwachsenen, die ihnen zuhören;

die Begegnung mit einigen Erwachsenen, die höflich und freundlich mit ihnen umgehen;

die Beziehung zu einigen Erwachsenen, die begreifen, daß die Probleme und Aufgaben weit über die Kinder hinausgehen, und die am Leben eben dieser Kinder trotzdem echten Anteil nehmen;

den Umgang mit einigen Erwachsenen, die vielerlei Kenntnisse und Fertigkeiten besitzen und die selbstsicher genug sind, sich nicht dauernd den Anschein der Vollkommenheit und vollendeten Selbstbeherrschung geben zu wollen und nicht so zu tun, als müßten sie selbst nicht mehr an sich arbeiten;

den Umgang mit einigen Erwachsenen, die sich Kindern und Jugendlichen gegenüber ebenso ernsthaft, aufgeschlossen, aufrichtig und feinfühlig verhalten wie bei einem guten Freund, der Sorgen hat;

den Umgang mit einigen Erwachsenen, die mit besonders starker Zuwendung reagieren, wenn Kinder und Jugendliche etwas Sinnvolles tun, und deren Aufmerksamkeit sie nicht einfach dadurch auf sich ziehen können, daß sie sich danebenbenehmen;

den Umgang mit einigen Erwachsenen, die zur rechten Zeit ruhig und bestimmt »nein« sagen können und dann auch die Kraft aufbringen, konsequent zu bleiben;

den Umgang mit einigen Erwachsenen, die Haarschnitt, Fingernägel, Kleidung und Sauberkeit im Vergleich zu anderen Dingen nebensächlich finden und denen es mehr auf Wissen, Selbstbeherrschung und persönliche Fähigkeiten ankommt;

die Beziehung zu einigen Erwachsenen, die selbstsicher genug sind, die Kinder und Jugendlichen nicht in ein Abhängigkeitsverhältnis zu sich selbst zu bringen, die sie auch veranlassen können, ihre eigenen Entscheidungen zu treffen, und die ihnen helfen, Fehlentscheidungen sowie deren Folgen zu ertragen und schließlich zu überwinden, damit sie lernen können, richtige Entscheidungen zu treffen.

I. Die vergessene Leiblichkeit

1. Die vegetativen Funktionen

Etwa 85 Prozent der männlichen und 98 Prozent der weiblichen Bevölkerung Amerikas leiden an eindeutig feststellbaren Erkrankungen, die Energielosigkeit, Unwohlsein oder gar Invalidität zur Folge haben können. Diese Zahlenwerte scheinen auch für Westeuropa zu gelten. Die meisten bemerken diese durch Stoffwechselstörungen hervorgerufene Erkrankung gar nicht. Es gibt viele Kinder, deren Entwicklung verzögert ist, die an körperlichen Behinderungen und Funktionsstörungen leiden und trotzdem niemandem zur Last fallen. Wir können nur hoffen, daß die umfassende medizinische Bestandsaufnahme durch gründliche Reihenuntersuchungen eines Tages zu einer Selbstverständlichkeit wird. Solche widerstandsfähigeren Naturen werden dann ihre Fähigkeiten und ihre Lebensfreude beträchtlich steigern können.

Bei verhaltensgestörten Kindern und Jugendlichen liegt mit ziemlicher Sicherheit eine körperliche Funktionsstörung vor, die ihr Wohlbefinden und die Entwicklung ihrer Fähigkeiten beeinträchtigt. Um diese Erkrankungen kristallisieren sich fast zwangsläufig die für das schwierige Kind charakteristischen Reaktionsweisen auf die Menschen seiner Umgebung. Obwohl dieser grundlegende Sachverhalt seit Generationen bekannt ist, werden solche Kinder bezeichnenderweise immer noch häufig ohne vorausgehende medizinische Generaluntersuchung zum Psychologen oder zur Erziehungsberatung geschickt. Wir stellen immer wieder mit Befremden fest, daß beispielsweise kaum eines der uns überwiesenen Kinder auf seine Sehfähigkeit untersucht worden ist. Nur ein einziges von mehr als 500 Kindern, die im Lauf der letzten sechs Jahre in eines unserer Behandlungszentren kamen, hatte man zuvor gründlich auf seine Hörfähigkeit getestet. Für keines dieser Kinder war eine sorgfältige Entwicklungsanalyse oder ein Ernährungsplan erstellt worden. In knapp zwanzig Fällen lag ein Allergie-Test vor, nur in einem Fall eine Untersuchung auf Hypoglykämie, keine einzige auf Würmer, und sehr wenige Routinetests über Schilddrüsenfunktion, Blutzusammensetzung, Eisenhaushalt oder sonstige naheliegende Untersuchungen.

Wir haben die Erfahrung gemacht, daß fast alle der uns überwiesenen Kinder und Jugendlichen an Körperfunktionsstörungen leiden, die jeder halbwegs aufgeschlossene Lehrer nach einem dreistündigen Kurs in Gesundheitspflege leicht entdecken könnte. Die bloße Beseitigung solcher Funktionsstörungen lehrt ein Kind natürlich noch nicht das Lesen, und die Behandlung allergischer Reaktionen setzt ein Kind noch nicht in die Lage, in einer Schülergruppe konstruktiv mitzuarbeiten. Es sieht aber häufig so aus, als lerne ein Kind infolge der Behandlung seiner Gesundheitsschäden plötzlich lesen, rechnen oder soziales Verhalten. Die Heilung körperlicher Funktionsstörungen macht das Kind für Lernvorgänge und Ausbildungsmethoden erst wirklich zugänglich und läßt bereits erworbene Kenntnisse und Fertigkeiten erst richtig zur Entfaltung kommen. Sie kann dem Kind zu der Fähigkeit verhelfen, Umwelteindrücke in sich aufzunehmen und diese Wahrnehmungen zu verarbeiten. An den charakteristischen Fehlhaltungen schwieriger Kinder und Jugendlicher gegenüber ihrer Umwelt sind körperliche Funktionsstörungen fast immer maßgeblich beteiligt, und eine erfolgreiche Umerziehung dieser jungen Menschen ist unendlich schwierig, wenn solche Gesundheitsschäden nicht beseitigt werden.

a) Ernährung

Fast alle Kinder, die aus Slums stammen, die meisten hyperaktiven und kriminellen Halbwüchsigen, viele Versager in Schule und Beruf und viele vitalschwache, lustlose, »stumpfe« Jugendliche nehmen — vor allem morgens — zu wenig eiweißhaltige Nahrung zu sich; sie essen zu viele Süßigkeiten und einfache Kohlehydrate. Jedes Kind, das durch anhaltende Verhaltensstörungen auffällt, während sich die Mehrzahl seiner Altersgenossen normal weiterentwickelt, sollte unbedingt auf Hypoglykämie untersucht werden. Jeder Internist sollte in der Lage sein, einen Glukose-Test durchzuführen (bei dem zur Ermittlung der Traubenzucker-Toleranz während eines Zeitraums von fünf Stunden sieben Proben genommen werden), um nötigenfalls eine

Hypoglykämie-Behandlung für das betreffende Kind zu verordnen. Selbst in Fällen, in denen keine Hypoglykämie vorliegt, führt die Ernährungsweise des Kindes möglicherweise zu den gleichen Funktionsstörungen, wobei die Gehirn- und Körperzellen nicht ausreichend versorgt werden. Die Veränderung der Ernährungsweise ist in diesen Fällen eine Voraussetzung für die Änderung gestörten Verhaltens.

Sind die Kinder oder Jugendlichen in einem Heim untergebracht, so dürfte es relativ leicht sein, den Verzehr von Zucker, Bonbons, kandierten Früchten, Limonade und anderen stark zuckerhaltigen Genußmitteln einzuschränken. In einigen Industriebetrieben konnte die Zahl der Betriebsunfälle dadurch erheblich gesenkt werden, daß man die Getränkeautomaten von Limonade auf heiße Fleischbrühe umstellte. Der Genuß von Süßigkeiten bewirkt zwar kurzfristig eine beträchtliche Energiesteigerung, läßt aber den Blutzuckerspiegel bald drastisch absinken, so daß Energie und Gehirnfunktionen sich erheblich vermindern. In Oslo und Pittsburgh erhalten die Schüler an öffentlichen Schulen vor dem Unterricht einen Imbiß mit hohem Proteingehalt, wobei sorgfältig darauf geachtet wird, daß die Kinder ihn auch wirklich zu sich nehmen. Die Folge davon sind ganz beträchtliche Leistungssteigerungen.

Man kann also bei Kindern, die über Tagesschulen oder Behandlungszentren in ein entsprechendes Erziehungsprogramm einbezogen sind, durchaus für eine ausgewogene Ernährung sorgen, die eine gleichmäßige Energiezufuhr gewährleistet und plötzlichen Energieabfällen vorbeugt, wie sie für Nahrungsmittel mit einem hohen Gehalt an Zucker und Kohlehydraten typisch sind. Selbstverständlich sollten in Kinderheimen und Internatsschulen alle künstlich aufbereiteten Getreideprodukte und Teigwaren (nährstoffarme Brotsorten, Nudeln, Kuchen und Gebäck sowie Kartoffel-Fertigprodukte, zuckerhaltige Getränke, Süßigkeiten und kandierte Früchte) vom Speiseplan weitgehend verschwinden. Naturbelassene Getreideflocken enthalten das volle Spektrum der Kohlehydrate, und Brotsorten aus frisch gemahlenem Vollkorn-Getreide — allerdings nicht alle der mir bekannten »handelsüblichen« Brote — bieten hochwertige Kohlehydrate, die eine gleichmäßige Energiezufuhr gewährleisten. Es ist mir unbegreiflich, warum Krankenhäuser und stationäre Behand-

lungszentren für unnötige Apparaturen und überflüssiges Personal Millionenbeträge auszugeben bereit sind, sich andererseits aber nicht dazu bequemen können, das schwammige Zeug, das man Brot nennt, den Kartoffelbrei aus Fertigpulver und andere künstlich aufbereitete, nährstoffarme »Nahrungsmittel« ihrer Standardverpflegung durch hochwertigere Produkte zu ersetzen. Im Angebot des Lebensmittelhandels sind solche hochwertigen Produkte aber gar nicht so leicht aufzutreiben. Gewissenhaften Eltern und Erziehern bleibt es nun einmal nicht erspart, sich auch in Reformhäusern und bei anderen Bezugsquellen gründlich umzusehen. Die Kritik an dem eintönigen, faden, zwar kalorienreichen, aber nährstoffarmen »Fraß«, der in vielen Ganztagsschulen oder Krankenhäusern gewöhnlich auf den Tisch kommt, kann gar nicht vernichtend genug ausfallen. So ist es wirklich eine Schande, daß die USA, eines der reichsten Länder der Erde, zugleich eines der schlechtest ernährten ist.
Die Vitamine des B-Komplexes enthalten das einzige Enzym, welches die Nährstoffe für das Nervensystem verwertbar macht. Fast alle der bei uns eingelieferten Kinder leiden nachweislich an Vitamin-B-Mangel. Vollkornprodukte, ungeschälter Reis sowie Milch, Eier und Fleisch von natürlich ernährten Tieren schwinden immer mehr vom Markt. Eine Folge davon ist, daß konstitutionell weniger vitalstarke Menschen zunehmend weniger in der Lage sind, die für den Aufbau des Nervensystems notwendigen Nährstoffe aufzunehmen. Hyperaktivität und andere Verhaltensstörungen sind daher immer Symptome, die eine Überprüfung der gewohnten Ernährung des betreffenden Kindes auf Vitamin-B-Mangel und eine Untersuchung des Stoffwechsels erfordern. Eine hohe Zufuhr von zuckerhaltigen Nahrungsmitteln führt ebenfalls zu Mangelerscheinungen im Vitamin-B-Haushalt des Körpers und vor allem des Gehirns. Man muß daher bei den betreffenden Kindern auch den Genuß von Süßigkeiten im Hinblick auf die Vitamin-B-Zufuhr überprüfen.
Unseren Beobachtungen zufolge besteht häufig auch ein Mangel an Vitamin C, der allerdings nicht so gravierend erscheint wie der Vitamin-B-Mangel.
Kinder, die vormittags oder nachmittags ganz plötzlich erheblichen Energieabfall zeigen, leiden aller Wahrscheinlichkeit nach an einer unzureichenden Zufuhr von Nährstoffen, an einer Er-

nährung, die ihren individuellen Stoffwechselvorgängen nicht entspricht, oder an Hypoglykämie. Ein problembewußter Lehrer wird diese Symptome erkennen, einen ausführlichen Bericht über die Ernährungsgewohnheiten im Elternhaus des Kindes anfordern und auf einer medizinischen Untersuchung des Schülers im Hinblick auf diese Faktoren bestehen. Hat der Lehrer keine Möglichkeit, mit entsprechenden Fachleuten zusammenzuarbeiten, so sollte er diese Zusammenhänge nach besten Kräften selbst zu klären versuchen. Wir haben immer bedauert, daß die Lehrer in den großen Städten in zunehmendem Maße von den Familien ihrer Schüler isoliert werden.

Anmerkungen zur Ernährung:
Mangelhafte Ernährung kann sich über mehrere Generationen hinweg auswirken, auch wenn nur eine Generation unterernährt ist (vgl. Cowley, J. J., und Griesel, in: Animal Behavior, H. 4 [1966] S. 506). Die Nachkommen von Ratten, die nur eine Generation lang auf eiweißarme Nahrung gesetzt waren, erhielten Normalfutter und entwickelten sich auch wesentlich besser. Als sie jedoch ausgewachsen waren, konnten sie einfache Problemsituationen weniger gut lösen als die Nachkommen normal ernährter Ratten. Mangelhafte Ernährung wirkt sich im körperlichen wie im intellektuellen Bereich auf Wachstum und Gesamtentwicklung aus. Einmal an eiweißarme Nahrung gewöhnt, halten sich die Ratten auch weiterhin an dieses Futter, auch wenn man ihnen später vollwertige Nährstoffe zugänglich macht. Die Jungen von Ratten, die während der Tragzeit eiweiß- und kalorienarmes Futter erhielten, sind kleiner, finden sich im Labyrinth weniger gut zurecht und erbringen geringere Gedächtnisleistungen als die Kontrollgruppe (Junge des gleichen Muttertieres, das vom gleichen Männchen gedeckt wurde und in der Tragzeit vollwertige Nahrung erhielt (vgl. Chow, B., in: New Scientist, H. 529 [1966] S. 72). Zwei in der Zeitschrift *New Scientist* (1966) erschienene sowjetische Untersuchungen weisen nach, daß Eiweißmangel die Fähigkeit herabsetzt, konditionierte Reflexe auszubilden. Wie darin ferner berichtet wird, entwickelt bei Zwillingen das bei der Geburt schwerere Kind größere Intelligenz als das kleinere. Kinder von unzureichend ernährten Müttern brauchen zur Erhaltung ihres Körpergewichtes bis zu 30 Prozent mehr Nahrung als Kinder von gut ernährten Müttern. Von Kindern, deren Körpergröße mehr ernährungs- als erbbedingt ist, haben kleinwüchsigere einen niedrigeren Intelligenzquotienten und geringere Lesefähigkeit als größere. Diese Untersuchungen zeigen ferner, daß sich Mangelschäden in der Ernährung

stärker auf jene Kinder auswirken, die sich, falls sie später vollwertige Nahrung erhalten, als größer, kräftiger, lebendiger und intelligenter erweisen.

Blutvergiftungen und Sauerstoffmangelerscheinungen, Gehirnlähmungen, Epilepsie, starke Verzögerungen in der geistig-seelischen Entwicklung, Verhaltensstörungen und Leseschwäche stehen in einem funktionalen Zusammenhang mit mangelhafter Ernährung. Man nimmt an, daß andere mit diesem Problemkreis verknüpfte Variablen – etwa Rassenzugehörigkeit, sozioökonomische Faktoren und klimatische Einflüsse –, für das diätetische Trauma in erster Linie Auslöserfunktionen besitzen (Pasamanick, B., und Knobloch, H., in: Merrill-Palmer Quarterly, H. 1 [1966] S. 7). Unzureichend ernährte Menschen haben eine niedrige Toleranzschwelle für Streß, neigen zu Fehlgeburten, neurologischen Symptomen vor, während und nach der Entbindung sowie zu Lern- und Verhaltensstörungen (ebd.). Kinder, die bis zum Alter von sechs Monaten unzureichend ernährt wurden, verlieren mit großer Wahrscheinlichkeit ihr Intelligenzpotential. Treten die Ernährungsschäden in einer späteren Entwicklungsstufe auf, so erholen sich die Kinder auch in schweren Fällen wieder, sobald sie vollwertige Nahrung erhalten (Caravioto, J., in: Courrier, H. 2 [1966] S. 117). Anan'ev vermutet, daß die beschleunigte Entwicklung, die in den letzten 100 Jahren alle Länder erfaßt hat, mit der Verbesserung der Ernährung und der Lebensbedingungen zusammenhängt (Anan'ev, B. G., in: Sovetskaya Pedagogika, H. 5 [1966] S. 27).

Stark fetthaltige Nahrung übt auf die Reaktionen alternder Ratten in Situationen, die die höheren Funktionen des Nervensystems besonders beanspruchen, eine anregende und positive Wirkung aus. Die psychophysischen Folgen einer eiweißarmen Ernährung ähneln einem gesteigerten physiologischen Erregungszustand – Eiweißmangel verursacht eine hohe Reaktionsrate mit hektischer Aktivität. Hyperkinese steht in eindeutigem Zusammenhang mit unzureichender Ernährung (Collier, G. B., Squibb, R., und Jackson, F., in: Psychonomic Science, H. 5 [1965] S. 173).

Ratten mit einem Mangel an Vitamin B_1, denen 32 Tage lang Zugang zu einer Zuckerlösung und zu einer isokalorischen Maisöl-Emulsion gewährt wurde, nahmen verstärkt Sucrose auf; fünf von sieben Tieren rührten die vitamin-B_1-reiche Maisöl-Emulsion gar nicht an (Behrman, H. R., und Maller, O., in: Psychonomic Science, H. 11 [1965] S. 523). Das hartnäckige Festhalten an falschen Ernährungsgewohnheiten, die das Verhalten beeinträchtigen, erfordert ein unmittelbares und ausgeklügeltes Eingreifen. Obwohl die falsche Ernährungsweise von Kindern armer wie auch reicher Eltern gelegentlich angeprangert wird, unternimmt man gegen dieses Problem leider noch immer nichts Konkretes.

Ein interessantes Gegenstück dazu – das Problem der Überfütterung

– wird in zwei Untersuchungen über eine »Fasten-Therapie« bei fettleibigen Patienten aufgezeigt. Auch bei langanhaltendem Fasten traten keine negativen psychologischen Begleiterscheinungen auf. Man verzeichnete ein leichtes Ansteigen der geistigen Fähigkeiten, aber auch leicht erhöhte Reizbarkeit, Niedergeschlagenheit und Testresistenz; das Selbstbewußtsein der Patienten wurde jedoch allgemein beträchtlich gestärkt. In geringem Umfang trat auch eine Art Regression auf infantile, unselbständige Lebensweisen auf, die aber die Fastenperiode nicht überdauerte und die das Erlernen neuer Verhaltensweisen beschleunigte. Erwerb und Löschung von Vermeidungsreaktionen wurden erleichtert (Murai, N., und Sato, J., in: Tohoku Psychologica Folia, H. 1–2 [1965] S. 38; Crumpton, E., Wine, D. B., und Drenic, E. J., JAMA, H. 5 [1966] S. 394).
In der Erziehung wird Ernährungsfragen zwar eine gewisse Beachtung geschenkt, aber man gibt sich allgemein mit so begrenzten diätetischen Vorstellungen zufrieden, daß wenig Hoffnung auf eine grundlegende Neubesinnung in dieser Frage besteht. Die Schulbehörden von Pittsburgh stellten fest, daß der Prozentsatz an unterernährten Kindern bei den Schülern aus mittleren und höheren Einkommensschichten ebenso hoch war wie bei sozial benachteiligten Schülern. Man übernahm das erfolgreiche »Osloer Frühstück«, das im Anschluß an eine ähnliche Untersuchung vor zehn Jahren in Norwegen entwickelt wurde. Es bleibt zu hoffen, daß die recht unglückliche Wahl des Namens »Pittsburgh Yummy Role« keine gesundheitsschädlichen Folgen haben wird! Aus Norwegen wie aus Pittsburgh wird jedenfalls berichtet, daß die Schulleistungen durch die Verabreichung eines nährstoffreichen Imbisses am frühen Morgen allgemein beträchtlich gestiegen sind.
(Der Leser sei noch auf die Veröffentlichung: Malnutrition, Learning and Behavior, herausgegeben von Nevin S. Scrimshow und John E. Gordon, M.I.T. Press, Cambridge/Mass. 1968, hingewiesen.)

b) Allergien

Verdauungsstörungen, überhöhtes Schlafbedürfnis, Hyperaktivität, Abgespanntheit und andere Anzeichen für eine Verminderung der Wahrnehmungs- und Aufnahmefähigkeit sowie eine geringe oder wechselhafte Konzentrationsspanne können auch Symptome von allergischen Reaktionen sein. Die meisten Kinder aus mittleren Einkommensschichten, die an Allergien mit Symptombildungen in den Atmungswegen oder auf der Haut leiden, werden ärztlich untersucht und behandelt. Leider ist in der Öffentlichkeit aber weit weniger bekannt, daß ein großer Prozentsatz der Bevölkerung auf bestimmte Nahrungsmittel mit Allergien reagiert, die sich nicht in asthmatischen Beschwerden oder sonstigen Erkrankungen der Atemwege äußern. Viele Nahrungsmittel — nach unseren Erfahrungen am häufigsten Erdnüsse, Erdnußbutter, Fisch, Schweinefleisch, Tomaten und Eier — verursachen massiv allergische Reaktionen, die ihrerseits das Verhalten beeinträchtigen. Trägheit, Niedergeschlagenheit, Verringerung von Vitalität und Körperkraft, Schwächung der Wahrnehmungsfunktionen und Verdauungsstörungen sind häufig die Folge. Oft führt die Verminderung der Vitalstärke zu Hyperaktivität, Verlust der Selbstkontrolle, aggressivem Verhalten und anderen Anzeichen nervlicher Störungen. Viele hyperaktive Kinder werden heute routinemäßig mit Amphetaminen oder anderen Aufputschmitteln behandelt oder als leicht hirngeschädigt diagnostiziert, obwohl sie in Wirklichkeit an allergischen Reaktionen auf ganz gewöhnliche Nahrungsmittel leiden. Wenn sich bei einem Kind anhaltende Verhaltensstörungen zeigen, sollte es unbedingt — möglichst von einem Facharzt — auf eine etwaige Überempfindlichkeit gegenüber allen möglichen Nahrungsmitteln oder anderen Substanzen getestet werden.

Aufgeschlossene und problembewußte Eltern, Lehrer und Erzieher können dem Arzt die Diagnose dadurch erleichtern, daß sie bestimmte Reaktionsweisen des Kindes auf besondere Nahrungsmittel oder Umweltverhältnisse registrieren. Wenn man sich vor und nach dem Essen Notizen über das Verhalten des Kindes, über Puls- und Atemfrequenz, Wahrnehmungsfähigkeit und Konzentrationsspanne macht, so kann man jede größere Schwankung im Ablauf dieser Funktionen erkennen, die mit Sicherheit Symptome einer allergischen Reaktion aufweisen.

Dieser Abschnitt könnte auch unter dem Motto »Tausendundein Thema für eine Unterrichtsstunde« im Anhang stehen, da Selbstbeobachtung für alle Kinder und Jugendlichen der faszinierendste Lehrstoff ist. Lehrer, die sich beim Lesen dieser Worte denken »Großer Gott, dieser Mensch glaubt wohl, ein Schultag habe 100 Stunden!«, tun gut daran, ihre Schüler auf Herzschlag, Blutdruck, Atmungsfrequenz, auf die Reaktion der Haut auf Druck, spitze Gegenstände und »Hautschrift« oder Dermographie aufmerksam zu machen. Nichts ist für den Menschen so interessant wie er selbst. Wir alle sagen bei jeder Gelegenheit, es sei Aufgabe der Schule, dem Kind bei der Erkenntnis seiner selbst zu helfen. Zu allererst ist der Mensch aber doch wohl eine biologische Einheit aus Fleisch und Blut. Der Mensch lebt nicht von Brot allein, aber der bloße Geist ist auch eine ziemlich magere Kost.

Wir haben die Erfahrung gemacht, daß viele Allergien — vor allem allergische Reaktionen, die sich in Form von Asthma äußern — durch eine Änderung des sozialen Umfeldes günstig beeinflußt werden können. Bei einigen Kindern hören die Asthmaanfälle schlagartig auf, sobald sie aus dem Elternhaus oder einer unzuträglichen Umgebung herausgenommen werden.

Es ist sehr wichtig, daß die Erzieher die große Bedeutung der Mahlzeiten für ihren Erziehungsplan erkennen. Die meisten verhaltensgestörten Kinder haben die Essenszeit überhaupt nur als etwas Unangenehmes erlebt — ein wildes Durcheinander, schlecht zubereitete und lieblos verabreichte Speisen sowie die Erfahrung, daß immer gerade bei den Mahlzeiten Kritik an ihnen geübt wurde, Streitigkeiten ausgetragen und Strafen verhängt wurden. Die erwachsenen Bezugspersonen des Kindes sollten bei den Mahlzeiten unbedingt für eine entspannte, fröhliche und angenehme Atmosphäre sorgen und darauf achten, daß unmittelbar vor und nach dem Essen etwas Erfreuliches, Entspannendes und Vergnügliches unternommen wird. Prüfungsarbeiten, Wettkämpfe, allgemein unbeliebte Unterrichtsfächer (wie Grammatik und Mathematik) und andere Beschäftigungen, die nervöse Spannung erzeugen, sollte man mindestens zwei Stunden nach dem Essen meiden.

c) Wachstum und Entwicklung

Viele schulische Mißerfolge entstehen ganz einfach dadurch, daß man den Kindern bestimmte Leistungen zu früh abverlangt. Einem durchschnittlichen Achtjährigen kann man das Lesen im Handumdrehen beibringen, falls er es nicht schon von selbst gelernt hat; einem intelligenten Vierjährigen kann man das Lesen mit viel Aufregung und Zeitaufwand beibringen — wozu also? Wenn das Kind erst einmal zwölf Jahre alt ist, spielt es kaum noch eine Rolle, ob es nun mit vier oder acht Jahren lesen gelernt hat, vorausgesetzt, daß alle anderen Bedingungen gleich sind.

Es gibt nicht den geringsten Anhaltspunkt dafür, daß die Schulleistungen in Beziehung zum Erfolg im Erwachsenenalter stehen

— mit Ausnahme des untersten Endes der Leistungsskala. Viele Kinder haben sich bis zum Alter von zwölf oder mehr Jahren vor dem Schulbesuch gedrückt und, sofern ihre Eltern einigermaßen sprachgewandt und in verschiedenen Fertigkeiten beschlagen waren, das Versäumte in zwölf oder noch weniger Monaten aufgeholt. Was die Verhältnisse der siebziger Jahre anbelangt, so gibt es keinerlei Anhaltspunkte dafür, daß irgendeine spezielle Schulerfahrung für ein Kind nützlicher ist als irgendeine außerschulische Erfahrung.

Fast alle Kinder, die wegen schweren Verhaltensstörungen oder wegen Schulversagens zu uns geschickt werden, liegen in ihrer Entwicklung hinter dem Durchschnitt ihrer Altersgenossen zurück. (Mitarbeiter des Gesell-Institutes berichten von einigen Schulbezirken, in denen mehr als die Hälfte der Kinder hinter der »Norm« zurückliegen.) Einerseits passen die meisten Kinder ohnehin nicht in das ideale Entwicklungsschema, andererseits fällt es allen Kindern mit zunehmendem Alter leichter, komplexe Aufgaben zu bewältigen, abstrakte Probleme zu lösen und Arbeiten auszuführen, die Konzentration und Präzision, geistige Beweglichkeit, körperliches Geschick und Differenzierungsvermögen erfordern. Wenn man ein Kind von jeglicher komplizierenden Erfahrung isoliert, so verlöre es die meisten seiner Fähigkeiten. Es ist völlig unsinnig, wenn Eltern — selbst Slumbewohner — Angst haben, ihr Kind könnte nichts lernen; bei Eltern der Mittelschicht sind solche Ängste in jedem Fall unnötig. Slums bieten möglicherweise sogar eine komplexere Umwelt als gutbürgerliche Vorstadtsiedlungen. Die Vorstellung aber, Kinder, die sich in der einen oder der anderen Umgebung frei bewegen, könnten nichts lernen, ist gewiß absurd. Die Tatsache, daß solche Befürchtungen absurd sind, bedeutet aber leider nicht, daß man ihnen nicht häufig begegnet. Man fragt sich, womit man eigentlich die Anschaffung aller möglichen Materialien zur Erweiterung der Wahrnehmungsfähigkeit für Kinder rechtfertigen will, die in der komplexesten und artefaktenreichsten Umwelt leben, die es je gegeben hat. Zudem können Kinder, denen man Gelegenheit zu Waldläufen, zum Kriechen, Krabbeln, Springen und Versteckspielen bietet, ihre Wahrnehmungsfähigkeit anhand von unendlich viel komplexeren Bedingungen üben, als sie etwa das Schulungsmaterial im Klassenzimmer schaffen könnte.

Die meisten schwierigen Kinder brauchen genügend Zeit, um in körperlicher, seelischer und intellektueller Hinsicht ihren Entwicklungsrückstand aufzuholen. Fast alle infantilen Verhaltensstörungen verschwinden bis zum 25. Lebensjahr, darunter auch eine Reihe schwerwiegender Probleme wie Rauschgiftsucht, zahlreiche Fälle von geistigem Entwicklungsrückstand und von Homosexualität. Zurück bleibt ein offenbar nicht mehr zu verringernder Prozentsatz von problematischen Individuen — Kriminelle, Psychotiker, Neurotiker, Süchtige und Menschen, die am Leben scheitern —, und kein Mensch scheint zu wissen, was mit diesem Personenkreis geschehen soll.

Es ist inzwischen hinreichend erwiesen, daß eine Verminderung des von der Umwelt ausgeübten Druckes gegenüber jugendlichen Gesetzesbrechern die Zahl der Delikte herabsetzt. Halbwüchsige, die ihre Schulausbildung vorzeitig abbrechen, wurden beispielsweise während ihrer Schulzeit häufiger von der Polizei festgenommen als später. Diese vorzeitigen Schulabgänger begehen keineswegs mehr Straftaten als Jugendliche, die weiter zur Schule gehen. Am Abend nach einem Schultag kommen bei den Halbwüchsigen mehr kriminelle Delikte vor als am Wochenende oder in den Ferien. Wie man anhand von Statistiken nachweisen kann, begehen jugendliche Gesetzesbrecher, die aus mittleren Einkommensschichten stammen und gute Schulleistungen aufweisen, sehr viel schwerwiegendere und aggressivere Straftaten als Gleichaltrige, die aus der Unterschicht stammen und die Schule vorzeitig verlassen haben.

Die einzige Volksgruppe in Amerika, in der es so gut wie keine Kriminalität gibt, stellt die üblichen Theorien über die Ursachen der Kriminalität gewissermaßen auf den Kopf. Die in Amerika lebenden Chinesen sind vermutlich mit Abstand die nachsichtigste und toleranteste Elterngruppe der USA. Sie entwöhnen ihre Kinder erst nach zwei Jahren. Für ihre schulpflichtigen Kinder wird es erst nach 20.30 Uhr langsam Zeit, ins Bett zu gehen, und die ganz Kleinen sieht man noch um 22 Uhr oder noch später auf der Straße. Fast jede Form kindlicher Freuden und Vergnügungen findet die Billigung und nachdrückliche Unterstützung der Erwachsenen, mit Ausnahme von Gewalttätigkeiten und aggressiven Äußerungen. Es ist erstaunlich, wie ordentlich, friedlich und freundlich diese Kinder sind, wenn sie in die Schule kommen.

Sie erleben vermutlich aus diesem Grunde die Schule auch ganz anders als die Kinder anderer Bevölkerungsgruppen in den USA, die in der Vorstellung großgezogen werden, die Kindererziehung solle eine Art militärische Grundausbildung — eine Vorbereitung auf den Krieg — darstellen. Nachsicht und Verständnis gehören offenbar zu den Erziehungsfaktoren, von denen Eltern, Lehrer und Erzieher ihren Kindern gar nicht genug zukommen lassen können.

Viele Behandlungszentren berichten von der großen Zahl von Kindern, deren Leistungs- oder Verhaltensstörungen fast unmittelbar nach der Einweisung in das betreffende Heim vollständig verschwinden. Es liegt auf der Hand, daß überzogene Anforderungen an das Kind schwerwiegende Probleme mit sich bringen können. Wenn Ihnen dies zweifelhaft erscheint, so versuchen Sie doch einmal folgende Übung: Schreiben Sie Ihren Namen, während Sie den rechten Fuß — Linkshänder den linken Fuß — im Uhrzeigersinn kreisen lassen. Kinder, deren entwicklungsspezifische Fähigkeiten überfordert werden, haben das gleiche Gefühl der Überforderung und Frustration, das Sie befällt, wenn Sie diese »Übung« einige Zeit fortsetzen. Stellen Sie sich einmal vor, Sie müßten solche Aufgaben den ganzen Tag lang erfüllen! Von den Kindern jedenfalls verlangt man es.

Ein guter Lehrer muß sich bewußt sein, daß man Fähigkeiten, die man einem Kind der einen Altersstufe kaum beibringen kann, in einer anderen Entwicklungsstufe ohne jede Schwierigkeit zu vermitteln vermag. Es gibt kein prinzipiell unfähiges Kind. Der erfolgreiche Lehrer richtet sein Hauptaugenmerk auf bereits bestehende Fertigkeiten, um den derzeitigen Entwicklungsstand des Kindes festzustellen. Durch Differenzierung und Erweiterung der bestehenden Fähigkeiten vermeidet er nicht nur eine Überforderung des Kindes, sondern umgeht auch die Gefahr, das Kind zu »unterfordern« und es durch zu geringe Anforderungen zu langweilen. Jeder lebende Organismus kommt mit einer in die Zukunft gerichteten Wachstums- und Expansionstendenz auf die Welt. Es ist daher entscheidend wichtig, diesen angeborenen Entwicklungsdrang des Kindes in Richtung auf die Zukunft zu pflegen und zu fördern. Er verkümmert sowohl durch Überforderung als auch durch zu geringe Anforderungen an das Entwicklungspotential des Kindes. Das entscheidende Grund-

prinzip besteht darin, daß man das *Kind* selbst als Informationsquelle und Ausgangspunkt für die Erziehung betrachtet.
Eine Reihe von Veröffentlichungen von Ames und Ilg bieten dem Lehrer ausführliche und nützliche Informationen über die kindliche Entwicklung. Obwohl die Mitarbeiter des Gesell-Institutes von manchen Theoretikern sehr kritisch betrachtet werden, gehören sie doch zu der sehr kleinen Zahl von Pädagogen, die mit äußerst vielen Kindern zu tun haben und die durch ihre Veröffentlichungen der Fachwelt für Kritik, Nachahmung oder Ablehnung umfangreiche und ausführliche Untersuchungsergebnisse zur Verfügung stellen. Eine Unmenge an Arbeitsaufwand, vor allem im Bereich von »Wahrnehmungstraining« und »Lesehilfsprogrammen«, ist ganz einfach überflüssig und verfestigt bei den betroffenen Kindern infolge tödlicher Langeweile nur noch zusätzlich die Auswirkungen ständiger Mißerfolgserlebnisse.
Fast jeder hat schon einmal etwas von den Freud'schen Theorien über die psychosexuelle Entwicklung des Kindes gehört, von Theorien also, die kaum einem praktischen Zweck dienen. Merkwürdigerweise weiß aber kaum jemand — die meisten Psychologen inbegriffen —, daß sich die Lernfähigkeit des Kindes alters- und entwicklungsspezifisch ausbildet. Emotionale Reaktionen sind dabei die wichtigste Art des Lernens. Sie werden zum Teil schon vor der Geburt erworben und beeinflussen weite Teile des späteren Verhaltens. Emotionale Reaktionen, die durch Konditionieren von Spinalreflexen (oder Pawlow'sches Konditionieren) entstehen, bilden fast die einzige Art des Lernens, die dem Kleinkind zur Verfügung steht. Man nennt diesen Vorgang auch klassisches Konditionieren, Ausbildung von bedingten Reflexen oder Konditionieren von Rückenmarksreflexen. Es handelt sich dabei um einen Grundtypus des Konditionierens, den man zur Ausprägung emotionaler Reaktionen oder bestimmter Motivationen benötigt.
Ich muß meine geplagten Leser an dieser Stelle dafür um Verzeihung bitten, daß ich hier mit so viel »Fach-Chinesisch« um mich werfe, obwohl ich doch ausdrücklich versprochen hatte, mich in diesem *Handbuch* nicht mit den theoretischen Grundlagen der beschriebenen Methoden zu beschäftigen. Es ist jedoch entscheidend wichtig, daß Eltern und Erzieher die ersten Lernvorgänge des Kindes als paarweise Assoziationen begreifen:

Mamis warmer Körper bedeutet hungerstillende Muttermilch; ein freundlich lächelndes Gesicht bedeutet umarmt und gestreichelt zu werden; ein angenehmer Geruch bedeutet eine ruhige, entspannte Mami etc. Die Eltern sollten auch unbedingt daran denken, daß Kinder in Belastungssituationen jeder Art regredieren, d. h. in frühere Lern- und Entwicklungsstufen zurückfallen können. Ein müdes, hungriges, gelangweiltes, frustriertes, ängstliches, verkrampftes oder sonstwie unter Druck stehendes Kind regrediert möglicherweise auf die Stufe des klassischen Konditionierens, auf der es überhaupt nur durch paarweise Assoziationen lernen kann. Dies ist zugleich die intensivste Art des Lernens, bei der das Gelernte am längsten anhält und am spätesten in Vergessenheit gerät. Fast alle grundlegenden Fertigkeiten wie etwa Laufen, Sprechen, Sehen, Hören oder Lesen werden durch diese Form des Lernens erworben. Viele Schwierigkeiten beim Lesenlernen beruhen darauf, daß die Lehrer die ganze Angelegenheit unnötig komplizieren und in der Vorstellung verhaftet sind, diese Fertigkeit habe etwas mit Verstandesleistung zu tun. Das Lesen ist auch nicht schwieriger als das Laufen oder Hören und ist trotz seines späten Erscheinens in der Menschheitsgeschichte im Grunde eine primitive Fertigkeit.

Natürlich kann man Kindern mit Hirnschäden, schweren seelischen Störungen oder großen Entwicklungsrückständen häufig nur mit Hilfe von paarweisen Assoziationen etwas beibringen, wobei man bereits vorhandene, lustvolle Erfahrungen und Assoziationen dazu nutzt, um die Verhaltensmöglichkeiten und das Wissen des Kindes zu erweitern. Es wäre völlig unsinnig, es mit dieser Form des Lernens nicht wenigstens zu versuchen, wenn keine andere Lernart erfolgversprechend scheint.

Im Alter von einem Jahr beginnt das Kind, sich mit Hilfe seines Körpers aktiv mit der Umwelt auseinanderzusetzen. In dieser Entwicklungsphase nimmt die Spinalreflexkonditionierung an Bedeutung ab, und sogenannte *periphere* Konditionierungsvorgänge bilden sich als Hauptform des Lernprozesses heraus. Man spricht in diesem Zusammenhang auch von motorischen Lernvorgängen, von Präzisionstraining, Verhaltensformung und instrumentellem oder operantem Konditionieren. Diese Form des Lernens steigert die Präzision und Wirksamkeit der Muskelreaktionen, mit denen das Kind seine Umwelt manipulieren oder modifizieren kann. Beim peripheren Konditionieren werden höhere Nervenzentren beansprucht als bei der Spinalreflexkonditionierung. In Belastungssituationen treten die einfacheren Formen des Lernens — emotionale Vorgänge — wieder in den Vordergrund und beeinflussen alle weiteren Lernprozesse.

Im Alter zwischen 18 Monaten und etwa vier oder fünf Jahren bildet sich beim Kind dann verbales Lernen heraus, das anfangs sehr direkt ist und zu dem das Problemlösen noch nicht unbedingt dazugehört. Das Kind lernt Beschreibungen und Anweisungen verstehen und ist bereits in der Lage, Gedächtnisleistungen verbal auszudrücken. Diese Form des Lernens ist durch äußerst rasche Kodierung gekennzeichnet, wobei in den meisten Fällen die einmalige Darbietung eines mit starker Anmutungsqualität versehenen Lernstoffes ausreicht. Interessanterweise erscheinen Begriffe wie »Laß das!« und »Nein!« in allen Kulturen und Sprachen früher als »Tu das!« und »Ja!«. Auch die erste Person Singular — »Ich« — tritt in allen Kultur- und Sprachkreisen relativ spät auf. Dies sollte man unbedingt im Auge behalten, wenn man die Wechselbeziehung zwischen den frühen Formen des Lernens und verbalen Lernvorgängen betrachtet. Viele Schwierigkeiten lassen sich auf die mangelnde Beziehung zwischen emotionalen und motorischen Lernprozessen (Spinalreflexkonditionierung und Lernvorgänge im peripheren Nervensystem) einerseits und verbalen Lernprozessen (in der Großhirnrinde) andererseits zurückführen.

Ich habe diese vielen Fachausdrücke nur deshalb verwendet, weil ich es für absolut unerläßlich halte, daß Eltern und Erzieher die wachsende Differenzierung der Lernvorgänge und die Tatsache im Auge behalten, daß Kinder — und auch Erwachsene — in Belastungssituationen auf frühere Entwicklungsstadien regredieren. Eltern und Erzieher, die Lernschwierigkeiten bei ihren Kindern vermeiden wollen, sollten auch daran denken, daß das Lernen durch paarweise Assoziationen (Spinalreflexkonditionierung) den durch Belohnung und Strafe bestimmten Lernprozessen zeitlich vorangeht, daß ein Kind Anweisungen hören, verstehen und befolgen kann, bevor es in der Lage ist, selbst welche zu geben, und daß es solche »Befehle« erteilen kann, bevor es zu Kommunikation und Interaktion (Wechselbeziehung) auf der Basis gegenseitigen Gebens und Nehmens fähig ist.

Spinalreflex
Motorischer Reflex
Verbaler Input (Entgegennahme von Anweisungen)
Verbaler Output (Erteilen von Anweisungen)
Kommunikation — Konversation — Interaktion
Intuition — Gestalt — Kreativität

Dies ist vielleicht ein allzu stark vereinfachter Überblick über die Art und Weise, in der menschliches Lernen erfolgt. Eltern und Erzieher sollten diesen Aufbau der Lernvorgänge aber unbedingt im Gedächtnis behalten, da die differenzierteren, reiferen, *späteren* Formen des Lernens unter Streßeinwirkung zusammenbrechen und schließlich verschwinden. Genauso, wie sich ein hungriges oder frustriertes Kind sehr viel »babyhafter« verhalten wird als gewöhnlich, erfolgen seine Lernvorgänge auf einer entwicklungsmäßig sehr viel früheren Stufe, wenn es unter Druck steht oder ängstlich ist. Im übrigen finden sämtliche genannten Lernprozesse auch alle gleichzeitig statt, und so manche unerwünschten Dinge, die auf die eine Art erlernt wurden, lassen sich durch eine andere Form des Lernens nicht wieder löschen. Das bedeutet aber, daß alles Gerede der Welt so gut wie niemals eine Phobie oder gewohnheitsmäßiges Bettnässen »heilen« wird, während ganz simple Methoden (wie sie in diesem Buch noch ausgeführt werden) Phobien und Bettnässen fast sofort »heilen«. Kinder einer Altersstufe, in der sich verbale Lernprozesse verstärkt herausbilden (also Zwei- bis Dreijährige), lassen sich nicht von einer verbal initiierten Verhaltensweise zu einer anderen »umschalten«. Gesetzt den Fall, ein Kleinkind bekommt die Anweisung, einen Ring auf einen Holzpflock zu stecken. Wenn das Kind einmal mit der Ausführung begonnen hat, kann es so schnell nicht wieder damit aufhören oder den Ring etwa auf einen anderen Holzpflock stecken. Heißt man es aufhören oder seine Beschäftigung abändern, so kommt es der *ersten* Aufforderung in verstärktem Maße nach. Jede Einmischung von außen führt dann zu einer Intensivierung der zuerst geforderten Verhaltensweise. Konflikte, Widersprüche und traumatische Erlebnisse in dieser Entwicklungsphase können ein bleibendes Verhaltensschema bewirken, welches das frühe Auftreten von »Nein!« und »Laß das!« sowie die verstärkende Wirkung von widersprüchlichen und negativen Anweisungen widerspiegelt. Man sollte unbedingt daran denken, daß das Kind unter dem Einfluß von Hunger, Langeweile, Streß, Ermüdung oder Frustration auf ein früheres Entwicklungsstadium regrediert und möglicherweise darauf fixiert bleibt.

Im Alter von vier oder fünf Jahren beginnen bei den meisten Kindern Lernprozesse verbal-gedanklicher oder kognitiver Art. (Ansätze dazu zeigen sich selbst bei den niedrigsten Tieren und bei Kindern, die noch gar nicht sprechen können.) Diese Form des Lernens spielt sich in der Großhirnrinde ab und beansprucht die höheren Funktionen des Nervensystems. Es wird auch Lernen durch Einsicht oder durch Gestalt-Prinzipien (Aha-Erlebnis genannt). Kognitive Lernprozesse bedeuten eine Umstrukturierung von bereits begrifflich eingeordneten und mit anderen Erinnerungsspuren verknüpften Geschehnissen zu etwas Neuem, das für das Kind einen Sinngehalt besitzt. Die Bedeutung der Assoziationen ermöglicht es dem Kind, den Sinngehalt der in seinem Gedächtnis eingeprägten Einzelstrukturen zu begreifen und neue Erfahrungen aktiv zu verarbeiten.

Die Kenntnis und Beachtung der Entwicklungsstadien kindlichen Lernens kann für den Lehrer in zweierlei Hinsicht nützlich sein. Sie erlaubt dem Lehrer, die für die Lernziele im Klassenzimmer jeweils am besten geeigneten Lehrmethoden und Lehrprogramme auszuwählen (z. B. Spinalreflex-Konditionierung für die Ausprägung emotionaler Verhaltensweisen oder Motivationen; periphere Konditionierung für das Einüben motorischer, kognitiver oder wahrnehmungsmäßiger Präzision; intensive Darbietung motorisch-verbaler Interaktionen für das Erlernen neuer Wörter und für Fertigkeiten wie Lesen und Rechnen; und schließlich kognitive Lernprozesse, um bereits vorhandene Gedächtnisinhalte umzustrukturieren und für das Kind erkennbare Sinnzusammenhänge aufzudecken). Sie ermöglicht dem Lehrer aber auch den Einsatz anderer Lehrmethoden, wenn das Kind auf die üblichen Verfahren nicht anspricht. (Ein Kind ist z. B. wegen eines kortikalen Hirnschadens möglicherweise nicht in der Lage, auf dem Wege verbaler Einsichtsvermittlung entsprechend zu lernen, kann aber vielleicht durch wiederholte Koppelung neuer Symbole oder Erfahrungen mit bereits bekannten durchaus die gewünschten Lernfortschritte erzielen, d. h. also durch Spinalreflex-Konditionierung.)

d) Schlaf

Wir machen immer wieder die Erfahrung, wie wichtig der Schlaf für das menschliche Verhalten ist. Es ist hinreichend bekannt, daß es bei Vollmond in Gefängnissen und Nervenkliniken zu Schwierigkeiten kommt. Unseren Vermutungen nach liegt des Rätsels Lösung ganz einfach darin, daß übermäßige Lichteinwirkung und ganz normale Lebensrhythmen den regelmäßigen Schlaf stören, vor allem bei vitalschwächeren Organismen. Wir sind nach jahrelangen Experimenten, bei denen wir den Kindern ihre Schlafgewohnheiten freistellten, inzwischen zu einer festen Regelung der Schlafenszeiten übergegangen. In Internaten und Kinderheimen ist jede Veränderung des Schlafzyklus ein verläßliches Vorzeichen für den Ausbruch von Verhaltensstörungen. Eine Reihe von Schwierigkeiten läßt sich — wenn die räumlichen und personellen Voraussetzungen dafür gegeben sind — dadurch beseitigen, daß man die spontanen Frühaufsteher von den »Nachtmenschen« trennt, und zwar sowohl bei den Lehrern und Erziehern als auch bei den Schülern oder Zöglingen. Leider können sich die meisten Heime ein solches Verfahren nicht leisten; es ist aber ein wirksames Mittel, um die Leistungsfähigkeit zu steigern und um Konflikte und Fehlverhaltensweisen zu verringern.

»Nachtmenschen« zeigen als Reaktion häufig Angst, d. h. sie reagieren auf bestimmte Ereignisse mit gesteigerter Tätigkeit des sympathischen Nervensystems, also mit Angst. Gegen Abend ist das Angstvolumen so hoch, daß das Einschlafen schwer, wenn nicht unmöglich wird. Entspannungsübungen, körperliche Anstrengungen oder Selbsterfahrungs-Training (wie im weiteren Verlauf des Buches noch ausgeführt werden wird) sorgen bei diesem Problem für Abhilfe.

Verhaltensgestörte Kinder wirken oft die meiste Zeit ausgesprochen verschlafen. Man berichtet von ihnen, sie hätten einen »schläfrigen Augenausdruck«, geringe Konzentrationsfähigkeit und sie seien hyperaktiv. Wenn diese Kinder sich auch noch gegen das Einschlafen wehren, obwohl sie die meiste Zeit über so aussehen, als müßten ihnen jeden Augenblick die Augen zufallen, und wenn man sie, sobald sie einmal eingeschlafen sind, kaum noch aufwecken kann, dann ist mit Sicherheit damit zu rechnen, daß eine wirksame Regulierung ihrer Schlafgewohnheiten günstige Auswirkungen auf ihr Gesamtverhalten zeitigen wird.

Die meisten sogenannten Psychopathen und charaktergestörten Kinder zeigen dieses Syndrom. Wenn laut ärztlichem Befund keine Stoffwechselstörungen, Hypoglykämie und Allergien vorliegen, sind diese Kinder als »funktionale Narkoleptiker« anzusehen.

Wir nennen dies nach einer alten Cartoon-Reihe das »Henry-Chicken-Hawk-Syndrom«. Henry, ein junger Hühnerhabicht mit zerrauftem Gefieder, schläfrigen Augen und trotzigem Gesicht, wollte einfach nicht einsehen, daß er nicht mit ausgewachsenen Hähnen kämpfen oder Eier und Hühner stehlen konnte, die größer waren als er selbst. Alle möglichen Katastrophen, Strafen und Standpauken blieben ohne Erfolg. Henry, die Schlafmütze, stürzte sich immer wieder ins nächste Abenteuer. Wer sich diese Cartoon-Reihe auch einfallen ließ — er muß auf jeden Fall ein waschechtes Sorgenkind gut studiert haben oder selbst eins gewesen sein.

Eine funktionale Narkolepsie läßt sich vom Neurologen in sorgfältiger Diagnose feststellen, indem er das nicht unter Einfluß von Beruhigungsmitteln stehende Kind während der Aufnahme eines Elektroenzephalogramms mit leicht beunruhigenden Statements konfrontiert. Wenn dabei Schlafspindeln im Frequenzbereich von 12 bis 14 pro Sekunde auftreten, liegt Narkolepsie vor. Wenn ein Proband während der im letzten Teil dieses Buches beschriebenen Desensibilisierung einschläft und dem »Henry-Chicken-Hawk«-Typus angehört, leidet er vermutlich auch an Narkolepsie. Jeder Mensch, der in Streß-Situationen mit Schläfrigkeit reagiert, sollte sich einer gründlichen neurologischen Untersuchung unterziehen. Ein weiteres verläßliches Anzeichen für Narkolepsie ist eine rapide Folge von Lidschlägen beim Sprechen, vor allem in Situationen, in denen man sich bloßgestellt fühlt, lügt, sich verteidigt oder sonstwie unter Streß steht. Dies gilt besonders dann, wenn häufiges »Blinzeln« zum gewohnheitsmäßigen Verhaltensrepertoire des Betreffenden gehört. Übermäßiges Blinzeln ist allein schon ein ziemlich verläßliches Anzeichen für Narkolepsie.

Man kann diesen Störungen dadurch beikommen, daß man unter ärztlicher Kontrolle Psychoanaleptika verabreicht (Amphätamine oder Monoaminoxydase-Hemmer, Dexedrin, Ritalin oder sonstige »Weckamine«). Eine strenge Einhaltung der Schlafenszeit, Kontrolle der Umweltbedingungen beim Einschlafen und andere regulierende Maßnahmen sind ebenfalls von Nutzen. Man sollte unbedingt bedenken, daß das Versagen eines einzelnen Medikamentes noch längst nicht bedeutet, daß es sich nicht um Narkolepsie handelt. Häufig wirkt Ritalin, wo Dexedrin unwirksam bleibt, und oft ist die Störung so hartnäckig, daß hohe Dosen über lange Zeiträume hinweg notwendig sind. Von genauen Beobachtungen des Erziehers am Verhalten des Kindes unterstützt, kann der Arzt die richtige Dosierung bestimmen.

Bei Narkoleptikern, aber auch bei Kindern und Jugendlichen, die zwar keine ausgeprägte Narkolepsie zeigen, aber dennoch an Schlafstörungen leiden (wenn es sich mehr um nächtliches Herumwandern und teilweise Schlaflosigkeit etc. als um extrem frühes Erwachen oder echte Schlaflosigkeit handelt), lassen sich die Schlafgewohnheiten dadurch regulieren, daß man eine 48- oder 72stündige Marathon-Wachperiode einschiebt, die zur üblichen Schlafenszeit endet. Bei schweren Fällen von Schizophrenie erreicht man einen einigermaßen normalen Schlafzyklus mit Hilfe einer 72stündigen Marathon-Wachperiode und einer anschließenden, von Beruhigungsmitteln unterstützten Schlafphase (wobei man vorzugsweise eine Mischung verschiedener Schlafmittel verwendet), gefolgt von einer weiteren 72stündigen Wachperiode und anschließendem Schlaf ohne Medikamente. Bei psychotischen Patienten kann man aber auch geordnetes Verhalten dadurch erzielen, daß man den Schlaf mit Hilfe einer Schlafmittelmischung reguliert. Diese pharmazeutischen Methoden sind selbstverständlich nur unter ärztlicher Kontrolle anzuwenden, wobei der Betreuer jedoch sorgfältig auf alle Anzeichen von Schlafstörungen achten und diese dem Arzt mitteilen sollte.

Schlafstörungen lassen sich häufig auch ohne Medikamente durch Marathon-Wachperioden beheben, die in einer neuen Gruppe zudem sehr schnell für Kontakt zwischen den Gruppenmitgliedern sorgen und antisozialen Verhaltensgewohnheiten entgegenwirken können. Dabei scheint es unwichtig, durch welche Beschäftigungen man die Gruppe wachhält, solange diese nicht ausgesprochen destruktiv werden.

Bei Fällen eindeutiger Schlaflosigkeit, in denen die Betroffenen erklären, sich unwohl zu fühlen und den Wunsch äußern, ihren Schlafrhythmus zu regulieren, läßt sich die Störung sehr rasch durch eine tägliche Sitzung beheben, in der das Kind oder der Jugendliche angewiesen wird, sich wachzuhalten, am besten durch eine leichte unlustbetonte Beschäftigung wie Bodenschrubben oder einfaches Herumsitzen — allerdings nicht im Bett und ohne zu lesen. Die Anweisungen sollten wiederholt und mit Nachdruck erfolgen.

Man hat als Erzieher nur selten mit Kindern oder Jugendlichen zu tun, die an echter Schlaflosigkeit leiden. Meiner Erfahrung nach legen Halbwüchsige großen Wert auf ihre diversen Schlafstörungen und versuchen hartnäckig, daran festzuhalten. Gelegentlich kommt ein findiger Kopf auch dahinter, daß der Erzieher seine Schlafstörungen furchtbar wichtig nimmt, und benutzt die »Masche« mit der Schlaflosigkeit (»Ich möchte ja so gerne schlafen und leide so darunter, daß ich es nicht kann.«) anstelle des üblichen »Tom-Sawyer-Verhaltens« als Hauptwaffe zur Manipulation des Erziehers. Solche Jugendliche drücken sich fast immer um die Einnahme der verschriebenen Schlafmittel, widersetzen sich höchst raffiniert den vorgeschriebenen Schlafenszeiten und demonstrieren in jeder nur möglichen Form (außer in Worten), daß sie den Widerstand gegen das Einschlafen zu ihrer spezifischen Form der Angstbewältigung gemacht haben. Der ganze Komplex von Wachen und Schlafen dient ihnen als höchst nützliche Waffe. Er ist auch der Hauptgrund dafür, daß diese Halbwüchsigen aus den Folgen ihres Verhaltens in der Realität niemals lernen und durch Schaden (Strafen) nicht klug werden. Schließlich sind sie ja auch nie ganz »da«.

e) Die Ökologie des Verhaltens

Wenn auch die meisten ökologischen Faktoren oder Umweltbedingungen jenseits der Einflußmöglichkeiten des Durchschnittserziehers liegen, so wären diese einleitenden Bemerkungen doch unvollständig, wollte man die ungeheure Bedeutung von äußeren Bedingungen, Größenverhältnissen, Formen, Farben, Strukturen, Ausdehnungen, Einstellungen, Positionen und Beziehungen für das Verhalten außer Acht lassen. Temperaturverhältnisse, umweltspezifische Geräusche und Luftbewegungen sowie die Art und Beschaffenheit des Lichtes haben oft entscheidenden Einfluß auf das Gesamtverhalten, auf die körperliche Entwicklung und auf wichtige gefühls- und motivationsmäßige Zustände.

Die ungünstigste Umweltbedingung, die man je für Kinder geschaffen hat, war vermutlich die Massenunterbringung. Der dabei herrschende Mangel an Intimsphäre, die ständige Geräuschbelästigung und permanente Nähe anderer Menschen sowie das Gefühl des Ausgeliefertseins und der Verletzbarkeit durch dauernde »Reibung« mit anderen treten in ähnlicher Form wohl nur noch in Krankenhaussälen, Kasernen und Schulen auf. Bei Ratten, die normalerweise einen ausgeprägten »Familiensinn« haben, führt bezeichnenderweise eine Verlegung der Nester von getrennten Einzelbrutstätten in Massenquartiere, in denen ein Nistplatz zum nächsten hin offen ist, schon nach drei Generationen zum völligen Zusammenbruch der Sozial- und Familienstrukturen.

Ein intakter Privatbereich und das Gefühl der Sicherheit sind für alle Arten von Lernprozessen außerordentlich wichtig. Es steht außer Zweifel, daß ein überängstliches, eingeschüchtertes Kind, das den typischen Versager oder Störenfried abgibt, mehr Intimsphäre, Sicherheit und Abgrenzungsmöglichkeiten benötigt als ein anderes. Daher ist es entscheidend wichtig, im Klassenzimmer — und sei es nur mit Hilfe großer Kartons oder Trennwände aus Pappe — für eine räumliche Aufgliederung zu sorgen, die den Kindern die Möglichkeit gibt, in der Schule eine private Sphäre und Sicherheit bei ihren sozialen Beziehungen zu entwickeln. Natürlich ist es wichtig, daß sich der Schüler in seinem Klassenzimmer wohlfühlen kann. Dies bedeutet aber selten eine feinsäuberlich geordnete Raumausstattung, wie sie ein bestimmter Pädagogentyp so besonders schätzt. Kinder lieben helle, lebhafte und dynamische Strukturen, die man miteinander in Beziehung setzen kann. Ein Klassenzimmer, in dem davon nichts zu spüren ist, ist für die Kinder eine eindeutig schädliche Umwelt. Das Klassenzimmer kann sich in einem düsteren Gebäude befinden und trotzdem anregend und lebendig sein, weil dort ein guter Lehrer mit seinen Schülern gemeinsam ans Werk geht.

Von Großbritannien und Skandinavien ausgehend, hat man ausgezeichnete Erfahrungen mit Spielplätzen gemacht, die mit allem möglichen Gerümpel ausgestattet sind und die man aus naheliegenden Gründen »Abenteuer-Spielplätze« nennt. Auf diesen Spielplätzen werden auf einem eingezäunten Areal alte Holzbalken und anderes Baumaterial gestapelt. Der einzige dort anwesende Erwachsene hat eine Hütte. Dieser Helfer gibt Werkzeug, Nägel und andere Materialien aus, sucht das schlimmste Chaos zu vermeiden und leistet auf Verlangen Hilfestellung. Er hat auf jeden Fall nicht die Funktion eines Spielleiters oder gar Aufsehers. Es ist faszinierend, auf diesen Abenteuer-Spielplätzen jeden Sommer den Ablauf des gleichen Zyklus zu beobachten. Anfangs sammeln und verstecken die Kinder ihre jeweils ganz persönlichen »Schätze«, sie bauen ihre eigenen, von den anderen streng getrennten Räuber- und Piratenhöhlen und zeigen sich voller Mißtrauen gegeneinander. Der nächste Schritt ist die Bildung kleiner Räuberbanden, die sich schließlich zu durchorganisierten Gemeinschaften mit Krankenhäusern, Schulen, Gefängnissen, Wohnungen und dergleichen erweitern. Es ist, als müßten die Kinder jedes Jahr von neuem ihre auf Zusammenarbeit beruhende Gesellschaft entwickeln, dazu ihre in Elternhaus, Kirchengemeinde und Schule gelernte, antisoziale Feindseligkeit erst wieder vergessen und den in neun langen Monaten eingepflanzten Haß erst einmal ausagieren. Die Tatsache, daß die Versicherungsbeiträge für die Abenteuer-Spielplätze heute niedriger sind als für die üblichen, ist nur eines von vielen Erfolgskriterien für den Abenteuer-Spielplatz.

Wenn der Lehrer keine derart vielfältigen und komplexen Möglichkeiten hat, kann er das soziale Umfeld in seiner Schulklasse auch auf andere Weise erweitern. Wir machen mit unseren Kindern seit zehn Jahren Höhlenwanderungen und Bergtouren, Campingfahrten in abgelegene Gegenden (oft mit einer Art »Überlebenstraining«), Bootsfahrten, Streifzüge durch fremde Städte, Autotouren, Ausflüge von Insel zu Insel und mehrtägige Wanderungen, auf die nur Schlafsäcke und belegte Brote mitgenommen werden, und haben in dieser Zeit noch keinen einzigen ernsthaften Unfall erlebt. Einen Lehrer, der seinen Schülern nicht wenigstens einige dieser Erlebnisse bieten kann — notfalls auch ohne finanzielle Unterstützung durch die Schule —, kann man einfach keinen wirklichen Erzieher nennen, und ein Internat oder Schulheim, bei dem solche Unternehmungen nicht ganz selbstverständlich zum Programm gehören, ist wohl kaum als persönlichkeitsfördern zu bezeichnen.

Es gibt viele Möglichkeiten, auch in der üblichen Klassenzimmersituation die sozialen Strukturen zu bereichern, und zwar auch dann, wenn die betreffende Schulbehörde restriktiv ist. Eine ganz einfache Methode zur Verbesserung der ökologischen Bedingungen in der Schule ist die Aufhebung der Trennung nach Altersgruppen. Kinder, die anderen Kindern etwas beibringen, bilden wohl das wirksamste soziale Lehr- und Lernmodell, das wir derzeit in der Fachliteratur finden. Wenn die Schulbehörden diese Form untersagen, kann man das Angebot an Wahlmöglichkeiten für die Schüler dadurch erweitern, daß man leistungsstärkere Schüler den schwächeren bei der Arbeit helfen läßt, das soziale Verantwortungsgefühl der Kinder stärkt, verschiedene Arbeits-, Spiel- und Lerngruppen schafft und im Klassenzimmer Schwerpunktbereiche einrichtet. Dies ermöglicht es den Schülern sehr viel schneller, ihr eigenes Leistungsniveau zu finden und von dort aus ihre persönlichen Lernfortschritte zu erzielen.

Die ideale Grundschulklasse sollte mindestens zwei Lehrer haben, häufig aber bis zu zehn Lehrkräfte zur Verfügung haben. Unter »Lehrkräften« verstehe ich natürlich freiwillige Helfer, Hilfspersonal und »richtige« Lehrer, die alle unmittelbar zur Förderung des Lernprozesses eingesetzt sind, nicht nur für Hausmeisterfunktionen, krankenpflegerische Aufgaben oder Büroarbeiten. Die Schülerzahl kann dabei 30 durchaus überschreiten. Das Klassenzimmer sollte sehr geräumig sein und im Idealfall ein leicht zugängliches Zweitgeschoß besitzen, wohin sich die Kinder zum Lesen, zum ungestörten Lernen, zum Schlafen oder ganz einfach zum Faulenzen zurückziehen können. »Il dolce far niente«, das süße Nichtstun, hat in der Schulsituation nämlich eine äußerst *nützliche* Funktion. Der Hauptraum ist in Schwerpunktgebiete unterteilt — in Schmierecken, saubere Bücherei-, Handwerks-, Bastel- und Ausstellungsecken. Ein eigener Raum oder wenigstens eine abgegrenzte Nische für lärmintensive, schmutzige, destruktive und konstruktive Arbeiten, für experimentellen Biologieunterricht und alle möglichen anderen Beschäftigungen ist ebenfalls höchst wünschenswert. Ein weniger ideales Klassenzimmer kann aus einem einzigen, kleineren Raum mit zu vielen Schülern und ohne Trennwände oder Unterteilungen bestehen und trotzdem in Schwerpunktbereiche untergliedert sein, die es dem Kind ermöglichen, je nach Lust und Laune auf vielfältige Weise aktiv zu werden und sich nach seinen augenblicklichen emotionalen Bedürfnissen seinen ganz persönlichen Wirkungskreis zu schaffen.

Ich selbst habe einmal mit zwei anderen Lehrern und 100 Vorschulkindern, die noch nicht lesen und schreiben konnten und aus landwirtschaftlichen Saisonarbeiterfamilien stammten, in einem völlig kahlen Raum von 12 x 15 Metern gearbeitet und dabei die Erfahrung gemacht, daß wir auf diese Weise größere Lernfortschritte erzielen konnten als bei einer Aufteilung der Gruppe in drei Klassen. Zwei »Haupt«-Lehrer bilden gewissermaßen die Kristallisationspunkte für die aktive Beschäftigung und für die sozialen Gefühlsbeziehungen im Klassenzimmer. Der Einzellehrer kann die gleichen ökologischen Voraussetzungen dadurch schaffen, daß er Möbel, Teppiche, Trennseile und Pappkartons arrangiert, Kreidestriche auf dem Fußboden zieht oder ganz einfach imaginäre Kraftfelder und Grenzlinien entstehen läßt. Mit Hilfe von Sockeln und emporeartigen Raumteilen, halben Trennwänden, spanischen Wänden, Bücherregalen und dergleichen ist dies natürlich sehr viel einfacher. Eine unzureichende Ausstattung kann jedoch niemals als Ausrede für mangelnde Strukturierung dienen, sondern erfordert im Gegenteil noch mehr, vielfältigere, flexiblere und dynamischere Strukturen. Die meisten Menschen sind leider der Ansicht, der Begriff »Struktur« sei auf Bereiche wie etwa militärische Hierarchien oder die Pseudostrukturen in einem Hörsaal oder Fachbuch beschränkt. Diese Auffassung kommt mir so vor, als glaubten die Biologen, ein Kristall oder gar ein Stück homogener, undifferenzierter Materie besitze mehr Struktur als eine lebende Zelle.

Zu Beginn des Schultages führen die Lehrer die Kinder den geplanten Beschäftigungen zu, ohne sie jedoch zu einem der beiden Zentren zu drängen, von denen das eine aktiv, lebhaft und lärmintensiver ist und von Tätigkeiten wie Malen, Töpfern, Zimmern, Bewegungsspielen im Freien sowie ersten Leseübungen geprägt wird. Das andere Beschäftigungszentrum ist stiller und passiver und wird vom Geschichtenlesen, Schreiben und anderen weniger lauten Arbeiten und Spielen bestimmt. Dabei ist zu beachten, daß man diese Schwerpunktbereiche nicht durch bloße Formalismen voneinander unterscheidet; jeder Lehrer kann im Klassenzimmer jede Aufgabe wahrnehmen. Man sollte alles tun, um Erlebnisbereiche wie Bücher, Schulung und Lesen mit zielgerichtetem Handeln in entspannter Atmosphäre zu koppeln.

Man sollte sich auch unbedingt klarmachen, daß solche Klassenzimmer-Situationen sich auch herstellen lassen, ohne daß ein Lehrer dabei ist. Der Hauptgrund dafür, daß wir Lehrer brauchen, liegt in der unseren Kindern gewaltsam beigebrachten Erfahrung, daß Ordnung und Produktivität von der Anwesenheit eines erwachsenen »Aufsehers« abhängen. Wir können jedoch selbst in Slum-Gegenden ein Klassenzimmer ohne Lehrer mit »Polizisten-Funktion« einrichten, indem wir lebensnahes Lehrmaterial bereitstellen, das von einem Altersgenossen der Schüler oder zumindest einem Angehörigen ihrer Generation betreut wird. Wenn erst einmal ein Drittel der Schüler an die Zusammenarbeit mit uns gewöhnt ist, können wir den ganzen Apparat — das ökologisch richtige Klassenzimmer — einfach »einschalten« und ihn mit einer minimalen Beteiligung von Erwachsenen den ganzen Tag über gewissermaßen alleine laufen lassen. Es liegt auf der Hand, daß dies in einem herkömmlichen Klassenzimmer nicht möglich ist, da es sich dort um ein System handelt, das Organismen bei möglichst geringem Aufwand in Richtung auf willfährigen Wissenskonsum drillen soll. Die herkömmliche Klassenzimmer-Situation kann auf einen »Dompteur« nicht verzichten. Man kann aber einen völlig leeren Raum mit Menschen füllen, für demokratisch legitimierte Führungskräfte einer demokratisch aktiven Basis sorgen und diese Gruppe ruhig ihrer eigenen Schaffensfreude überlassen — vorausgesetzt natürlich, daß man sich nicht mit der Bemerkung zurückzieht: »Ich verlasse mich darauf, daß ihr euch anständig benehmt«, was soviel bedeutet wie: *»Ich traue euch nicht.«*

Man kann damit beginnen, daß man aus der Schülergruppe die fünf gemeinschaftsfähigsten und in ihrem sozialen Verhalten am weitesten entwickelten Kinder auswählt (darunter immer mindestens einen Schüler, der einem besonders zu schaffen macht) und sie als Unterrichtshelfer einsetzt. Kinder begreifen sehr schnell, daß in einer normalen Schule ein gewisses Maß an »Ruhe und Ordnung« herrschen muß — und sei es nur deshalb, weil der Direktor eben ein komischer Kauz ist. Sie sind lebhaft daran interessiert, Ihnen bei dem unumgänglichen Dschungelkrieg für einen lebendigen, schöpferischen, erfolgreichen und lustvollen Schultag zu helfen. Wenn der Preis dafür in »Ruhe und Ordnung« besteht, werden sie ihn bereitwillig zahlen.

Diese fünf Schüler können auf fünf Sechsergruppen aufgeteilt oder den Schwerpunktbereichen des Klassenzimmers als Organisatoren für bestimmte Aufgaben und Beschäftigungsformen zugeordnet werden. Andere Kinder haben etwa die Aufgabe, das Überschreiten einer bestimmten Lärmschwelle zu signalisieren, indem sie bei allzu großer Lautstärke alle Lichter ausschalten (Signal für absolute Ruhe), ein akustisches Zeichen geben, besondere »Warnlampen« andrehen oder sich sonstwie bemerkbar machen. Wieder andere können gemeinsame Unternehmungen vorbereiten, die vermutlich sehr wenig mit jenen »pädagogisch wertvollen« Erfahrungen bei den herkömmlichen Klassenausflügen zu tun haben, bei denen sich die Schüler zu Tode langweilen. Den Kindern wird es dabei vor allem auf aufregende Erlebnisse, gutes Essen, Abenteuer und Lausbubenstreiche ankommen, während Ihnen Ruhe, Ordnung und Sicherheit besonders am Herzen liegen. Legen Sie diesen Interessenkonflikt aufrichtig und sachlich offen und diskutieren Sie mit den Schülern darüber. Warum sollte Ihre Schülergruppe — und sei es die allerjüngste oder lernbehindertste Schulklasse — nicht sich selbst zum Unterrichtsgegenstand haben, und weshalb sollten nicht auch die gesellschaftsspezifischen Zwänge und Tabus, mit denen die Kinder tagtäglich konfrontiert sind, als Schulstundenthema zugelassen sein? Es kommt dabei nur darauf an, daß der Lehrer hinsichtlich der Unterrichtsinhalte sowie der Formen, Lernschritte und äußeren Bedingungen, unter denen diese Inhalte behandelt werden, für sinnvolle Strukturen sorgt und die »Ökologie des Lernens« berücksichtigt. Es ist Aufgabe des Lehrers, den Lernstoff zu beleben, zu differenzieren und ihn vernünftiger, kindgemäßer, organischer und überzeugender zu machen.

Je reichhaltiger das Angebot an Hilfsmitteln, Geräten, Anschauungsmaterial, Räumlichkeiten und Beziehungen ist, desto eifriger, zielgerichteter und zufriedenstellender werden die Verhaltensweisen der Schüler sein. Dies gilt vor allem dann, wenn diese Hilfsmittel einfach, anschaulich und übersichtlich sind und erprobte, spannungsreiche Konturen, Strukturen und Anmutungsqualitäten besitzen. Es trifft darüber hinaus in ganz besonderem Maße zu, wenn es die schulischen Umweltbedingungen den Kindern erlauben, die Hilfsmittel, Geräte, Anschauungsmaterialien, Räumlichkeiten und Beziehungen nicht nur isoliert, sondern auch kombiniert zu nutzen.

Im Rahmen dieser Grundprinzipien kann man sich beinahe in jeder Hinsicht mit den gesellschaftlichen Realitäten und den Grenzen arrangieren, die einem durch die oft an Irrsinn grenzenden Vorschriften der Schulbehörden gesetzt sein mögen. Es kommt dabei lediglich darauf an, daß sich der Lehrer auf die Seite seiner Schüler schlägt. Dann können die Kinder ihrerseits dem Lehrer helfen. Solange dieser aber nicht eindeutig auf Seiten der Schüler steht, ist seine Arbeit auch bei größtem pädagogischem Geschick nichts als ein ständiges Freistilringen.

f) Der »Tom-Sawyer-Effekt«

Viele von uns reagieren ganz allgemein negativ auf Anweisungen, Befehle, gesellschaftliche Forderungen, notwendige Gemeinschaftsleistungen oder Ermahnungen, deren Berechtigung wir jedoch bereitwillig anerkennen. Der praktische Widerstand gegen Dinge, die man theoretisch akzeptiert, richtet sich offenbar gegen den konkreten Aufforderungscharakter der eigenen Einsichten an einen selbst. Wie festgestellt wurde, zeigen Gesetzesbrecher und Kriminelle in ihren verbalen Äußerungen meist eine moralisierendere und autoritärere Einstellung als die übrige Bevölkerung. Sie leiden keineswegs an »moralischem Schwachsinn« — zumindest nicht, was ihr rationales Rechts- und Unrechtsbewußtsein betrifft.

Mir geht es hier nicht um Jugendliche, die den Vietnam-Krieg ablehnen und aus ihrer Oppositionsrolle heraus alle möglichen Gesetzesübertretungen begehen oder sich in voller Absicht selbst untauglich machen, um der Einberufung zum Militär zu entgehen. Die Menschen, von denen ich hier spreche, verhalten sich allesamt negativ gegenüber Dingen, die sie angeblich respektieren. Ihre Formen, sich selbst zu disqualifizieren, verraten keine bewußte Absicht. Wenn ihre eigenen Aussagen über sich selbst ernst gemeint sind, so stellen sich diese Menschen gewissermaßen fortwährend selbst ein Bein. Manche von ihnen sind in ihrer Haltung natürlich schon so verhärtet, daß sie über ihre Einstellung sich selbst gegenüber schon gar nichts mehr aussagen. Sie wirken aber auf jeden Fall sehr unglücklich.

Es stellt sich die Frage, ob man für die Diskussion eines generellen Resozialisierungsprogramms sinnvollerweise nicht eine ähnlich weitgefaßte, einfache und vernünftige Eingruppierung verwenden sollte. Die genannten Kriterien gelten offenbar für die meisten Kriminellen, Straftäter, Leistungsgestörten, Neurotiker, Psychotiker und solche, die soziale Eingliederungsschwierigkeiten, Lernprobleme oder Führungsprobleme im Berufsleben haben sowie für Menschen, die bei ihrer Einberufung zum Militärdienst die entsprechenden psychologischen Tests nicht bestehen etc. Wir können durch die Aufteilung dieses Personenkreises in zwei verschiedene Gruppen von »Neinsagern« fast jede Verhaltensstörung entsprechend einordnen und dadurch auf medizinische, psychologische und moralische Kriterien verzichten. Diese Gruppen gliedern sich 1. in Menschen, die den Konflikt mit den gesellschaftlichen Autoritäten suchen und Bestrafung oder intensive Auseinandersetzungen herauszufordern scheinen, und 2. in Menschen, die sich diesen Autoritäten mit einigem Erfolg entziehen, denen aber andere Formen der Selbstverwirklichung auf typische Weise mißlingen.

So allgemein und weit diese Kategorien auch gefaßt sind, bieten sie offenbar doch einen Rahmen, der das Verständnis von Schwierigkeiten erleichtert, die auftreten, wenn man die derzeit gängigen Lerntheorien auf recht häufige Verhaltensweisen anwendet. Dies betrifft:

1. Kinder und Jugendliche, die sich sofort wieder normal verhalten, sobald man sie aus ihrer häuslichen Umgebung in eine geeignetere Umwelt bringt.
2. Des Lesens und Schreibens unkundige Kinder, die sich in einer neuen Umgebung in kürzester Zeit selbst das Lesen beibringen.
3. Die Tatsache, daß man zehn oder zwölf wirksame Techniken dazu benutzen kann, ein von einer Autoritätsperson gewünschtes Verhalten herbeizuführen, wobei jede dieser Techniken einer Theorie widerspricht, auf die sich eine andere gründet. Ein Kind, das während des Unterrichts ständig von seinem Stuhl aufsteht, läßt sich beispielsweise überreden oder zwingen oder sonstwie veranlassen, während der vorgeschriebenen Zeiten auf seinem Platz sitzenzubleiben, und zwar folgendermaßen:

   a) Man redet dem Kind gut zu, vorzugsweise tut dies ein einflußreicher Altersgenosse oder eine neue und beliebte Autoritätsperson;

b) Man beachtet es gar nicht, wenn das Kind seinen Platz verläßt;
c) Man belohnt das Kind, wenn es seinen Platz verläßt;
d) Man bestraft das Kind wiederholt dafür, daß es seinen Platz verlassen hat;
e) Man verwendet nur eine einzige, symbolische Bestrafung für das Verlassen des Stuhles;
f) Man reagiert jedesmal, wenn das Kind seinen Platz verläßt, mit anderen Verhaltensweisen (entweder mit unerwartetem oder mit absurdem Verhalten);
g) Man reagiert auf das Kind in zufälliger Reihenfolge entweder mit gleichbleibendem oder wechselndem Verhalten;
h) Man befiehlt dem Kind, seinen Platz zu verlassen;
i) Man bestraft das Kind für das Sitzenbleiben auf seinem Platz.

4. Die Tatsache, daß die meisten dieser Personen ihre entsprechenden Verhaltensweisen (darunter überraschenderweise auch Gruppen wie Drogenabhängige) bis zum Alter von etwa 25 Jahren aufgeben und danach nur noch durch vergleichsweise geringe soziale und berufliche Verhaltensstörungen auffallen. Dies mag nur formal zutreffen, doch lassen sich diese verbliebenen Verhaltensstörungen sowohl durch Spontanheilungsvorgänge wie durch gezielte und geplante Resozialisierungsmaßnahmen beseitigen.
5. Autistische Kinder ohne Fähigkeit zu verbaler Kommunikation, die aus einer Reihe von Gegenständen die Objekte, die man sie aufnehmen heißt, mit einer signifikant niedrigeren Quote auswählen, als es der Zufallsverteilung entspräche.
6. Den Umstand, daß sich psychologische Testergebnisse mit ziemlicher Genauigkeit vorhersagen lassen, wenn man den Suggestibilitätsgrad des Probanden kennt. Dies deutet darauf hin, daß die in einer »Befehlssituation« erbrachte Test-Leistung möglicherweise nur die Reaktion des Betreffenden auf die Anweisung *an sich* widerspiegelt.
7. Vorzeitige Schulabgänger, die während ihrer Schulzeit mehr strafbare Handlungen als nach ihrem Ausscheiden aus der Schule begehen. Kinder und Jugendliche begehen an Schultagen mehr Delikte als am Wochenende und während der Ferien.

8. Die wohlbekannte Selbstdestruktivität und Anfälligkeit für Schuldgefühle bei Kriminellen, Alkoholikern und Rauschgiftsüchtigen, die immer sehr gut verbalisiert werden und sich bis zu einem gewissen Grad in den Verhaltensweisen und Äußerungen von Neurotikern, Psychotikern und Psychopathen wiederholen.
9. Den ständigen Zwei-Drittel-Erfolg bei psychotherapeutischen Behandlungen, der regelmäßig knapp unter der Rate spontaner Erholung bleibt;
10. Den anhaltenden Erfolg von Schulen wie Summerhill, von organischen Lehrmethoden und von Unterrichtshilfe durch Altersgenossen, ferner das Nachholen schulischer Kenntnisse und Fertigkeiten bei vorzeitigen Schulabgängern bis zum Durchschnittsstandard ihrer jeweiligen sozialen Klasse und schließlich die Erfolge von demokratisch strukturierten Abteilungen in psychiatrischen Kliniken und ambulanten Behandlungszentren;
11. Die Fortdauer negativer Verhaltensweisen trotz Erfahrungen, Unterweisungen, Wissen, Überzeugungen, Strafen und geäußerten Wünschen.

Diese Verhaltensweisen lassen sich unter Umständen als besonders intensive Ausprägung von Reaktionen auffassen, denen Störungen der Sprachfähigkeit zu Grunde liegen. Wenn man einen Zweijährigen auffordert, einen Ring auf einen Holzpflock zu stecken, und dem Kind dann während der Ausführung sagt: »Nein, steck den Ring auf den anderen Pflock«, so kann das Kind den Handlungsablauf nicht mehr verändern. Es führt den ersten Auftrag nur um so intensiver aus, auch wenn man ihm starke Motivationen für eine Verhaltensänderung bietet. In diesem Alter tritt auch das »Läßt-du-mich-aus-schon-bin-ich-da«-Phänomen zum ersten Male auf. Jeder Erzieher kann demonstrieren, wie man Kinder dazu bringt, genau das zu tun, was man sie nicht zu tun geheißen hat, und Handlungen einzustellen, die man ihnen zuvor aufgetragen hat. Diese Erscheinung tritt bei kleinen Kindern zyklisch auf, erreicht in manchen Entwicklungsphasen eine unglaubliche Intensität und fand sich bei allen hyperaktiven, schwierigen Kindern, die uns bekannt sind. Dabei stellt sich die Frage, ob man diese Kinder nicht unter der Voraussetzung behandeln sollte, daß es sich hier um Sprachstörungen in-

nerhalb einer Matrix von genetischen und konstitutionsbedingten Faktoren handelt, die das Verhalten ebenfalls beeinflussen.
Der Psychologe und Pädagoge hat oft mit Kindern zu tun, die bei hervorragender körperlicher Entwicklung hochgradig psychopathisch sind und physiologisch nur durch ihre Muskelverkrampfungen und ihren Gesichtsausdruck auffallen. Jeder von uns kennt schwer körperbehinderte Kinder, die geradezu Musterbeispiele für Einfallsreichtum, Mut, Kooperationsfähigkeit und Geschicklichkeit sind. Jede Gesellschaft bringt Individuen hervor, die extrem über oder unter dem Leistungsdurchschnitt liegen, und nur die Gruppe der besonders schwer Geschädigten — etwa im Falle des Mongolismus — weist keine Individuen auf, die dem Leistungsdurchschnitt entsprechen. Diese Tatsache stellt jede Theoriebildung hinsichtlich der Ursachen vor große Schwierigkeiten.
Wie wir feststellten, leiden über 87 Prozent unserer Kinder an mangelhafter Ernährung, mehr als 80 Prozent an Allergien, durch die Wahrnehmungsfähigkeit und Vitalität stark beeinträchtigt werden, und über 80 Prozent an irgendeiner anderen Störung. Die Gesundheitsbehörden in Peckham, USA, kamen sogar zu dem Ergebnis, daß 86 Prozent der männlichen und 97 Prozent der weiblichen Normalbevölkerung an irgendwelchen Erkrankungen leiden, die Leistungsfähigkeit und Wohlbefinden zumindest mäßig verringern. Die althergebrachten Dichotomien sind für keine vernünftige Theorie oder Behandlungsmethode mehr von Nutzen. Es dürfte nicht allzu schwer sein, Wertskalen für Allergien, Stoffwechselstörungen, Mangelerscheinungen und Krankheiten sowie für kinetische Leistungsfähigkeit und die generelle, konstitutionsbedingte Vitalstärke und Flexibilität zu erstellen und sich damit die Möglichkeit zu schaffen, ausgewogene Prognosen über das zu erwartende Tempo der sozialen und intellektuellen Rehabilitationsvorgänge abzugeben. Es steht außer Frage, daß eine Vielzahl von Verhaltensweisen auf Lernprozessen beruhen und daß selbst bei konstitutionsbedingten Krankheitsbildern wie dem frühkindlichen Autismus eine körperliche Heilung dem Betroffenen noch keine sozialen und geistigen Fähigkeiten mitgibt. Die Tatsache, daß manche autistischen Kinder sich innerhalb kürzester Zeit völlig veränderten, stellt einige Theoretiker vor große Schwierigkeiten, unterstreicht aber

die Tatsache, daß Sprachstörungen durch ein einziges traumatisches Erlebnis hervorgerufen und durch einen ähnlichen Prozeß auch wieder beseitigt werden können.

Traumatische Neurosen entstehen offenbar dadurch, daß der Betroffene ohne jede Vorwarnung einem traumatischen Ereignis ausgesetzt ist, das von starken Schmerzempfindungen begleitet wird (wobei auch psychische Kränkungen als in diesem Sinne schmerzlich anzusehen sind). Wenn es dem Individuum infolge unzureichender, fehlender oder ungenauer Vorwarnung nicht möglich ist, dem traumatischen Ereignis rechtzeitig zu entgehen, sind oft Unbeweglichkeit oder als irrelevant und hilflos empfundene Bewegungserlebnisse die Folge. Unter diesem Blickwinkel lassen sich bestimmte Lernvorgänge auf der Grundlage eines einzigen Vorkommnisses, vor allem Auto-Phobien oder Neurosen, sehr einfach demonstrieren.

Andere massive Reaktionen, die in der genannten Weise erfolgen, verstärken sich gewissermaßen selbst. Ein einmal geschlossener Kreislauf von Erinnerung und Intensivierung von nachfolgenden Erlebnissen ähnlicher Art löst sich nicht so leicht wieder auf. Wenn wir beispielsweise eine Versuchsperson bitten, sich in aller Ruhe an persönliche Erlebnisse aus der Schulzeit zu erinnern und dann ganz schnell an die erste peinliche Situation in der Schule zu denken, so fällt fast jedem ein Ereignis ein, das ganz plötzlich eintrat, als sehr schmerzlich und kränkend erlebt wurde und gegen das der Betroffene nicht das Geringste tun konnte. Die meisten Schwierigkeiten des Durchschnittsmenschen mit Autoritätspersonen und Verkrampfungen in sozialen Situationen, die ein hohes Maß an Selbstbeherrschung oder an Selbstdarstellung erfordern, entstehen durch wiederholte Erlebnisse dieser Art. Man denke nur an den Reinlichkeitskult, den die Durchschnittsmutter mit ihrem Kind betreibt, und achte auf all die damit verbundene Aufregung und die Hilflosigkeit des Kindes, um zu begreifen, wie es zu Waschzwängen und Fixierungen kommen kann.

Es liegt daher nahe, daß solche traumatischen, auf einer einzigen Lernsituation beruhenden Erlebnisse während der Phase, in der das Kind flüssig zu sprechen beginnt, das Sprachzentrum irgendwie blockieren, so daß Anweisungen negativ kodiert werden. Diese Kodierung verzerrt sich gewöhnlich noch stärker, wenn gleichzeitig auch noch wahrnehmungsmäßige, motorische oder konstitutionelle Schwächen vorliegen. Sobald die Sprechfähigkeit einmal voll ausgebildet ist, scheinen sich ähnliche traumatische Lernepisoden in erster Linie in körperlichen Reaktionen wie Allergien, Krebs, Kreislauferkrankungen und Störungen des Verdauungstraktes niederzuschlagen.

Es hat sich gezeigt, daß Menschen nach einer längeren Phase unterdrückter Aggressionen oder anderer starker Gefühlszustände mittlere bis starke Allergien gegen bestimmte Nahrungsmittel entwickeln, die ihrerseits einen Teil der Aggressionsempfindungen verdoppeln.

Es ist durchaus möglich, daß körperliche Gebrechen die Ursache für die Intensität und die allgemeine Richtung der Sprechstörungen und deren Auswirkungen auf das Gesamtverhalten sind. Ein Großteil dieser Lernvorgänge ist jedoch von einer Autoritätsperson, äußeren Kräften oder einem sozialen Umfeld bedingt, das diese Verhaltensweisen kontrolliert und formt. Die Gleichwertigkeit fast aller Kränkungen, Erlebnisse der eigenen Hilflosigkeit, extremen Unlust, erzwungenen Bewegungslosigkeit und anderen Erfahrungen, die nachdrücklich genug sind, um Lernvorgänge auf der Grundlage eines einzigen Konditionierungserlebnisses auszulösen, läßt sich daher unschwer erkennen — gleichgültig, ob diese Erlebnisse nun in Befehlen, Anweisungen und Zwängen oder in Schmerzen, Kränkungen und Ängsten bestehen. Es sind auf jeden Fall autoritative Strukturen — äußere Ereignisse, die das Verhalten kontrollieren. Dabei spielt es kaum eine Rolle, ob sie dem Kind auf »liebevolle« oder »aggressive« Weise verabreicht werden. Die sprachlich-begriffliche Kodierung findet in jedem Falle statt. Dies ist vermutlich auch der Grund dafür, daß Kinder von strengen, aber konsequenten Eltern selten kriminell werden. Da konsequent nachgiebige, tolerante Eltern ebenfalls höchst selten deliquente Kinder haben, scheint die Zuverlässigkeit und Beständigkeit der Kodierung von außen der entscheidende Faktor zu sein.

Man bedenke, daß die traumatische Konditionierung nur dann auftritt, wenn ihr in einer bestimmten Reihenfolge eine ganze Serie entsprechender Ereignisse vorausgegangen ist, und daß diese Konditionierung sich durch spätere Erfahrungen wieder abbauen läßt; man bedenke ferner, daß körperliche Faktoren

solche Lernvorgänge erheblich modifizieren können; man versteht dann, weshalb nur bestimmte Kinder habituell negative Reaktionsweisen lernen. Es bedarf vermutlich besonderer Geduld und großen pädagogischen Geschickes seitens der erwachsenen Bezugspersonen des Kindes, um diese unnatürlichen Reaktionsweisen zu beseitigen. Allerdings läßt sich durch einfache Experimente in jedem Gespräch zeigen, daß fast jeder Mensch auf strenge Befehle und nachdrückliche Tatsachenbehauptungen mit habituellen Verhaltensweisen reagiert. Das »Läßt-du-mich-aus-schon-bin-ich-da«-Syndrom kommt nicht nur bei Kindern vor.
Das Kleinkind erlebt diese universelle Dissonanz lediglich als ein spielerisches Einüben seiner neugewonnenen Fähigkeit, die Welt und ihre Erscheinungen sprachlich zu ordnen. Erst wenn dies zu seinem Hauptmittel dazu wird, den von den Erwachsenen und deren »Anweisungen« verursachten Schmerz zu vermeiden, entwickelt es sich zu einer bestimmten Lebenshaltung.

2. Psychokinese

a) Liebe und Zärtlichkeit

Zorn, Feindseligkeit, Zurückweisung der Emotionen anderer, Gefühlskälte und Skepsis lassen sich in unserer Gesellschaft viel leichter und unter weit größerer sozialer Anerkennung ausdrükken als Zuneigung, Herzlichkeit, Sehnsucht, Lob und Zufriedenheit. Das allgemeine Pendel der Gefühle hat lange Zeit nicht mehr auf die Seite von Liebe und Zärtlichkeit ausgeschlagen. Erst in letzter Zeit machen sich einige schwache Anzeichen dafür bemerkbar, daß sich darin langsam etwas ändert.
Wir sind immer wieder beindruckt von der fast vollständigen Unfähigkeit erziehungsschwieriger Jugendlicher, positive Gefühle auszudrücken oder entgegenzunehmen. Es ist erstaunlich, wie selten diese Kinder sich selbst oder andere berühren, wie wenig flexibel selbst die besten von ihnen in körperlicher Hinsicht sind, wie begrenzt ihre Fähigkeit zu nichtverbaler Kommunikation und »Körpersprache« sowie zu mimischem und gestischem Ausdrucksverhalten ist und wie verklemmt und unterdrückt ihre Gefühle sind. Oft schickt man uns Kinder, in

deren Fallgeschichte zahlreiche Wutausbrüche verzeichnet sind. In unseren Behandlungszentren bekommen wir solche Verhaltensweisen aber nur ein- oder zweimal zu sehen (vermutlich weil wir Wutausbrüche ganz einfach unterbinden und sehr eindeutig und sachlich darauf reagieren bzw. Zornanfälle schlichtweg ignorieren). Bei den seltenen Gelegenheiten, in denen solche Wutanfälle doch auftreten, scheinen diese uns mehr »Schau« und Schauspielerei zu sein als wirklicher Ausdruck von Emotionen.

Kinder brauchen Hautkontakt. Ohne die körperliche Berührung mit anderen Menschen kann ein Säugling seine biologische Entwicklungsaufgabe, die Funktion seiner Nervenendungen auszubilden und seine Sinneswahrnehmungen und Körperbewegungen zu differenzieren, nicht erfüllen. Im Familienleben der meisten »Problemkinder« ist der Körperkontakt auf ein notwendiges Minimum beschränkt — und auf häufig unmotivierte Bestrafungen, durch die sich die Erwachsenen zu Unrecht abreagieren. Tiere, die man an der Berührung und am Körperkontakt mit Artgenossen hindert, sind in vieler Hinsicht weniger gesund, weniger groß und kräftig und auch weniger lebenstüchtig. Versuchstiere, die von ihren Betreuern auf den Arm genommen und gestreichelt werden, schneiden bei Leistungstests besser ab als die anderen.

Nehmen Sie ein neugeborenes Fohlen in die Arme, bis es sich beruhigt, und wiederholen Sie dies mehrere Tage hintereinander. Locken Sie das Füllen mit liebevollen Lauten und mit Apfel- oder Zuckerstückchen zu sich, sobald es »auf eigenen Beinen stehen« und laufen kann, und streicheln Sie es, bis es anschmiegsam wird. Lassen Sie das Jungtier dann ein Jahr lang allein und locken Sie es anschließend wieder einige Tage lang zu sich her; legen Sie die Arme um seinen Hals und streicheln Sie es, bis es ganz zahm ist. Sie werden sehen, daß sich der ganze »Charakter« des jungen Pferdes verändert. Ihr Fohlen wird unternehmungslustiger sein als andere und wird sich früher von seiner Mutter lösen, um seine Umwelt zu entdecken. Es wird sich in Krisensituationen besser zu helfen wissen als seine Altersgenossen, wird beim Anblick von Feuer weniger leicht in Panik geraten als diese und ganz allgemein für Gefahrensignale empfänglicher und wacher sein als andere Jungtiere. Es wird von »gezähmten« Pferden berichtet, die leichtsinnige Fußgänger am Überqueren der Straße hindern, wenn diese im Begriff sind, in ein Auto zu lau-

fen. Wenn ein solches Pferd mit dem Kopf in einen Drahtzaun gerät, wird es im Gegensatz zu den meisten seiner Artgenossen nicht kopflos versuchen, sich bis zur totalen Erschöpfung und bis zu hoffnungslosen Verletzungen loszureißen, sondern wird den Kopf in aller Ruhe aus der »Schlinge« ziehen. Der für eine grundlegende Veränderung des »natürlichen« Charakters eines Pferdes notwendige Zeitaufwand beläuft sich auf eine Stunde täglich über zwei Wochen mit einjähriger Unterbrechung. Um aus einem »autistischen« Lebewesen ein freies, ausdrucksstarkes, unternehmungslustiges und kluges Tier zu machen, muß es während seiner ersten Lebenstage lediglich einem kurzen »Kommunikationstraining« ausgesetzt werden. Selbst die Laute, die ein solches Pferd von sich gibt, sind irgendwie ungewöhnlich.
Wir sind von der Bedeutung des Körperkontaktes so fest überzeugt, daß wir für die Lehrer und Erzieher der Grundstufe unserer Internatsschulen regelrechte »Zärtlichkeits-Übungen« abhalten, bei denen selbst das verknöchertste Mitglied des »Lehrkörpers« mit herzlicher Zuneigung aufgenommen wird. Jedes Kind wird liebevoll gekitzelt, gestreichelt und getätschelt und bekommt seinen Gute-Nacht-Kuß, wobei ihm unsere Zuneigung und Freude über sein Dasein auch expressis verbis kundgetan wird. Ich bin immer wieder von der Bereitwilligkeit beeindruckt, mit der auch kriminelle Jugendliche, die sonst recht »hartgesotten« und abweisend sind, diese »babyhafte« Behandlung über sich ergehen lassen. Unsere diesbezüglichen Erfahrungen erscheinen uns so eindeutig, daß wir uns auch bei Jugendlichen, die sich gegen jede Berührung sperren, weiter um diese Form des Körperkontaktes bemühen. Lehrer mit einer weniger ausgeprägten Persönlichkeit werden natürlich nicht ermuntert, sich gerade mit diesen Jugendlichen zu beschäftigen, doch persönlichkeitsstarke Erzieher machen sich über die Abwehrhaltung dieser Halbwüchsigen gegenüber Zärtlichkeiten liebevoll lustig und setzen ihre Bemühungen um positiven Körperkontakt mit ihnen unbeirrt fort.
Obwohl es zwischen Jungen und Mädchen durchaus zu (oft recht gewaltsamen) pseudo-sexuellen Körperkontaktversuchen kommt — vor allem dann, wenn die Jugendlichen glauben, mit ihrem Verhalten irgendeinen Erwachsenen provozieren zu können —, sind die meisten »Problemkinder« unter den Heranwachsenden

weder willens noch in der Lage, mit anderen Menschen unbefangen zärtlich zu sein oder zur besseren Kommunikation Körperkontakt aufzunehmen — im Gegenteil. Untersuchungen über sexuell verwahrloste Mädchen haben gezeigt, daß die »sexuellen« Handlungen dieser Jugendlichen fast immer von einer ausgesprochenen Scheu vor zärtlicher Berührung geprägt sind. Das Verhalten dieser Mädchen ist natürlich gar nicht im eigentlichen Sinn sexuell — geschweige denn lustbetont —, sondern zielt in erster Linie auf Selbsterniedrigung, aber auch Machtausübung. Diese spezifische Gehemmtheit gilt zum Teil auch für Homosexuelle und Prostituierte.

Spiele zum Thema Körperkontakt

Eines der wirksamsten Mittel, bei verhaltensgestörten Kindern und Jugendlichen sozial positive Verhaltensweisen aufzubauen, ist die gezielte Steigerung angenehmer und lustvoller Erfahrungen mit anderen Menschen. Wir konnten in unseren Sozialisationsprogrammen vom frühesten Kindergartenalter bis hin zur Erwachsenenbildung große Erfolge verzeichnen, weil wir die wachsende Ausprägung sowohl des eigenen Körpergefühls unserer Schützlinge als auch deren zunehmende Fähigkeit zu Körperkontakt mit anderen gewissermaßen institutionalisiert, ritualisiert und programmiert haben.

Ein allzu »gewolltes« Training ist naturgemäß weit weniger wirksam als ein sozialer Lernvorgang, der durch die besondere Struktur der Umwelt und durch besondere Verfahrensweisen verstärkt wird. Ein Hindernislauf, bei dem die Teilnehmer einander Hilfestellung leisten müssen, ist beispielsweise sehr viel besser als eine Übung mit konkreten Anweisungen, wie man einander stützen oder sonstwie berühren soll. Aus den gleichen Gründen sind Unternehmungen wie Höhlenwanderungen oder Bergtouren, bei denen es über tiefe Wasserrinnen oder umgestürzte Bäume weg geht, oder andere »Geländeübungen« ihrerseits besser als Hindernisläufe. Ganz allgemein versuchen wir, körperlich anstrengende und vielseitige Unternehmungen in einem möglichst komplexen und abwechslungsreichen Gelände durchzuführen. Wo sich dies nicht in die Praxis umsetzen läßt, entwickeln wir entsprechende Übungen, die auf den gleichen Prinzipien beruhen.

Übungen zur Stärkung des Selbstvertrauens: Diese Übungen sind weniger anstrengend als Hindernisläufe und dazu gedacht, das Selbstvertrauen der Kinder und Jugendlichen zu stärken und sichtbar zu machen: Weitspringen, Seilspringen, Balance-Übungen am »Abgrund« und am etwa 1,80 Meter hohen Schwebebalken, Klettern an Leitern unterschiedlichsten Schwierigkeitsgrades, Seilrutschen und andere Geschicklichkeitsübungen, die in Geländeläufe unterschiedlicher Schwierigkeit eingebaut sind.
Strand und Schwimmbecken: Alle möglichen Spiele im Wasser, wie etwa »Hahnenkämpfe« und anderer Unfug, der beim Schwimmunterricht normalerweise verboten ist, sind ganz selbstverständlich und nützlich. Die Art der Spiele richtet sich dabei natürlich nach den äußeren Bedingungen. Fangspiele beispielsweise sind am Strand völlig gefahrlos, während sie in der Nähe des Schwimmbeckens sehr riskant sein können. In Gegenwart von aktiv am Spiel beteiligten und wachsamen Lehrern ist das Herumtollen der Kinder in einem geräumigen Schwimmbecken ebenso ungefährlich wie jeder andere Sport. Besonders wertvoll sind dabei auch Freischwimmerkurse und andere Lehrgänge, bei denen sich das Kind mit anderen messen und sein Können mit den eigenen früheren Leistungen vergleichen kann.
Spiele im geschlossenen Raum: Die Spielmöglichkeiten im Raum sind praktisch unbegrenzt. Man kann beispielsweise zwei Mannschaften aufstellen und mit hinter dem Rücken verschränkten Händen eine Orange oder einen Ball weitergeben, wobei Kinn und Hals als »Greifwerkzeug« dienen, oder einen auf einem Brettchen balancierten Würfel in einen Sack oder Korb zu werfen versuchen, der auf dem Rücken eines gegnerischen Spielers befestigt ist, während dieser seinerseits versucht, seinen Würfel in den Behälter des Gegners zu bringen (beide Spieler dürfen die Füße dabei nicht bewegen). Oder man kann jede Mannschaft, deren Spieler jeweils einen Löffel im Mund halten, damit Glaskugeln weitergeben lassen, wobei die schnellste Mannschaft natürlich gewonnen hat. Die Liste solcher Spiele ist praktisch unerschöpflich.
Es erweist sich häufig schon als sehr anregend, wenn man die Klasse einfach auf eine ungewohnte Weise zu sitzen, herumzukriechen, sich hinzulegen oder sonstwelche Stellungsänderungen probieren läßt.

Die Gruppe sitzt beispielsweise mit ausgestreckten Beinen im Kreis herum. Man zieht das linke Knie an und umschließt es fest mit den Armen, reibt es und fängt noch einmal von vorne an, diesmal mit dem rechten Knie. Dann dehnt man die Übung auf den ganzen Körper aus und benutzt beide Hände. Lassen Sie die Schüler mit ihren Knien reden, als wären diese Personen, ein Freund oder eine Freundin; machen Sie es etwas übertrieben vor.
Lassen Sie die im Kreis sitzenden Schüler sich paarweise aufteilen. Jeder soll die Hände ausstrecken und seinen Partner berühren. Fordern Sie die Schüler dann auf, ihre Partner anderswo anzufassen, ihr Gesicht zu berühren. Lassen Sie den rechts sitzenden Schüler dem anderen beschreiben, was er sieht, während er ihn berührt. Vertauschen Sie dann die Rollen.
Lassen Sie die Gruppe einen Schüler hochheben, senken und wieder hochnehmen, ihn auf einem ausgespannten Tuch hochschnellen oder wie auf einem Fließband über die ausgestreckten Arme rollen. Rufen Sie der Gruppe mitten in irgendwelchen anderen Übungen plötzlich zu: »Und jetzt soll jeder einen anderen umarmen«, und lassen Sie die Schüler dann ganz intensiv weitermachen. Lassen Sie nach Belieben zwischen Jungen und Mädchen oder Geschlechtsgenossen abwechseln.
Spielen Sie Blinde Kuh oder Personenraten. Alle verbinden sich die Augen und suchen sich ihren Partner, ohne daß dabei gesprochen wird; Grunzen, Knurren und andere Laute sind allerdings erlaubt.
Lassen Sie die Gruppe im Sitzen Bewegungen, Grimassen, Laute und andere Signale des Spielleiters nachmachen, ohne daß dabei gesprochen wird — mit Ausnahme von gebrüllten Schlachtrufen, Gefühlsausbrüchen usw.
Lassen Sie die Gruppe sperrige, aber nicht allzu schwere Gegenstände tragen, zu deren Transport viele Helfer nötig sind, z. B. Balken oder irgendwelche Konstruktionen. Schaffen Sie besondere Hindernisse, die schwierige Stellungen und andere Probleme mit sich bringen.
Lassen Sie die Schüler jeweils im kleinen Kreis Platz nehmen und sagen Sie ihnen: »Probiert doch einmal aus, wie lange ihr den Mund halten könnt. Ihr dürft zwar sprechen, solltet dabei aber zu erklären versuchen, warum ihr sprecht, und darauf achten, daß die Gruppe dann wieder still ist.«

Veranlassen Sie paarweise Übungen, die Hilfestellung erfordern (siehe unten).
Teilen Sie die Schüler zur Rücken- oder Beinmassage usw. paarweise auf.
Verwenden Sie Wellenbäder, Spiele im Wasser, Schlamm, Lehm Sand usw. auch bei älteren Schülern.
Wenn solche Übungen und Spiele als fester Bestandteil des Tagesablaufs behandelt werden (wobei man die ruhigeren Spiele in jeder noch so starren Klassenzimmer-Situation durchführen kann), werden sie einen Großteil der jugendlichen Energie und des Bewegungsdranges kanalisieren helfen und die Schüler für den Rest des Tages ruhiger halten. Wenn besonders quirlige Kinder nach diesen Übungen immer noch nicht stillsitzen können, schadet es gar nichts, in kleinen Gruppen oder mit der ganzen Klasse damit fortzufahren, solange es den Schülern Spaß macht. Dies ist für die Schulleistungen jedenfalls sehr viel förderlicher als schulischer Drill!

b) Körperliche und seelische Entwicklung

Übungen für die körperliche Entwicklung

Diese psychokinetischen Übungen erfolgen am besten täglich vor dem Frühstück — und zwar mindestens fünfmal in der Woche — im Rahmen der Internatserziehung. In Tagesschulen nimmt man sie am besten gegen 10 Uhr vormittags vor und in anderen Therapiesituationen ganz nach Belieben. Man kann dabei mit Freischwimmer-Kursen, Übungen zur Stärkung des Selbstvertrauens, Langläufen in Wald und Hügelland, Wanderungen, Klettertouren und anderen körperlich anstrengenden Unternehmungen abwechseln, jedoch nicht mit Mannschaftssportarten oder Wettspielen. Diese Übungen sollten auf keinen Fall militärisch wirkende »Körperertüchtigungen« enthalten, auf die man ohnehin verzichten sollte — auch bei Soldaten.
Es ist dabei besonders wichtig, daß der Leiter dieser Übungen so unverkrampft, temperamentvoll und fröhlich wie möglich ist, ohne jedoch in das Klischee eines jugendbewegten Jungmannen-Fanatikers zu fallen. Die Übungen sollten durch »Kommandos« aufgelockert werden wie z. B. »Auf allen Vieren kriechen, wie ein Hund bellen«, »Alle Mann in die Hocke und hüpfen; gackert wie ein Huhn; kräht wie ein Hahn!«, »Sucht euch schnell jemand

zum Umarmen (Jungen — Jungen, Mädchen — Mädchen, oder nur Angehörige des anderen Geschlechts)«. Das Ganze sollte so ungezwungen und fröhlich sein wie irgend möglich.
Es ist durchaus nicht notwendig, jeden Tag alle der aufgeführten Übungen durchzuführen. Bestehen Sie jedoch auf den Gesichtsmuskel- und Atemübungen sowie dem »Erbrechen« und jeweils einigen Verbindungen von Stehen, Sitzen und Liegen. Auf die Reihenfolge kommt es dabei nicht an; achten Sie aber darauf, daß Anspannungsübungen immer mit Entspannungsübungen abwechseln.

Hopp, hopp und federn, federn
Arme seitlich lose baumeln lassen,
Kopf locker fallen lassen,
Schultern mitfedern lassen.

Schultern zurück, hopp, hopp
Hände hinter dem Kopf verschränken,
Schultern und Ellbogen nach hinten drücken,
Ellbogen kreisen lassen, links rechts, links rechts.

Hüftbeuge
(Hände bleiben hinter dem Kopf verschränkt, Ellbogen nach hinten),
von der Hüfte aus im Viererrhythmus nach hinten schwingen.

Schwimmen
Schwimmbewegungen mit ausgestreckten Armen,
vorwärts und rückwärts.

Fliegender Fisch
Wie beim Rückenschwimmen
Arme abwechselnd nach hinten werfen.

Windmühle
Beide Arme gleichzeitig kreisen lassen,
vorwärts kreisen,
rückwärts kreisen.

Schwimmen ohne Arme
Hände locker in Brusthöhe halten,
Schultern in Schwimmbewegung kreisen lassen.

Ellbogendreh
Einen Ellbogen mit der anderen Hand halten,
Schulter drehen, den Arm herüberziehen und den Ellbogen über das Knie der jeweils anderen Körperseite hinausschwingen lassen, dann den anderen Ellbogen nehmen.

Gestreckter Ellbogendreh
Wie oben, aber Ellbogen stark hinüberziehen und (ohne zu federn oder zu schwingen) eine Weile in der letztgenannten Position verharren lassen.

Waagrechter Armschwung
Arme waagrecht halten, Hände flach ausgestreckt,
Schwung und Drehung nach links, federn,
Schwung und Drehung nach rechts, federn,
Schwung und Drehung nach rechts, federn,
dann nochmal dasselbe, aber mit dem Gesicht in die entgegengesetzte Richtung.

Hand am Zeh
Mit durchgedrückten Knien federn, bis die Hände die Zehen berühren, und federnd Übung fortsetzen, bis die Handflächen den Boden berühren, notfalls die Beine angrätschen.

Grätschbeuge
Nach jeweils ein paar Beugen immer weiter grätschen,
Hände immer weiter zwischen den gespreizten Beinen nach hinten schwingen lassen.

Strecken und federn
Mit verschränkten Fingern die Arme über dem Kopf ausstrecken,
s-t-r-e-c-k-e-n, sich dehnen und strecken und dabei federn,
zurücklehnen und von der Hüfte aus strecken, s-t-r-e-c-k-e-n.

Rund um die Welt

Arme über dem Kopf ausgestreckt, ganz nach vorne beugen, Körper langsam nach rechts drehen, zurück nach links und dann wieder nach vorne. Mehrmals wiederholen.
Übung in umgekehrter Richtung ausführen. Gestreckt bleiben.

Sonne wegschieben

Die rechte Handfläche mit aller Kraft nach oben drücken,
die Sonne wegschieben — drücken, drücken,
mit der linken Handfläche
abwechselnd wiederholen.

Kranich-Streckübung

Aus dem Stand mit der rechten Hand nach hinten greifen und den rechten Fuß festhalten; Fuß hoch nach hinten anheben,
Körper nach vorne lehnen; Kopf nach hinten,
den linken Arm mit der Handfläche nach oben über dem Kopf ausstrecken,
bei gestrecktem Körper Gleichgewicht herstellen,
eine Weile in Balance verharren und dann umherhüpfen;
Seitenwechsel; Balancezeiten verlängern; Übung anschließend mit geschlossenen Augen durchführen.

Lockerschütteln

Bei möglichst lockerer Körperhaltung alle Muskeln entspannen, Hände baumeln lassen, Arme baumeln lassen, Kopf baumeln lassen, linkes Bein baumeln lassen.

Ausfallen und anheben

Den rechten Arm wie zum Fechten ausstrecken,
im Zeitlupentempo Ausfall mit dem rechten Fuß machen,
mit beiden Händen ganz weit nach vorne gehen und abstützen — noch weiter,
linkes Bein anheben, Zehen strecken,
auf den Fingern und dem rechten Fuß abstützen und strecken;
Kopf dabei so hoch wie möglich halten,
entspannen; nocheinmal von links.

Seehund
Auf den Bauch legen,
Arme vom Körper wegspreizen,
Kopf und Oberkörper anheben, während die Arme angespannt »rudern«,
gleichzeitig Füße und Beine anheben, bis der Körper nur noch auf der Beckenpartie balanciert.
Beim Hochziehen einen explosiven »uh«-Laut wie ein Seehund ausstoßen, sich wieder fallen lassen, das Ganze mehrmals wiederholen und dann eine Weile in Schwebestellung verharren; Übung wiederholen.

Beinschwung rückwärts
Auf den Bauch legen,
Arme parallel zum Körper mit den Handflächen nach unten,
Gesicht auf die Seite drehen,
Beine hoch anheben,
dasselbe mit den Handflächen nach oben.

Beinschwung vorwärts
Auf den Rücken legen,
Hände unter den Kopf,
Beine 5 bis 10 cm anheben, in dieser Stellung halten und wieder entspannen.
Hände parallel zum Körper, Handflächen nach unten (dann nach oben), 5 bis 10 cm anheben, in dieser Stellung halten und wieder entspannen; dann jede der beiden »Schwebestellungen« 30 bis 60 Sekunden durchhalten; danach die Beine in den beiden Schwebestellungen so hoch wie möglich anheben;
Rolle rückwärts.

Beindrehung
Auf den Rücken legen,
das linke Bein mit gestreckten Zehen hoch anheben,
Arme flach auf dem Boden ausstrecken,
Gesicht nach links drehen,
das linke Bein über das rechte, das so nahe an den Kopf wie möglich gezogen ist, schnellen lassen, als trete man einen Fußball, Seitenwechsel.

Fußrolle
Sitzende Stellung mit ausgestreckten Beinen,
Füße von den Fersen zu den Zehen abrollen,
Zehen nach außen, Zehen nach innen,
Zehen nach außen, Zehen nach innen.

Fußstrecken
Sitzende Stellung mit ausgestreckten Beinen,
Zehenspitzen strecken — noch weiter,
Fersen vordrücken — noch weiter,
Zehenspitzen — Fersen,
Zehenspitzen — Fersen.

Kniedrücken zu zweit
Paarweise mit dem Gesicht zueinander sitzen,
der eine schiebt die Knie zwischen die seines Partners,
letzterer drückt die Knie nach innen,
der andere drückt die Knie nach außen,
Druck nach innen, Druck nach außen,
Rollenwechsel.

Paarweises Ziehen und Stemmen
Paarweise mit dem Gesicht zueinander sitzen,
einander mit den Fußsohlen berühren,
Hände ineinander verhaken,
einander an den Händen ziehen,
Fußsohlen gegeneinander stemmen,
ziehen — stemmen, ziehen — stemmen,
loslassen und Übung wiederholen.

Paarweise Aufsetzübung
Der eine liegt flach auf dem Rücken,
Hände hinter dem Kopf verschränkt,
der andere sitzt auf des Partners Füßen, damit sie am Boden bleiben;
der aktive Partner setzt sich auf, dreht den Körper und berührt das linke Knie mit dem rechten Ellbogen;
wieder hinlegen,

aufsitzen, sich drehen und das rechte Knie mit dem linken Ellbogen berühren;
Bewegungsablauf zwanzigmal wiederholen, dabei ein- oder zweimal in halb sitzender Stellung (10 bis 15 cm über dem Boden) verharren;
Rollenwechsel.

Schenkelstrecken
In sitzender Stellung Fußsohlen aneinanderpressen,
Füße so nah wie möglich an den Körper ziehen,
mit den Händen gegen die Knie drücken,
federnd nach unten drücken,
sich in dieser Stellung aufrichten, so daß das Körpergewicht auf der Außenseite der Füße liegt und das Gesäß den Boden nicht mehr berührt (wobei die meisten mit den Händen ein wenig nachhelfen müssen), dabei federn.

Strecken des Beins
Sitzende Stellung mit ausgestreckten Beinen,
Zehenspitzen gestreckt,
Füße mit den Händen in der Mitte fassen,
linkes Bein entspannen (ohne den Griff zu lockern),
das ausgestreckte rechte Bein mit Hilfe der rechten Hand hochheben und nach oben strecken,
Seitenwechsel;
beide Beine ausgestreckt hochheben,
Rolle rückwärts,
Übung wiederholen.

Drehen im Sitzen
In sitzender Stellung Fußsohlen aneinanderlegen,
rechten Ellbogen mit der linken Hand umfassen,
nach links schwingen, so daß der Ellbogen über das Knie hinausfedert,
ausstrecken, Seitenwechsel,
Übung wiederholen.

Brücke
Ausgestreckt auf dem Rücken liegen,
sich mit den Fersen in Richtung Kopf arbeiten, bis der Körper

über dem Boden ist und nur noch von Kopf und Fersen getragen wird,
durchdrücken, sich entspannen,
aufsetzen und die Zehen mit den Händen berühren,
Übung wiederholen.

Hula-Hopp rund
Mit leicht gespreizten Beinen stehen und
kreisende Beckenbewegungen machen.

Hula-Hopp eckig
Mit leicht gespreizten Beinen stehen und
Beckenstöße nach vorne, rechts, hinten, links vorne usw. machen.
Bewegungen betont eckig, dann in die andere Richtung sowie von rechts nach links und von vorne nach hinten usw.
(Hier können *Strecken und federn, Rund um die Welt* und *Lockerschütteln* folgen.)

Erbrechen
Körper völlig entspannen,
weit nach vorne beugen,
Kopf, Gesicht, Mund und Zunge locker hängen lassen.
Schultern lockern, Finger lockern, den ganzen Körper lockern,
einen Anfall von Erbrechen simulieren;
noch fünf- oder sechsmal »Erbrechen«, dabei zwei- oder dreimal lange anhaltendes »Würgen«;
federn, federn, federn.

Halskreisen
Hals locker hängen und Kopf nach vorne fallen lassen,
Kopf nach rechts, hinten, links, vorne usw. kreisen lassen,
Richtungswechsel;
das Ganze sehr locker und entspannt.

Kopfschub rückwärts
Finger hinter dem Kopf verschränken,
Kopf so stark wie möglich nach hinten drücken,
drücken, drücken und drücken — 10 Sekunden.
(Dazwischen: *Halskreisen)*

Kopfschub vorwärts
Finger vor der Stirn verschränken,
Kopf so stark wie möglich nach vorne drücken, drücken, drücken und drücken — 10 Sekunden.
(Dazwischen: *Halskreisen)*

Gesicht in die Breite ziehen
Stirnmuskeln anspannen,
Augen zusammenkneifen und alle Gesichtsmuskeln anspannen,
völlige Muskelspannung 10 Sekunden lang.

Gesicht in die Länge ziehen
Augen weit aufreißen, Mund öffnen, Gesicht 10 Sekunden lang strecken.

Gähnen
Intensiv gähnen, noch intensiver, mindestens sechsmal.

Nach vorne hängen
Den ganzen Körper lockern und ganz entspannen wie beim »Erbrechen«, alles hängen lassen und weich nach vorne federn,
dann aufrichten.

Luft rauchen
Fingerstellung wie beim Zigarettenrauchen,
Lippen spitzen,
Luft einziehen, als nähme man einen sehr tiefen, langen Zug an einer Zigarette,
Luft anhalten, den letzten Zug am längsten »rauchen« und anhalten, dann die Luft auf einmal ausatmen.
(Dazwischen: *Nach vorne hängen)*

Küßchen
Lippen so weit wie möglich nach vorne wölben,
Lippen noch weiter wölben und Küßchen geben,
Lippen wieder entspannen,
den Mund so weit wie möglich aufmachen — noch weiter, dann wieder Lippen nach vorne wölben, Küßchen geben usw.

Hals- und Brustmuskeln strecken
Die Muskulatur von den Mundwinkeln bis hinunter zu den Brustmuskeln so stark wie möglich anspannen,
spannen — entspannen — spannen — entspannen usw.,
die Hände auf die Brust legen und die Muskelspannung fühlen,
nur die rechte Seite anspannen,
nur die linke Seite anspannen,
das Ganze noch einmal.

Apfelessen
Eine Hand ausstrecken, als hielte man einen großen Apfel,
die Hand langsam zum Kopf führen und dabei den Mund für einen ganz großen Bissen aufmachen,
langsam und angespannt in den Apfel beißen,
noch einmal, aber ohne Hand, als beiße man nach einem Feind,
voll zubeißen und dabei Knurren und Zähnefletschen,
dann beim Beißen die Fäuste ballen,
Fäuste hochheben, mit voller Kraft herunterschmettern und dabei zubeißen, knurren und gleichzeitig wie ein Gorilla auf- und abspringen;
das Ganze noch intensiver und wütender.
(Dazwischen: *Halskreisen)*

Das Knie liebhaben
Im Sitzen das rechte Knie anziehen,
das Knie so fest wie möglich umarmen,
drücken,
Seitenwechsel;
nochmals Seitenwechsel, Knie liebkosen,
mit dem Knie reden,
dem Knie sagen, daß man es liebhat,
Seitenwechsel;
das Knie ganz genüßlich rundherum reiben und streicheln.

Die große Zehe liebhaben
Schuhe ausziehen,
den linken Fuß in die rechte Hand nehmen,
die große Zehe an die Nase führen,

die Ferse an die Stirn führen und versuchen, sie hinter den Kopf zu bringen,
den Fuß vors Gesicht halten und die große Zehe reiben,
Zehe streicheln, mit ihr reden,
die ganze Zehe noch einmal reiben;
das Ganze mit dem anderen Fuß.

Sich selbst liebhaben
Noch immer in Sitzstellung, sich heftig am Kopf kratzen,
weitermachen, sich das Gesicht reiben,
dann den ganzen Körper heftig abreiben,
sich selbst sagen, wie schön doch jeder Körperteil ist,
sich selbst liebhaben bis hinunter zu den Zehen,
noch einmal am Kopf anfangen und sich in langsamen, kreisförmigen, zärtlichen und genüßlichen Bewegungen mit den Handflächen streicheln, dann Arme und Schultern, Brustmuskeln und Brüste massieren,
seitlich und am Rücken,
Oberschenkel, Waden und Füße,
leichte Schläge auf die Innen- und Außenseite der Schenkel, fester,
leichte Schläge auf Gesicht und Nacken, fester,
noch immer im Sitzen Finger verschränken und über dem Kopf ausstrecken.

Partnermassage
Man läßt einander die große Muskulatur am Rücken, an den Beinen und an den Armen massieren,
leichte Schläge auf den Rücken,
falls Balancierstangen zur Verfügung stehen oder wenn man sich bei Übungen in der Halle an den Wänden einhalten kann, läßt man einen Jugendlichen vorsichtig über die Beine und den Rücken seines Partners laufen, wobei die Fersen auf beiden Seiten des Rückgrats gegeneinander gesetzt sind und die Zehen nach außen und nach oben zeigen;
dabei langsam und schlurfend gehen.
Besonders kräftige Jungen (auch einige Mädchen) kann man einander auf den Bauch steigen lassen;
leichte Fußstöße gegen die Schultermuskeln und
Oberschenkelmuskeln.

Partner hochheben
Man läßt einen Jugendlichen sich auf die Füße seines liegenden Partners stellen,
vorbeugen und Hände fassen, den liegenden Partner, der sich so steif und gerade wie möglich hält, hochziehen;
auf und ab;
Rollenwechsel.
Drei Mitglieder von zwei Partnerpaaren heben das vierte hoch und tragen es herum;
Rollenwechsel, bis jeder von ihnen einmal hochgehoben wurde.
Fünf Mitglieder von drei Partnerpaaren heben das sechste so hoch wie möglich und tragen es herum;
Rollenwechsel, bis alle einmal dran waren.

Rin in die Kartoffeln
Dem Kommando des Spielleiters so schnell wie möglich folgen:
Bauchlage,
Rückenlage,
Bauchlage,
hinsetzen,
auf der Stelle treten,
Bauchlage,
Sprung und federn,
rechte Seite,
in die Hocke,
Rückenlage,
linke Seite,
hinsetzen usw.
Das Training sollte immer mit folgenden Einzelübungen enden:
Zubeißen, hochspringen, knurren,
Rin in die Kartoffeln,
Sprung und federn (oder irgendeiner anderen lebhaften Übung, die Spaß macht).

Eine Übung zur Entspannung und Selbsterfahrung
Die üblichen Entspannungsübungen sind unseren Erfahrungen nach bei Jugendlichen im allgemeinen völlig zwecklos. Die Anweisung, sich zu entspannen, scheint den »Tom-Sawyer-Effekt« zu provozieren und aktiviert lediglich die Ängste des Kindes vor

seiner Leiblichkeit. Wir haben festgestellt, daß eine Aufmerksamkeit erfordernde Übung, die Entspannung weder suggeriert noch befiehlt, sich sehr viel besser anwenden läßt. Diese Übung verwenden wir (mit leicht abgewandelten Formulierungen am Ende) auch zur Vorbereitung werdender Mütter auf schmerzfreie Entbindungen ohne Betäubungsmittel.

Man kann diese Übung auch nach einem psychokinetischen Training abhalten. In diesem Fall wird dieses wahrscheinlich (wenn auch nicht unbedingt) im Raum durchgeführt. Es kann ganz einfach aus den Bewegungsabläufen im Sitzen und Liegen bestehen, und zwar ohne die intensiven und lebhaften Übungen, die man sonst gegen Ende der Sitzung durchführt, in der die Kinder angewiesen werden, dem Spielleiter ohne verbale Anweisungen zu folgen. Man kann auch andere Bewegungsabläufe einbeziehen, wie sie in den Grundübungen vorgeschlagen werden.

Für unsere Übung dürften dreißig Minuten ausreichen, auf die zehn Minuten Ruhepause oder Selbstbeschäftigung nach Wahl folgen — vorausgesetzt, daß letztere weder Lärm noch Unruhe hervorruft. Der Erzieher sollte die Anweisungen möglichst nicht ablesen, sondern frei sprechen. Ihre Reihenfolge spielt dabei keine Rolle, solange man die Körperpartien nicht vom Scheitel bis zur Sohle, in umgekehrter Richtung oder nach einem sonstigen erkennbaren Schema durchgeht. Die Reihenfolge der dargebotenen Übungen sollte willkürlich und zufällig sein, wobei die Anweisungen so flüssig und unbefangen wie möglich erfolgen sollten — eventuell auch vom Tonband.

Die Körperstellung sollte so bequem wie möglich sein; am besten gibt man den Schülern Liegestühle, die Kopf und Knie stützen. Wenn die Kinder während der Übung liegen, sollte man ihnen flache Kissen unter Kopf und Knie legen. Ist die Gruppe zu groß oder stehen keine entsprechenden Einrichtungen zur Verfügung, so läßt man die Kinder sich die für sie bequemste Lage selbst aussuchen.

»Bitte schließt jetzt die Augen und macht es euch so bequem wie möglich.

Ich möchte, daß ihr an eure große Zehe denkt, während ihr mir zuhört. Denkt euch also im Liegen bitte in eure große Zehe hinein. Wenn ihr die Zehe nur so beim Daliegen nicht gewisser-

maßen von innen heraus spüren könnt, dann faßt hinunter und reibt sie.
Konzentriert euch jetzt bitte auf das äußerste Ende des Kopfes und fühlt im Liegen euren Scheitel, ohne hinzufassen. Denkt und fühlt euch richtig in die Kopfhaut hinein — verwandelt euch geradezu in das obere Kopfende! Wenn ihr diese Stelle nicht von innen her spüren könnt, dann kratzt euch ordentlich am Kopf.
Denkt jetzt an das Kinn, an die äußerste Kinnspitze. Denkt und fühlt euch wirklich in die Kinnspitze hinein — *werdet* alle regelrecht zu Kinnspitzen. Wenn ihr sie nicht von innen her fühlen könnt, dann faßt euch ans Kinn und reibt es mal kräftig.
Spürt ihr eure rechte Kniescheibe? Fühlt euch richtig hinein in die Kniescheibe mit ihrer Oberfläche, ihren Kanten und den Stellen, an denen sie ins Bein übergeht. Macht euch ganz klein und schlüpft sozusagen in die rechte Kniescheibe hinein; *werdet* eine rechte Kniescheibe. Wenn ihr sie nicht von innen her spüren könnt, dann faßt euch mit der Hand ans Knie und reibt euch kräftig die Kniescheibe.
Achtet jetzt auf euer linkes Ohr. Könnt ihr das Innere der Ohrmuschel spüren? Faßt euch ans Ohr und reibt daran, wenn ihr es nicht ganz spüren könnt.
Denkt an euren linken, äußeren Augenschlitz und versucht nachzuempfinden, wie er in die Schläfe übergeht. Spürt ihr das Gewebe über dem Auge, um das linke Auge herum, unter dem Auge, am Lid? Fühlt euch in die Art hinein, wie das Gewebe zum Nasenrücken hin ansteigt. Wenn ihr es nicht spüren könnt, dann greift hin und reibt euch das Auge.
Konzentriert euch jetzt bitte auf eure rechte Fußsohle. Spürt ihr, wie sie in den rechten Fußballen übergeht und wie der Ballen sich in die Zehen teilt? Denkt an euren kleinen Zeh, dann an den zweiten. Spürt ihr ihn? Wenn nicht, dann faßt hin und wakkelt damit — auch mit der mittleren und der vierten Zehe. Spürt ihr die große Zehe? Wackelt mit der großen Zehe; spannt sie an. Spannt den ganzen rechten Fuß an und lockert ihn dann wieder. Schlüpft in den Fuß hinein und spürt, wie sich der Übergang zum Knöchel anfühlt, oder die Achillessehne und ihre Spannung. Streckt die Zehenspitzen und spürt der Sehne über der Ferse nach. Drückt die Ferse durch und lockert sie dann wieder. Fühlt euch in den rechten Fuß hinein.

Spürt ihr eure linke Schulter? Bewegt die Schulter. Spürt ihr die linke Achselhöhle und wie die Schulter zum Hals hin ansteigt? Fühlt ihr euer linkes Ohr? Spürt ihr euer linkes Auge? Laßt die Schulter kreisen. Spürt ihr euer Schulterblatt? Achtet darauf, wie sich die Schulter in den Rücken fügt und wie der Arm aus der Schulter »hervorwächst«. Streckt den Arm aus. Laßt ihn wieder sinken. Spürt ihr euren Oberarm? Schlüpft in den Oberarm hinein und gleitet hinunter zum linken Ellbogen. Fühlt euch in den Unterarm hinein. Spürt dem Knochen und dem Muskel nach. Denkt jetzt an die Oberseite des Arms, an den Armknochen und an die Stelle, an der er mit dem Daumen zusammentrifft. Spürt ihr euren linken Daumen, den Handballen, die Daumengelenke, die Daumenspitze und den Daumennagel? Streckt die Finger der linken Hand. Lockert sie wieder. Spürt ihr den Zeigefinger, den Zwischenraum zwischen Zeige- und Mittelfinger, die Zwischenräume zwischen allen Fingern der linken Hand? Fühlt euch in euren Zeigefinger hinein, schlüpft in ihn hinein, verwandelt euch in den Zeigefinger. Spürt ihr den Mittelfinger, den Ringfinger, den kleinen Finger? Denkt jetzt an eure Handkante vom kleinen Finger an. Spürt ihr euer Handgelenk? Bewegt das Handgelenk. Spannt alle Muskeln der linken Hand und des Armes an, auch die Schultermuskeln. Lockert die Muskeln wieder.

Spürt ihr euren Bauch? Könnt ihr ihn richtig fühlen? Spürt ihr die Stelle unter den Rippen, wo der Bauch anfängt? Könnt ihr die Zwerchrippen und den Bauchansatz fühlen? Spürt ihr, wie der Bauch in der Körperhöhlung liegt und wie er im Unterleib von den Beckenknochen umschlossen wird? Spürt ihr die Haut auf der Bauchdecke? Könnt ihr den Nabel fühlen? Streicht einmal mit der Hand darüber, wenn ihr den Nabel nicht von selbst spürt. Bohrt mit dem Finger darin herum. Spürt ihr, wie der Bauch zwischen den Beinen in den Geschlechtsteilen ausläuft? Fühlt euch in den oberen mittleren und unteren Teil eures Bauches hinein; jetzt in die rechte Seite. Spürt ihr, wie der Bauch unter den Rippen nach rechts abfällt? Fühlt ihr euren Atem? Spürt ihr, wie eure Atemzüge die Rippen bewegen, wie der Atem gegen den Bauch drückt? Spürt ihr, wie der Bauch seitlich in den Rücken übergeht?

Spitzt einmal den Mund und wölbt die Lippen wie zu einem Kuß. Achtet jetzt ganz einfach darauf, wie die Lippen sich anfühlen. Spürt ihr die Oberlippe, den Lippenrand und die Art, wie die Lippen ins Mundinnere übergehen. Spürt ihr die Innenseite der Oberlippe vor den Zähnen, den rechten und den linken Mundwinkel und die Innenseite der Unterlippe? Fühlt ihr, wie die Zähne die Lippen berühren? Spürt ihr eure Zunge? Bewegt die Zunge und laßt sie die Zähne berühren. Spürt ihr den letzten Zahn weit hinten im linken Unterkiefer? Streicht jetzt mit der Zunge die Zahnreihe entlang nach rechts und wieder zurück, dann die oberen Zähne entlang bis ganz nach rechts und langsam über die Schneidezähne wieder ganz nach hinten links. Spürt ihr den Mundraum, die Halsöffnung, den Gaumen? Versucht, Nacken und Hals von innen zu erleben. Wenn das nicht geht, faßt euch an den Hals und reibt daran. Spürt ihr, wie sich der Nacken im Rücken — in der langen Wirbelsäule — fortsetzt?

Ballt die rechte Hand zur Faust und haltet sie krampfhaft geschlossen. Spannt alle Muskeln des rechten Armes, auch die Schultermuskeln. Zieht die rechte Gesichtshälfte zusammen — die ganze rechte Körperseite, auch das rechte Bein. Verkrampft die ganze rechte Seite — und entspannt euch dann wieder.

Spürt ihr euren Atem? Bleibt einfach still liegen und hört und fühlt den eigenen Atem. Spürt ihr eure Rippen, den Bauch, den rechten Fuß?

Spürt ihr das rechte Auge? Drückt es einmal ganz fest zu — noch fester. Und wieder locker lassen. Spürt ihr den inneren Augenschlitz? Folgt dem Auge nach unten, zum äußeren Augenschlitz, nach oben und wieder zurück an der Augenbraue entlang. Spürt ihr die Augenbraue? Faßt mit der Hand hin und reibt euch an der Augenbraue. Runzelt die Stirn und achtet darauf, wie sich die ganze Stirn anfühlt. Lockert die Stirnmuskeln wieder. Spürt ihr die ganze Stirn, den Scheitel von vorne bis hinten, den Hinterkopf, den Nacken, den Weg des Rückgrats zwischen den Schulterblättern, das Kreuz, die linke Seite, das Fleisch zwischen den Rippen und der linken Hüfte, die rechte Hüfte, die linke Hüfte? Spürt ihr, wie die linke Hüfte ins Becken übergeht? Spürt ihr das ganze Becken und die Art, wie der Körper darin ruht?

Spürt ihr, wie euer rechtes Bein in den Körper eingepaßt ist? Fühlt ihr darunter das Gesäß und darüber das Gelenk? Spürt ihr die Außenseite von Hüfte und Oberschenkel und die Innenseite des Schenkels von der Stelle, wo dieser an den Rumpf anschließt, bis hinunter zum Knie? Spürt ihr euer rechtes Knie, das Kniegelenk, die rechte Kniescheibe, deren Kanten und Verbindung mit dem Bein? Denkt an euer Schienbein, an die Außenseite des rechten Beines, an die rechte Wade und an den Knöchel. Drückt einmal die rechte Ferse durch und laßt dann wieder los. Spürt ihr eure rechte Fußsohle?

Spürt ihr euer Rückgrat zwischen den Schulterblättern und den Anschluß der Rippen an die Wirbelsäule? Fühlt euch auf beiden Seiten des Rückgrats in den Rippenbogen hinein und folgt den Rippen nach rechts und links bis nach vorne. Spürt ihr euren ganzen Brustkorb und euren Atem? Fühlt ihr, wie die Atmung gegen den Bauch drückt? Spürt ihr die Vorderseite des Brustkorbs, das seitliche Gewebe, die von den Schultern nach unten laufenden Muskeln, die Haut über dem Brustkorb, die Brüste, die Wölbung der Rippen am unteren Ende des Brustkorbs, die Haut, die sich über den Brustkorb spannt, die Linie am Brustansatz, die fleischige Wölbung des Brustgewebes und die rechte Brustwarze? Könnt ihr fühlen, wie sich eure Kleidung an den Brustwarzen reibt? Spürt ihr die linke Brustwarze und das von ihr ausgehende Gewebe? Fühlt ihr den Übergang vom Brustkorb zum Schlüsselbein, das rechte und das linke Schlüsselbein? Spürt ihr die sanfte Vertiefung dicht über ihm und eure Kehle? Schluckt jetzt einmal. Spürt ihr euren Atem?

Spürt ihr eure linke Gesäßhälfte, ihre Rundung und ihre Abgrenzung zur rechten Hälfte? Fühlt ihr, wie die Gesäßspalte nach oben verläuft und sich im unteren Teil des Rückgrats verliert? Spürt ihr die rechte Gesäßhälfte an der Spalte entlang? Konzentriert euch auf den Verlauf der Gesäßspalte, fühlt ihn gewissermaßen von innen her vom Steiß über den After nach vorne zu den Geschlechtsteilen. Spürt ihr die Einheit eurer Geschlechtsteile mit eurem Körper und wie sie sich von außen und innen anfühlen?

Spürt ihr euren Atem, die Bewegung der Rippen, den Druck gegen den Bauch? Spürt ihr Kehlkopf, Mund und Kiefer, die Muskeln am rechten und linken Kiefer, die Zähne, das Mundinnere, die äußerste Nasenspitze, den Nasenrücken, den rechten Nasenflügel und den linken? Fühlt ihr, wie die Nase zur rechten Wange hin abfällt und in sie übergeht? Spürt ihr den Verlauf der rechten Wange unter dem Auge und die Wangenmitte? Blast die Backe auf. Spürt ihr, wie euer Unterkiefer am Kopf befestigt ist? Spürt ihr die linke Wange, die ganze Backe? Blast sie auf. Fühlt ihr die Luft aus dem Mund entweichen? Wackelt mit dem Unterkiefer.

Spannt das ganze linke Bein an — alle Muskeln am Fuß, an den Zehen, dem Gesäß, dem Oberschenkel, die Seiten- und Rückenmuskeln auf der linken Seite, die linke Schulter, den linken Arm und die linke Hand, die linke Halsseite und die linke Gesichtshälfte. Alle Muskeln verkrampfen — und wieder entspannen.

Spürt ihr eure Atemzüge und die Luft, die durch die Nase hereinkommt? Atmet einmal durch den Mund und spürt, wie die Luft durch die Kehle in die Lunge strömt. Spürt ihr eure Rippen, den Brustkorb, den Magen, den ganzen Bauch? Versucht, es ganz von innen heraus zu fühlen.

Spannt jetzt bitte alle Muskeln an — Kopf, Hals, Gesicht, Schultern, Arme, Hände, Seite, Bauch, Oberschenkel, Rücken, Waden, Füße und Zehen. Spannt alle Muskeln noch mehr an — krampft sie richtig zusammen. Entspannt und lockert sie wieder — ganz entspannen.

Jetzt versetzt euch bitte ganz in die Scheitelspitze hinein und werdet regelrecht zur Scheitelspitze. Gleitet dann langsam zur Stirn hinunter, zu den Augen, den Wangen, der Nase, dem Mund, dem Kinn, unter das Kinn; wandert vom Hals zu den Rippen, zum Brustkorb, zu den Brüsten, zum Bauch, zum Bekkenknochen, zu den Geschlechtsteilen, zu den Oberschenkeln, Knien und Schienbeinen; gleitet von den Knöcheln über den Rist zu den Zehen. Laßt euch gewissermaßen zu den Zehen hinausfließen und laßt eure Wahrnehmungen und euer Körpergefühl vom Scheitel bis zur Zehenspitze, von Kopf bis Fuß durchströmen.

Fühlt euch in eure großen Zehen hinein. Richtet eure ganze Aufmerksamkeit auf diese großen Zehen. Konzentriert euch vollständig auf die große Zehen; schlüpft in sie hinein und werdet ganz zu großen Zehen. Achtet jetzt auch auf die anderen Zehen. Fließt zurück in eure Fußballen, in Spann und Rist, in die Fersen, die Achillessehne, hinauf zu den Waden, zur Innenseite eurer Knie, zu den hinteren Oberschenkeln, zum Gesäß, durch die dazwischenliegende Spalte zum Steiß, durch das die Wirbelsäule umgebende Gewebe das ganze Rückgrat hinauf zu den Schulterblättern, zum Nacken, zum Hinterkopf bis zum Scheitel. Laßt eure Wahrnehmung und euer Körpergefühl gewissermaßen von den Zehen aus durch den ganzen Körper bis zur Scheitelspitze strömen. Versucht, alles an euch zu spüren, von der Zehenspitze durch euch hindurch bis zum Scheitel.«

An dieser Stelle kann man die Übung ganz oder teilweise wiederholen oder auch nur die letzten Folgen im Wahrnehmungsablauf noch einmal durchgehen, je nachdem, wie der Erzieher den bei den Kindern erreichten Grad an Mitarbeiter und Entspannung einschätzt.

»Jeder stellt sich jetzt bitte, während er so gemütlich daliegt, folgendes vor: Du liegst in einem sonnendurchfluteten Garten im warmen Gras, und alles um dich her ist grün und golden und durchwärmt vom Licht der Sonne. Der Garten ist von einer schönen alten Steinmauer umgeben. Niemand kann hereinschauen, und du liegst ganz wohlig und lebendig, entspannt und geborgen im Gras dieses grüngoldenen, sonnendurchwärmten Gartens. Und du siehst dich voller Lebenslust und Lebenskraft im Garten umhergehen, fühlst dich angenehm durchwärmt, geborgen und behaglich in dem warmen, sonnendurchfluteten Garten und spürst die Sonne am ganzen Körper. Du wanderst in dem warmen, sonnigen Garten umher, voller Leben, entspannt, sicher und geborgen, von goldenen Strahlen durchwärmt und umflutet, ganz allein in dem herrlichen, sonnigen, angenehm warmen, grünen Garten unter den goldenen Strahlen der Sonne. Sanft und geborgen und wohlig schläfst du dann ein in dem grüngoldenen Garten im goldenen Sonnenlicht. Du schläfst sanft und geborgen und wohlig ein in dem warmen, goldgrünen Garten. Und du schläfst friedlich und geborgen in dem Garten mit der sonnendurchwärmten Mauer, und eine freundliche Sonne bescheint dich in dem warmen, grüngoldenen Garten.«

An dieser Stelle kann die Übung abgebrochen werden. Man sollte den Kindern schon im voraus sagen, daß sie sich ausruhen oder still umhergehen können, sobald die Stimme aufhört. Wenn die Kinder anschließend wieder aktiv werden, sollten sie sich dabei zunächst sehr ruhig und besinnlich verhalten.

Man kann diese Übung auch erweitern, entweder schon in der ersten Sitzung oder Schritt um Schritt bei jeder der folgenden Sitzungen. Die Erweiterung der Übung kann in einer bloßen Ausdehnung der letzten Gartenszene bestehen; man kann aber auch die unten genannten oder irgendwelche anderen Szenen anfügen. Durch die folgenden Projektionsübungen oder die Übungen für werdende Mütter kann man die Gartenszene auch für ganz andere Ziele einsetzen.

»Wenn du in dem herrlichen, warmen, sicheren, runden, goldenen Garten — sonnenbeschienen und hingekuschelt ins weiche Gras des sicher umgrenzten Gartens — eine Weile geschlafen hast, dann wachst du auf und wanderst, lebendig und warm, lebendig und sicher, lebendig und geborgen in der Wärme und Geborgenheit des Gartens umher. Du gehst vom Garten ins Haus und setzt dich in einen großen, bequemen Sessel vor einem riesengroßen Fenster. Du ruhst dich bequem und wohlig und warm und entspannt und glücklich und geborgen in dem Sessel aus, in dem gemütlichen, warmen Haus, und blickst hinaus auf den blauen Himmel, der in der warmen Sonne strahlt. Große, warme, weiße Wolken ziehen gemächlich über den Himmel, und ein sanftes Lüftchen weht. Du sitzst in dem warmen, bequemen Sessel in dem gemütlichen, warmen Haus im Dämmerlicht des warmen, freundlichen, großen Zimmers und blickst hinaus, ganz entspannt und wohlig müde in deinem weichen, bequemen Sessel, siehst den großen, weißen, runden, warmen Wolken nach, kuschelst dich in den warmen, weichen, gemütlichen Sessel und schläfst wohlig und warm und geborgen ein.«

Man kann die Übung hier ausklingen lassen, die letzte Szene oder beide vorangegangenen wiederholen oder andere Szenen anfügen, die entweder dem Wechsel von Konzentration und Entspannung oder der Projektion von Gedanken und Gefühlen dienen. Man kann auch die speziell für Schwangere vorgesehenen Übung folgen lassen.

»Du bist in dem weichen, warmen, gemütlichen Sessel ganz warm und geborgen und entspannt und wohlig eingeschlafen und wachst ganz langsam, sanft und wohlig wieder auf, räkelst und streckst dich behaglich und fühlst dich hellwach und voller Leben. Du stehst auf, gehst zum Haus hinaus und wanderst einen schönen, bewaldeten Hügel hinunter. Ein sanftes, warmes Lüftchen weht um dich, die Sonne durchwärmt die grünen Bäume, und über dir wölbt sich der blaue Himmel mit den gemächlich dahinziehenden, weißen, warmen, runden Wolken. Du gehst an einen blauen, blauen Strand, der sich in sanften, runden Linien schlängelnd in der Ferne verliert; ein mildes Lüftchen streicht zärtlich darüber hin, und die sanften Wellen umspielen deine Füße auf dem feinen, weichen Sand, während das goldene Sonnenlicht deinen ganzen Körper warm umfließt. Du streckst dich und spürst den Wind auf der Haut, die von der strahlenden, goldenen Sonne ganz warm ist. In sanften Biegungen verliert sich der Strand in der Ferne und hält dich freundlich umschlossen zwischen dem Wasser, den Wolken und der goldenen Sonne, die am blauen Himmel strahlt. Du spürst den weichen Sandstrand zu deinen Füßen, dehnst dich wohlig und fängst im strahlenden Licht der Sonne, die dir die Haut durchwärmt, und in der sanften Brise, die dir über den Körper streicht, zu laufen an, während die Wellen den Strand umspielen. Von Wellen, Wind und Sand umgeben, fühlst du dich warm und geborgen und lebendig, bist wohlig locker und entspannt. Sanft streicht der Wind über die Wellen, und die strahlende Sonne durchwärmt deinen Körper. Du streckst dich, spürst ein angenehmes Prickeln und fühlst dich quicklebendig, sicher und geborgen, warm und gelöst, zufrieden und mit dir im reinen. Und die Wellen rollen sanft und rund und geschäftig und spielerisch über das Wasser; die warme, gute, freundliche Sonne durchstrahlt die klare Luft, das Wasser, die Wellen, den Wind und die Wolken. Du bist voll frischem, prickelndem Leben und streckst dich mit allen Fasern der Sonne, den Wellen, dem Wind, dem Strand und der Welt entgegen. Wohlig geborgen und voller Leben läufst und springst und spielst du am Strand, während die sanften Wellen im goldenen Sonnenschein den warmen Sandstrand umspielen, der dich freundlich und schützend umgibt. Du bist voller Leben im strahlenden Sonnenschein.«

Man kann die Übung hier enden lassen, sie wiederholen, gemeinsam mit den beiden anderen noch einmal durchführen oder beliebig variieren. Man kann sie auch um die Schwangerschafts- oder Projektionsübungen erweitern.

»Und du siehst dich schlafend im Bett liegen, sanft und geborgen, friedlich schlafend. Und du stellst dir vor, wie du aus dir herauskommst, und spürst dabei deinen ganzen Körper vom Scheitel bis zur Zehenspitze. Du fühlst dich aus dir selbst aufsteigen, hervorströmen, fliegen; fliegst wohlig ausgestreckt, prickelnd lebendig und überglücklich zum Fenster hinaus weit hinauf in den Himmel. Du fühlst dich sicher und geborgen und voller Leben, kannst alles um dich her sehen; und schaust und schaust und fliegst und fliegst. Und du spürst, daß du den ganzen Weg in dir fühlst bis hin zu dir in deinem warmen, gemütlichen, kuscheligen Bett, in das du dich wohlig und warm hineinschmiegst, während du gleichzeitig den herrlichen Flug durch den Himmel genießt und dich prickelnd lebendig, geborgen und in dir ruhend fühlst und dich selig verströmst. Du kannst alles um dich her sehen und schaust und schaust und schaust. Und du nimmst dich wieder zurück und strömst in dich hinein, schlüpfst zurück bis in deinen Kopf und liegst, warm und wohlig hingekuschelt, schlafend in deinem Bett. Du fühlst dich rundherum wohl, sicher und geborgen, von weichen, warmen Decken umschmiegt, sanft schlummernd im Bett liegen. Und du schläfst wohlig und geborgen in deinem Bett; friedlich schlafend liegst du im Bett.«

Bei Projektionsübungen kommen zu den obengenannten Szenen lediglich zusätzliche Situationen hinzu, in die das Kind seine eigenen Fantasievorstellungen hineinlegen kann, ohne daß der Erzieher Einzelheiten vorgibt. Die beschriebenen Szenen sind bis zu einem gewissen Grad bereits darauf abgestellt, so etwa die Gartenszene: »Und wie du durch den Garten gehst, öffnet sich das Tor, und dein allerbester Freund (deine allerbeste Freundin) kommt herein, und ihr spielt miteinander und spielt und spielt.« *Oder:* »Wie du so im Garten schläfst, kommt ein freundlicher Erwachsener herein und weckt dich ganz sanft und zärtlich auf. — Im Garten siehst du beim Spielen eine Illustrierte im Gras liegen, und das Titelbild zeigt jemanden, den du kennst.«

Es ist nicht ratsam, das Kind darauf festzulegen, wen oder was es in solchen Situationen sieht. Der Erzieher sollte ihm lediglich einen Rahmen bieten, innerhalb dessen es seiner Fantasie freien Lauf lassen kann und der ihm in seiner gewohnten Schülergruppe von einer ihm vertrauten Bezugsperson vorgegeben wird. Man sollte dem Spiel der kindlichen Fantasie auch dadurch eine gewisse emotionale Sicherheit geben, daß man dem Kind zuvor durch lange und intensive Entspannungsübungen ein entsprechendes Gefühl des Wohlbehagens und der Geborgenheit vermittelt. Mit zunehmender Übung und Erfahrung, die es dabei sammelt, kann man dann auch leicht unlustbetonte Einzelheiten in die angenehmen Szenen einführen: »Jemand, den du nicht leiden kannst, ist da, aber das macht dir nichts aus, denn du bist ja in deinem Zaubergarten, fühlst dich sicher und geborgen im warmen, goldenen Sonnenschein und streckst dich mit einem wohligen Prickeln auf der Haut der warmen Sonne entgegen, die dich rundherum bescheint. Du hörst die Schulglocke klingeln, aber das macht dir nichts aus ... Und plötzlich hörst du auf der anderen Seite der Gartenmauer Bremsen quietschen, aber das macht dir nichts aus ...«

All diese Übungen eignen sich natürlich ebensogut für Erwachsene.

Zu diesen Übungen wird eine Reihe von kritischen Fragen von vielen Erziehern kommen, die sich durch die darin enthaltene naive Freude am eigenen Körper in ihrer Empfindsamkeit verletzt fühlen. Andere werden die Übungen zwar für sich persönlich, nicht aber für ihren Erziehungsbereich für vertretbar halten. Dazu läßt sich von unserer Seite nur sagen, daß die Selbstverwirklichung des Menschen nur dann optimal gelingt, wenn er für all seine Gefühle und Wahrnehmungen aufnahme- und erlebnisfähig ist. Will er in vollem Umfang zur Selbststeuerung und Selbstbeherrschung fähig werden, so müssen ihm dazu alle Sinneswahrnehmungen als Grundinformation zur Verfügung stehen.

Wer glaubt, sexuelle Verwahrlosung verhindere man am wirksamsten durch Verleugnung des Fleisches, das nach unseren religiösen Vorstellungen schließlich der Tempel Gottes ist, der sollte sich einmal ernsthaft fragen, weshalb Prostitution, Homosexualität, sexueller Mißbrauch, Perversion und sexuelle Gewalttätigkeit in den sogenannten christlichen Kulturen so üppig gedeihen, während bei »Primitiven« wie den Trobriander-Indianern, die ihre gottgegebene Leiblichkeit naiv und souverän zugleich genießen, Homosexualität völlig unbekannt ist, in der Regel

strenge Monogamie praktiziert wird und Phänomene wie Prostitution und dergleichen als absurd gelten.
Wenn man diese Übungen mit werdenden Müttern durchführt, muß man auf die Sinneswahrnehmungen, welche die Jugendlichen im Bereich des Unterleibs, des Rückenendes und der Genitalien gewissermaßen von innen her machen, besonderes Gewicht legen. Der Erzieher kann die Anweisungen einfach auf Tonband aufnehmen und sie dann abspielen, ohne das Ganze vorher lange zu diskutieren. Die meisten Frauen und Mädchen akzeptieren die Sachautorität des medizinisch und pädagogisch helfenden Erziehers ohne weiteres und nehmen die Anweisungen ganz nüchtern und selbstverständlich auf. Die positive Wirkung der Übungen läßt sich durch eine entsprechend natürliche und direkte Ausdrucksweise noch verstärken. Begriffe wie Vagina, Schamlippen, Genitalien, Venushügel usw. mögen gegenüber Frauen der gehobenen Mittelschicht durchaus angebracht sein, sind aber bei Angehörigen anderer sozialer Schichten nicht üblich — jedenfalls nicht bei den Jugendlichen, die als uneheliche Mütter ins Erziehungsheim gesteckt werden.
Wenn der Erzieher in diesem Bereich Schwierigkeiten hat, spricht er am besten kurz mit den Mädchen darüber und erklärt ihnen im Rahmen des Sexualkundeunterrichts die entsprechenden anatomischen Bezeichnungen. Sonst ist es am vernünftigsten, die weniger drastischen Ausdrücke aus der Umgangs- oder Vulgärsprache unbefangen und ganz direkt zu gebrauchen.

Vorbereitungsübungen für die Entbindung

»Beim Atmen spürst du, wie der Bauch gegen die Rippen drückt und wie rund, fest und stabil er sich von innen her anfühlt. Du spürst den Druck deines Bauches gegen die Rippen und fühlst seine Rundung und Schwere in dir.
Du spürst, wie du atmest und wie warm und strömend, wie fest er in Becken und Hüfte ruht, und spürst deine Rundung. Fühlst du, wie sich deine Haut über dem Bauch spannt, vor allem beim Einatmen? Du spürst beim Atmen den Widerstand deiner Haut. Du spürst, wie du atmest und wie warm und störmend, wie fest und schwer, wie rund und warm es in dir ist. Du spürst, wie fest und wie genau dein Bauch in deinen Körper eingepaßt ist. Spürst du sein Gewicht im Rücken und wie er in Becken und Hüfte ruht?

Du spürst die Rundung deines Bauches in dir, spürst, wie er sich in dich fügt, wie er in dein Becken eingepaßt ist und wie das Baby in dir ruht, wie es in deinen Schoß eingepaßt ist, wie sein Gewicht gegen dein Becken drückt.
Spürst du die Innenfläche deiner Oberschenkel und wie sich dein Körper am Schritt in die Beine teilt? Du fühlst, wie die Schenkel von der Körpermitte aus abzweigen, wie sie sich öffnen und spreizen. Spürst du, wie sie am Rumpfende zusammenlaufen und wie das Gewicht des Kindes behutsam an das Becken drückt? Fühlst du, wie deine Scheide darauf wartet, sich deinem Kind zu öffnen, und wie das Gewicht deines Bauches der Geburtsöffnung zustrebt?
Spürst du deine Gesäßfurche? Fühl dich vom Gewicht deines Bauches auf den Gesäßbacken ausgehend tief in diese Furche hinein. Spürst du den Darmausgang in deiner Mitte, die Linie von der Gesäßfurche zu den Schamlippen, die Oberfläche, die Haut und die Haare auf deiner Scham? Fühl dich in deine Scham hinein, in die Geschlechtsspalte, die Schamlippen, die Scheide und die Öffnung deiner Geschlechtsorgane. Spürst du, wie alles in dir an seinem richtigen Platz liegt, wie das Gewicht deines Bauches auf und in dir ruht? Laß dich zu deinen Genitalien und zur Öffnung der Geschlechtsorgane hinunterströmen und durch die Spalte und die Schamlippen zum Ansatz der Schenkel, deren Gewicht du spürst.
Du spürst, wie dein Bauch beim Atmen gegen die Rippen drückt, und fühlst von innen her die Rundung deines Bauches. Du spürst das Kind in dir, fühlst, wie vollkommen es in dir ruht, und fühlst die verheißungsvolle Schwere des werdenden Lebens in dir. Spürst du das Gewicht deines Bauches im Rücken, die Schwere deines Körpers in dir? Spürst du, wie schwer und dennoch harmonisch dein Bauch ist und wie fest und rund er in deinen Schoß, dein Becken paßt? Fühlst du, wie dein Gewicht und dein Körpergefühl hinunterfließen in deinen Bauch, in dein Becken, ins Zentrum deines Körpers, zum Schenkelansatz, in die Geschlechtsspalte, durch die Schamlippen? Spürst du den Übergang zwischen Rumpf und Beinen, die Spreizung und das Gewicht deiner Oberschenkel? Fühlst du, wie gut und richtig alles an seinem Platz ist und wie reif, fruchtbar und verheißungsvoll dein Körper sich von innen her anfühlt? Spürst du dich selbst, deine Kraft, dein

Lebens- und Körpergefühl in deinen Geschlechtsorganen, in deinem Bauch, in deinen Schenkeln, in deinem Rücken?
Spürst du dein Körpergewicht in den Gesäßbacken? Fühl dich in deine Taille hinein, in das untere Rückgrat, in die Furche, die dein Gesäß teilt, in den Unterleib, in den After tief in der Gesäßspalte, in das Gewebe, das von dort zu den Geschlechtsteilen führt, in die Tiefen der Geschlechtsspalte und in die Öffnung, die tief in dein Becken, in das Innere deines Körpers hineinführt.
Spürst du die Wölbung und das Gewicht deines Bauches, den die Schwere und das reifende Leben deines Kindes erfüllt?«

Diese Übung sollte im Zusammenhang mit anderen durchgeführt werden. Dabei folgen auf die Gartenszene die ersten Übungen zur Körperwahrnehmung, dann diese Übung, anschließend die Strandszene, an die sich eine Wiederholung der Schwangerschaftsübung anschließt. Abgeschlossen wird das Ganze durch die Strandszene, die besonders sanft, rhythmisch und liebevoll dargeboten werden sollte.

Übungen zur Steigerung der Kontakt- und Wahrnehmungsfähigkeit

Viele der in diesem Handbuch angeführten Techniken dienen dazu, das Erlebnis des eigenen Kontaktes mit der Außenwelt zu intensivieren und die Wahrnehmungsfähigkeit zu fördern, was vor allem für die im nächsten Hauptteil beschriebenen Übungen gilt.
Die hier folgenden einzelnen Techniken aber lassen sich als allgemeine Anweisungen mit intelligenteren und mitarbeitswilligeren Schülern wie eine Art Hausaufgabe durchführen, d. h. die Kinder erhalten ein Blatt, auf dem die Übung so dargestellt ist, als fände sie in der Klasse statt, und die Anweisungen würden vom Tonband abgespielt oder vom Lehrer gesprochen.
Die jeweils folgenden konkreten Anweisungen sind für die Klasse gedacht und sollten jedesmal mit einem eingängigen Motto bezeichnet werden und in einer Atmosphäre der Stille und des In-sich-Hineinhörens zu einem festen Bestandteil des Tagesablaufs gehören, so daß sie den Kindern ganz selbstverständlich werden.

Sehen und schauen

Allgemeine Anweisungen: »Richtet zunächst einmal fünf Minuten lang die Aufmerksamkeit auf irgendetwas in eurer Nähe. Schaut es euch genau an, wie es sich von seinem Hintergrund abhebt; seht euch all seine Teile an und stellt euch vor, wie es umgekehrt oder sonstwie anders aussehen könnte. Richtet den Blick dann ganz schnell auf etwas in der Ferne, und seht es euch genauso gründlich an, dann auf etwas in eurer Nähe und wieder auf etwas in der Ferne, dann in einer mittleren Entfernung. Sagt, ob ihr die Übung durchhaltet oder anfangt, in Wachträume zu fallen oder die Übung zu vergessen. Seid ihr an einem bestimmten Gegenstand hängengeblieben? Was empfindet ihr jetzt?«

Konkrete Anweisungen: »Wir wollen jetzt *sehen und schauen* miteinander spielen. Bleibt bitte eine Weile ganz still sitzen und schaut auf den von mir bezeichneten Gegenstand, ohne den Kopf allzu sehr zu bewegen. Konzentriert euch ganz auf das Sehen und schaut euch alles, was an dem Gegenstand zu sehen ist, genau an. Seht euch etwas, das ihr auf dem Tisch (oder auf dem Schoß) liegen habt, aus nächster Nähe an. Schaut euch an, wie der Gegenstand zusammengesetzt ist, und achtet darauf, wie er sich gegen den Hintergrund abhebt. Stellt den Blick ganz auf diesen Gegenstand ein und seht, wie die neben und hinter ihm liegenden Dinge sozusagen verschwinden.

Schaut euch jetzt das Bild hinten an der Wand an. Betrachtet es ganz genau und achtet auf all seine Einzelheiten. Merkt ihr, daß alle zwischen euch und dem Bild liegenden Dinge sozusagen verschwinden, wenn ihr den Blick völlig auf das Bild konzentriert? Achtet darauf, wie das Bild an der Wand hängt.

Schaut euch jetzt den kleinen Finger eurer rechten Hand an. Seht ihr das Gelenk, das ihn mit der übrigen Hand verbindet? Betrachtet die Stelle, wo sich der kleine Finger mit dem Ringfinger berührt, und schaut euch alle Einzelheiten genau an. Seht ihn euch noch näher an. Erkennt ihr die kleinen Poren in eurer Haut? Hebt einmal die Hand und seht euch den Finger vor dem Hintergrund der rückwärtigen Wand an. Schaut euch jetzt das Bild noch einmal an und richtet den Blick dann auf den Finger. Schaut auf die Wand, die das Bild umgibt.

Schaut jetzt zum Pult und richtet den Blick auf die Vase, die daraufsteht. Schaut euch die Blume in der Vase an und achtet

darauf, wie der Stengel von der Blume in die Vase hineinläuft. Werft einen Blick auf all die anderen Gegenstände, die auf dem Pult liegen, und konzentriert euch dann wieder auf die Blume. Könnt ihr die einzelnen Blütenblätter erkennen? Laßt den Blick jetzt zurück zum kleinen Finger wandern, dann zu dem Bild an der Wand, wieder zum Finger, zu der Blume, zum Pult, zur Vorderseite eures Hemdes oder Kleides, zur Wand.«
Der Erzieher kann diese Übung noch etwa fünf Minuten fortsetzen. Dabei kommt es darauf an, die Wahrnehmung hinsichtlich unserer verschiedenen Sehvorgänge zu fördern. Sehbehinderte Kinder sollte man dafür die Brille abnehmen lassen, außer wenn sie infolge allzu starker Kurzsichtigkeit nicht einmal mehr das Bild an der Wand sehen können. Im Verlauf dieser einfachen Übung kommt es gelegentlich auch zu Gefühlsäußerungen der Kinder, die der Erzieher durchaus ermutigen sollte, solange sie im Rahmen des ganz Persönlichen bleiben.

Hört, hört!
Allgemeine Anweisungen: »Konzentriert euch etwa fünf Minuten lang auf irgendein Geräusch und versucht herauszufinden, woher es kommt und wodurch es entsteht. Hört ganz genau hin auf jede Einzelheit und versucht festzustellen, ob das Geräusch aus mehr als nur einem einfachen Ton besteht. Richtet eure Aufmerksamkeit dann auf ein anderes Geräusch und versucht, dabei das erste Geräusch noch im Ohr zu behalten. Versucht herauszufinden, woher das neue Geräusch kommt und wodurch es entsteht. Hört auf jede Einzelheit, und nehmt euch dann noch ein anderes Geräusch vor. Achtet darauf, in welcher Beziehung alle Geräusche in eurer Umgebung zueinander stehen, aber konzentriert euch immer nur auf ein Geräusch.«
Konkrete Anweisungen: »Spielen wir einmal *Hört, hört!* miteinander. Haltet euch mucksmäuschenstill, während ihr mir zuhört. Achtet so aufmerksam wie möglich auf alles, was es hier zu hören gibt.
Hört, wie die Grille vor dem Fenster zirpt und wie ihr Ton sich verändert ...
Hört jetzt auf das Geräusch des Lastwagens in der Ferne. Könnt ihr auch die Grille noch hören? Konzentriert euch aber jetzt auf den Lastwagen. Hört ihr, wie das Geräusch sich verändert? ...

Hört ihr die Uhr ticken? Hört genau hin auf das Ticken der Uhr. Könnt ihr alles an dem Tickgeräusch hören? Wie steht es mit der Grille und dem Lastwagen? Könnt ihr alle drei Geräusche gleichzeitig hören?
Hört auf das Rauschen des Windes in den Blättern.«
Der Erzieher kann diese Beschreibungen fortsetzen, wobei er die Aufmerksamkeit der Kinder auf neue Geräusche lenkt, dann auf alte zurückgreift und die Wahrnehmung der Kinder auf die Veränderungen der Geräuschstrukturen und deren Beziehung zueinander richtet, ohne dies mit abstrakten Begriffen zu unterlegen. Der Erzieher darf nur die Richtung der akustischen Wahrnehmung aufzeigen und lenken, aber auf keinen Fall eine Mauer aus Worten und Begriffen um die konkrete Sinneswahrnehmung der Kinder bauen.

Mit viel Gefühl
Allgemeine Anweisungen: »Konzentriert euch bitte etwa fünf Minuten lang darauf, wie sich irgendwelche Gegenstände auf der Haut anfühlen: Die Hautwahrnehmung, die dadurch entsteht, daß einen das Körpergewicht auf den Stuhl drückt; die Schuhe, die den Fuß umgeben, und der Druck des Fußes auf den Boden; Stellen, an denen die Kleidung eng am Körper anliegt, also an der Taille, zwischen den Beinen, unter den Armen, am Ellbogen und an den Knien. Könnt ihr die Zugluft am Körper spüren? Fühlen sich einige Körperstellen wärmer an als die anderen? Juckt oder zwickt es euch irgendwo? Streckt jetzt bitte einmal die Hände aus und faßt verschiedene Gegenstände an. Berührt sie nicht nur mit den Händen, sondern auch mit der zarten Haut im Umkreis des Ellbogens, mit Gesicht und Stirn. Probiert einmal, wonach einige dieser Gegenstände schmecken.«
Wenn Sie für diese Übung konkrete Anweisung geben, sollten Sie sich um ein besonders reichhaltiges Angebot an geeigneten Gegenständen und strukturierten Tastflächen bemühen. Sorgen Sie dafür, daß die Kinder auch die vorhergehenden Sinneseindrücke weiter wahrnehmen, wenn sie sich neuen Tastreizen zuwenden. Also etwa: »Ihr sitzt immer noch auf dem Stuhl, eure Füße berühren den Boden, eure Kleider berühren immer noch den Körper und ihr spürt noch immer den Luftzug, während ihr euch auf neue Sinneswahrnehmungen konzentriert.« Lenken Sie

die Aufmerksamkeit der Kinder immer wieder auf die zuvor besprochenen Eindrücke, während Sie gleichzeitig besonderes Gewicht auf eine bestimmte Wahrnehmung legen, so daß die Kinder selbst eine Beziehung zwischen den verschiedenen Empfindungen herstellen können.

Laßt es euch schmecken

Allgemeine Anweisungen: »Konzentriert euch etwa fünf Minuten lang darauf, wie verschiedene Speisehappen sich im Mund anfühlen, wie sie sich beim Kauen verändern und wie sie schmecken. Versucht dabei aber möglichst, nicht darüber nachzudenken, sondern euch ganz den erlebten Sinneswahrnehmungen zu überlassen. Tastet Form und Struktur des Bissens mit Zunge, Lippen, Mund und Zähnen ab, und untersucht die Verschiedenartigkeit von schwachgewürzten, weichen Speisen und würzig-kernige Bissen. Nehmt gegen Ende der Übung einen Bissen fester Nahrung in den Mund und kaut ihn kräftig durch. Konzentriert euch vollständig auf diesen Vorgang, bis der Bissen gründlich eingespeichelt und damit flüssig ist. Schluckt ihn erst hinunter, wenn er wirklich ganz flüssig ist, und richtet eure ganze Aufmerksamkeit auf diesen Vorgang.«

Der Erzieher sollte bei dieser Übung für mehrere mundgerechte Happen sorgen oder eine Karotte, einen Apfel, eine rohe Rübe oder andere saftige und kernige Nahrungsmittel bereithalten. Die Verflüssigungsübung läßt man am besten mit einem festen Stückchen Fleisch durchführen. Der Erzieher sollte seine Anweisungen sehr ruhig und freundlich geben.

Ein Spiegel für Töne

Nehmen Sie ein etwa 15 Zentimeter langes Stück Band aus Ihrem Tonbandgerät und kleben Sie die Enden so zusammen, daß eine geschlossene Schlaufe entsteht. (Probieren Sie mit dem Tonbandgerät aus, wie groß die Schlaufe sein muß.) Diese Schlaufe läuft nicht über die Spulen, sondern einfach durch den Aufnahme- und Playback-Knopf des Geräts. Lassen Sie die Schüler einzeln einen Satz auf Band sprechen oder irgendwelche Geräusche von sich geben, wobei Sie die Kinder zunehmend mehr zu Spontanlauten und Gefühlsäußerungen ermuntern sollten. (Rülpsgeräusche beispielsweise sind höchst eindrucksvoll und machen den Kindern bei Aufnahme und Wiedergabe großen Spaß.) Spielen Sie die Aufnahme jedes Geräusches etwa zehnmal ab. Fordern Sie die Kinder anschließend auf, stillzusitzen und sich ohne Tonbandgerät möglichst genau an die einzelnen Geräusche zu erinnern. Machen Sie die Schüler darauf aufmerksam, daß das Gehirn offensichtlich ein ganz ausgezeichnetes Aufnahmegerät ist, und lassen Sie die Kinder stillsitzen und sich so genau wie möglich an die Geräusche erinnern.

Spieglein, Spieglein an der Wand

Nehmen Sie einen nicht zu kleinen Spiegel (etwa 30 x 30 Zentimeter) mit in die Klasse und lassen Sie jeden Schüler hineinschauen, und zwar jeweils etwa eine halbe Minute lang und ohne jeden Kommentar. Lassen Sie sich dann von den Kindern berichten, was sie im Spiegel sehen, und holen Sie nach und nach freundlich, aber bestimmt, immer detailliertere Beschreibungen aus ihnen heraus. Wenn es allzu schwierig wird, nehmen Sie am besten den nächsten Schüler dran. Achten Sie dabei auf einen gleichbleibend zügigen Ablauf.

Falls Sie über ein geschlossenes Fernsehsystem verfügen, können Sie jeweils ein Kind bei ganz einfachen Verhaltensweisen filmen, etwa wie es auf dem Stuhl sitzt, sich umdreht, in der Hocke auf dem Boden kauert, Gesichter schneidet, sich streckt oder ganz einfach herumsteht, und zwar jeweils eine halbe Minute lang. Lassen Sie die Aufnahme dann sofort über den Bildschirm laufen und fordern Sie das betreffende Kind auf, bis in alle Einzelheiten zu beschreiben, was es sieht. Wenn die technische Ausstattung es erlaubt, sollten Sie den Film zwischendurch anhalten und das Kind ganz genau berichten lassen, was auf dem Bild zu sehen ist. Sie können aber auch eine Polaroid-Aufnahme vom Fernsehbild anfertigen. Steht Ihnen keine Fernsehausrüstung zur Verfügung, so benutzen Sie am besten Polaroid-Aufnahmen.

Erinnerungsübung

Wenn die Klasse — entweder nach einem Wahrnehmungstraining, einer Entspannungsübung oder sonstigen beruhigenden Spielen — ganz still geworden ist, können Sie eine Gedächtnis-, genauer Erinnerungsübung mit den Kindern machen. »Bitte bleibt jetzt ganz still sitzen und schließt die Augen, wenn ihr wollt. Erinnert euch an etwas besonders Schönes, das ihr erlebt habt. Erinnert euch an alles, was damit zusammenhängt, wie es aussah, wer noch dabei war, was die anderen anhatten, wonach es roch, ob es warm oder kalt war, was ihr selbst anhattet, wer euch am nächsten stand . . .«

Mit zunehmender Vertrautheit zwischen Ihnen und den Schülern und mit wachsender Entspannungsfähigkeit der Kinder während der besinnlicheren Stunden sollten Sie allmählich auch andere Themen an die Schüler herantragen, z. B.: »Erinnert euch einmal an eine Gelegenheit, bei der ihr richtig wütend wart — als ihr sehr aufgeregt wart — als ihr traurig wart — als ihr Angst hattet.«

Sobald es den Kindern in diesen drei- oder vierminütigen Erinnerungsübungen ganz leicht fällt, sich mit möglichst vielen Einzelheiten an etwas zu erinnern, sollten Sie ihnen vorschlagen, diese Erinnerungen abzuändern, also gewissermaßen zu »frisieren«: »Erinnert euch an ein bestimmtes Ereignis, versucht aber dann, die Erinnerung daran zu verändern — also erinnert euch an etwas, das in Wirklichkeit gar nicht so gewesen ist. Erinnert euch an eine Person, die gar nicht dabei war, und tut so, als hättet ihr damals etwas ganz anderes getan. Denkt euch das Ereignis, an das ihr euch erinnert, ganz anders, als es in Wirklichkeit war; erinnert euch genau an das Gegenteil von dem, was wirklich passiert ist. Erinnert euch so an das Ereignis, als laufe der Film dabei rückwärts.«

Wenn die Kinder an dieser Art der Erinnerungsübung Gefallen gefunden haben und wenn sichergestellt ist, daß bei diesen täglichen Sitzungen konkrete Erinnerungen mit »frisierten« Erinnerungen abwechseln, fordern sie die Schüler auf, sich an Ereignisse zu »erinnern«, die gar nicht stattgefunden haben. »Tut einmal so, als könntet ihr euch an etwas erinnern, das überhaupt nicht passiert ist. Erinnert euch an etwas, das ihr gar nicht erlebt habt.«

Hier und jetzt

Allgemeine Anweisungen: »Während ihr ganz still dasitzt, versucht doch einmal, euch selbst ganz genau Rechenschaft darüber abzulegen, was ihr in diesem Augenblick wahrnehmt. Fangt bei jeder eurer Aussagen über euch selbst mit der Wendung an: ›Jetzt mache (fühle, höre usw.) ich . . .‹ oder ›In diesem Augenblick . . .‹

oder ›Hier und jetzt mache (höre, sehe, fühle) ich . . .‹ Versucht dabei, soviel wie möglich in und um euch wahrzunehmen. Spürt ihr, wie euer Herz schlägt, wie ihr atmet? Nehmt das Tonbandgerät zur Hilfe oder schreibt euch auf, was ihr wahrnehmen könnt. Denkt dann einfach darüber nach, und versucht anschließend, möglichst viel in und um euch wahrzunehmen, ohne weiter darüber nachzudenken. Probiert einmal, ob ihr eine Weile an gar nichts denken könnt.«
Diese Übung kann in der Klasse eventuell auf die längeren Übungen folgen. Man kann die Kinder auffordern, wenn sie wollen, etwas aufzuschreiben. Ausgezeichnete kleine Kassettenrecorder sind leicht zu beschaffen. Wenn die Kinder ihre Wahrnehmungen aber auf Kassetten aufnehmen oder niederschreiben, sollte man sie auffordern, eine Weile einfach nachzudenken. Ein späterer Teil der Übung sollte darin bestehen, daß alle einfach still dasitzen oder daliegen und versuchen, an gar nichts zu denken.

Links und rechts
Allgemeine Anweisungen: »Bleibt ganz still sitzen oder liegen und konzentriert euch auf euren Körper. Macht eine Art Inventur mit eurem Körper und vergleicht dann die linke mit der rechten Seite. Achtet auf die unterschiedliche Stellung von rechtem und linkem Arm. Vergleicht eure ganze linke Körperseite mit der rechten, dann eure Vorderseite mit der Rückseite. Stellt alle Einzelheiten eurer verschiedenen Körperpartien fest, aber geht dabei nicht systematisch vor, sondern springt gewissermaßen ganz zufällig von einem Körperteil zum anderen. Achtet darauf, wie ein Körperteil mit dem anderen verbunden ist, und vergleicht eine Seite mit der anderen — links bzw. rechts, vorn bzw. hinten.«

Anfassen und Berühren
Allgemeine Anweisungen: »Geht langsam im Zimmer umher und faßt alle möglichen Gegenstände an. Berührt dabei mindestens 20 verschiedene Dinge mit den Fingerspitzen, der Hand, dem Handrücken, dem Arm, dem Gesicht und der Stirn. Lehnt euch auch an einige Gegenstände an. Vergegenwärtigt euch alles an dem Gegenstand, den ihr gerade anfaßt, und an seiner Umge-

bung. Achtet auf alles, was ihr beim Umhergehen wahrnehmt. Faßt dann einige Gegenstände im Sitzen an, anschließend im Liegen. Faßt andere Menschen an.«

Gesichter schneiden

Allgemeine Anweisungen: »Schneidet einmal fünf Minuten lang so viele verschiedene Gesichter, wie ihr könnt — ruhige Mienen und Grimassen. Achtet auf all eure Empfindungen, wenn ihr ein Gesicht schneidet. Stellt euch dabei vor den Spiegel. Tut euch mit einem anderen Schüler zusammen und schneidet ihm gegenüber Grimassen. Schaut euch dabei ganz genau an, was euer jeweiliger Partner macht. Was mag er wohl gerade empfinden? Stellt euch vor, daß er gerade dasselbe empfindet wie ihr selbst. Versetzt euch in seine augenblicklichen Empfindungen hinein. Schließt euch zu kleinen Gruppen zusammen, die aus höchstens sechs Teilnehmern bestehen, und schneidet einander Grimassen. Schneidet erst alle die gleiche Grimasse, dann verschiedene. Stellt euch mit dem Rücken zueinander im Kreis auf und schneidet eure Grimassen nach außen.«

Körpersprache

Allgemeine Anweisungen: »Versucht einmal fünf Minuten lang, auf möglichst verschiedenartige Weise bestimmte Gefühle und Tätigkeiten mit dem Körper auszudrücken. Achtet dabei auf alle eure Eindrücke und Sinneswahrnehmungen. Bleibt mit euch selbst dadurch in innerem Kontakt, daß ihr euch je nachdem, was ihr ausdrücken wollt, entsprechend anstrengt. Stellt euch mit dem Gesicht zu einem Partner und signalisiert ihm ohne Worte Gefühle und Tätigkeiten. Schließt euch zu einer kleinen Gruppe zusammen und ›redet in der Körpersprache‹ miteinander. Macht zunächst einmal alle dasselbe, ohne viel zu reden, und macht dann alle etwas anderes. Stellt euch mit dem Rücken zueinander im Kreis auf und demonstriert den Körperausdruck nach außen. Tut dasselbe im Sitzen, anschließend im Liegen. Legt euch ganz entspannt hin, und drückt dann mit dem Körper das erstbeste Gefühl aus, das euch in den Sinn kommt.«

Alle diese Übungen können in Verbindung mit anderen durchgeführt oder als Erholungspausen über den ganzen Tag verteilt werden. Nach dem dritten oder vierten Male werden sich die

Schüler den Namen der Übung eingeprägt haben und sich schnell an ihr beteiligen.

Bewegung

Allgemeine Anweisungen: »Setzt euch einmal ganz ruhig hin und konzentriert euch einfach auf alles, was um euch her passiert. Steht auf, und geht durchs Zimmer; kehrt um, und setzt euch wieder. Steht auf, und legt euch dann flach auf den Boden. Steht auf, und holt euch ein Glas Wasser. Steht auf, macht ein Fenster auf, und geht dann wieder auf euren Platz. Achtet dabei auf all eure Bewegungen und Anpassungsvorgänge. Spürt ihr die verschiedenen Körperteile, wenn ihr euch bewegt?«

Lassen Sie jedes Kind in der Klasse einzeln irgendeine ganz einfache Bewegung ausführen. Lassen Sie diese dann alle gemeinsam machen. Sorgen Sie für eine ruhige und freundliche Klassenzimmer-Atmosphäre. Leiten Sie bei den Kindern Wahrnehmungsvorgänge ein, aber nicht zu viele auf einmal. Sorgen Sie für lange Pausen.

Blindsein

Allgemeine Anweisungen: »Versucht einmal, erst eine Viertelstunde, dann eine halbe und schließlich eine ganze Stunde und länger mit verbundenen Augen zurechtzukommen. Wie fühlt ihr euch dabei? Setzt euch anschließend gleich hin und sprecht alles, woran ihr euch aus diesem Erlebnis erinnern könnt, auf Tonband, oder schreibt es auf. Setzt euch am nächsten Tag oder ein paar Stunden später ganz still hin und versucht, euch an möglichst viele Eindrücke aus diesem Erlebnis zu erinnern.«

Taubsein

Allgemeine Anweisungen: »Versucht, eine Viertelstunde und dann immer länger mit verstopften und zugebundenen Ohren zurechtzukommen. Achtet dabei auf eure Empfindungen und Wahrnehmungen. Setzt euch anschließend hin und haltet alles, woran ihr euch erinnern könnt, auf Papier oder Tonband fest. Setzt euch Stunden oder Tage später ruhig hin und versucht, euch an so viele Einzelheiten dieses Erlebnisses zu erinnern wie möglich.«

Stummsein

Allgemeine Anweisungen: »Wie lange haltet ihr es aus, gar nichts zu sagen? Was passiert? Könnt ihr auch aufhören, innerlich mit euch selbst zu reden?«

Teilen Sie die Klasse in kleine Gruppen auf und sagen Sie den Kindern: »Bitte setzt euch jetzt einfach ruhig hin und versucht, den möglichst großen Teil einer Stunde hindurch nicht zu sprechen, solange ihr es irgendwie könnt. Wenn ihr unbedingt etwas reden müßt, dann sprecht darüber, weshalb ihr gerade reden müßt. Am Schluß der Stunde werden wir uns dann darüber unterhalten.« Sprechen Sie dann auch mit den Kindern darüber.

Probieren Sie aus, ob die Klasse ihre »Schweigestunde« einen ganzen Vormittag oder Nachmittag lang durchhält, vielleicht sogar einen ganzen Tag. Tun die Kinder sich dabei leichter, wenn sie Grunztöne oder andere Laute von sich geben können? Was empfinden die Kinder dabei?

Fest in den Arm nehmen und »Freiräume«

Unserer Ansicht nach wird das menschliche Bedürfnis, Emotionen abzureagieren, von den Vertretern der psychotherapeutischen Richtungen stark übertrieben. Wir haben die Erfahrung gemacht, daß selbst schwer verhaltensgestörte Schizophrene auf plötzliche und nachdrückliche Befehle, sich zu beherrschen, positiv reagieren. Es läßt sich jedenfalls nicht beweisen, daß ein gewisser Zwang zur Selbstbeherrschung etwa schädlich sei. Wir sehen allerdings wenig Sinn in den unglaublich komplizierten Selbstbeherrschungszwängen, die man Kindern oft auferlegt. Die Energien, die ein Kind dafür aufwenden muß, um den ganzen Tag still zu sein, artig an seinem Platz zu sitzen oder all die sonst noch von unseren üblichen Schulen geforderten und biologisch völlig unsinnigen Verhaltensnormen zu erfüllen, ließen sich wahrhaftig vernünftiger einsetzen. Von einem Lehrer, der seinen Schülern die schulischen Grundlagen des Lesens, Schreibens und Rechnens beibringen soll, darf man nicht erwarten, daß er sich als Psychotherapeut fühlt, der sich ausschließlich der Vielfalt möglicher Emotionen seitens der Schüler widmet. Er soll aber auch kein sturer Einpeitscher sein, der die Kinder zu kleinen Robotern umfunktioniert und sie auf unsinnige und pädagogisch wertlose Fertigkeiten dressiert. Die dabei verschwendeten Energien sollte man lieber aufs Lesenlernen oder Spielen verwenden. Kinder, die mit einer an Wutausbrüchen reichen Fallgeschichte zu uns geschickt werden, zeigen hier kaum solche Anfälle. Sollten sie es anfangs doch tun, setzt man ihren Wutanfällen mit aller Deutlichkeit und Entschiedenheit ein Ende. Wenn es unbedingt nötig ist, nimmt man das Kind freundlich und ruhig, aber fest auf den Schoß, notfalls mit Hilfe von fünf anderen Lehrern! In solchen Situationen verzichten wir vollständig darauf, auf das Kind einzureden, es sei denn, daß man bei sehr kleinen Kindern beruhigende, mütterlich-zärtliche Worte und Laute von sich gibt. Wenn aber ein Jugendlicher von wütenden Schimpftiraden in Schluchzen und Weinen verfällt, erweitert man solche oft unartikulierten und nicht-rationalen Laute um beruhigendes Streicheln und Umarmen. Viele kleine Kinder muß man wochenlang jeden Abend — vor allem vor und nach dem Schlafengehen — in den Arm nehmen. Größere Kinder brauchen im allgemeinen besonders ausgedehnte Einzelzuwendungen, dafür aber weniger Wiederholungen.

Im allgemeinen verhilft man einem Kind mit extremen Gefühlsausbrüchen ziemlich schnell zu umfassender Selbstbeherrschung, wenn man es fest in den Arm nimmt. Es ist zwar am besten, dies so liebevoll und freundlich wie möglich zu tun, läßt sich bei kräftigen Jugendlichen aber oft nicht machen. Wir legen Wert darauf, daß unsere Mitarbeiter in solchen Situationen emotional aufrichtig genug sind, ihre sprachlichen Äußerungen nicht krampfhaft zu kontrollieren, gleichzeitig aber ihr äußeres Verhalten völlig beherrschen. Solche Jugendliche erfordern selbstverständlich entsprechend qualifizierte Erzieher. In manchen Fällen erzielt eine erfahrene, mütterliche Lehrerin oder ein kräftiger, aber liebevoller Lehrer die gleiche Wirkung dadurch, daß sie den Jugendlichen an der Hand oder am Arm fassen und ihn damit symbolisch umarmen. Zu diesem Zeitpunkt sollte man auf »klärende Gespräche«, Problemdiskussionen oder Beurteilungen unbedingt verzichten.

In einigen Behandlungszentren werden solche Szenen beschleunigt, das heißt man hält mit den Kindern regelrechte »Umarmungs-Sitzungen« ab, bei denen sie sich völlig sicher fühlen und gehen lassen sollen. Eine Steigerung erreicht man dann besonders schnell, wenn man das betreffende Kind noch fester in die Arme nimmt, ihm den Rücken massiert, wunde Stellen vorsichtig berührt, es durch bestimmte Äußerungen provoziert oder indem man energischer mit ihm umgeht, als unbedingt nötig ist. Diese Vorgänge scheinen dem Kind mehr Gefühl der Sicherheit und Geborgenheit zu vermitteln, und befreien es von dem Zwang, wegen Kleinigkeiten in unkontrollierte Wutanfälle zu geraten. Nach und nach erweitern sich bei diesen Kindern auch die Ausdrucksmöglichkeiten im Gefühlsbereich ganz allgemein.

Unsere sogenannten »Freiräume« beruhen auf den gleichen Prinzipien. Man richtet dafür ein Zimmer ein, das entweder keine Fenster hat oder dessen Fenster durch Spezialglas oder andere Schutzmaßnahmen gesichert sind, und dessen Beleuchtung ebenfalls geschützt wird. Die Wände werden nach Möglichkeit gepolstert oder mit einer Holzverkleidung versehen, die etwas nachgibt. Man stattet das Zimmer am besten mit strapazierfähigen Polsterrollen und Kissen zum Schlagen, Hineinbeißen, Herumwerfen usw. aus. Dem Kind wird klargemacht, daß es tun und lassen kann, was es will, solange es sich in diesem Zimmer aufhält. Man verabredet ein bestimmtes Warnsignal, das ihm die Ankunft eines Erwachsenen ankündigt. Diesem Signal folgt eine Pause, bevor der Erwachsene das Zimmer betritt. Ein solcher »Freiraum« erscheint uns sowohl als Alternative zum anderen Zwecken dienenden Klassenzimmer als auch für sich und in sich sehr nützlich. Im optimalen Fall sollten dem Kind verschiedene Freiheitsbereiche zur Verfügung stehen, wenn es im Klassenzimmer Schwierigkeiten hat oder wenn es sich ganz einfach einmal aus der Klasse zurückziehen und für sich allein sein will. Der Aufenthalt in solchen »Freiräumen« sollte aber auf keinen Fall als eine Art Bestrafung aufgefaßt werden. Allerdings sollte der Lehrer aber auch die Möglichkeit haben, einmal zu sagen: »Sieh mal, Freundchen, alle anderen wollen jetzt arbeiten und brauchen dazu etwas Ruhe. Du kannst entweder mitmachen oder dich ins Spielzimmer (in den ›Freiraum‹, auf den Sportplatz oder sonstwohin) verziehen.« Meiner Erfahrung nach beruhigen sich selbst die schwierigsten Kinder angesichts solcher klarer Alternativen ziemlich bald und beteiligen sich rasch an der jeweiligen Gemeinschaftsaufgabe. Kleine Gruppen von »Störern« können sich durchaus auch einmal einen ganzen Tag oder noch länger aus der Klasse zurückziehen. Dies kann jedenfalls nicht schaden, da sie in ihrem Zustand ohnedies nicht dem Unterricht folgen, sondern nur die anderen Schüler beim Lernen stören. Zum Vorteil dieses Verfahrens gehören ein verändertes Vertrauensverhältnis zum Lehrer, die Gelegenheit, Spannungs-, Verkrampfungs- und Erregungszustände, die der Konzentration im Wege stehen, zu lösen sowie eine neue, sinnvolle Autorität im Klassenzimmer.

Massagen und Atemübungen

Fast alle verhaltensgestörten Kinder leiden ständig an Muskelverkrampfungen. Wenn Sie durch ein Klassenzimmer mit straffällig gewordenen Jugendlichen gehen und Ihren Schülern vorsichtig Nacken und Schultern massieren, werden Sie von der Schmerzempfindlichkeit, Kontaktscheu und von Ausrufen wie »He, was soll denn das — aua!« überrascht sein. In dem Maß, in dem sich zwischen Kind und Erzieher eine menschliche Beziehung entwickelt, sollte sich auch der Körperkontakt intensivieren.

Bei kleinen Kindern genügt oft schon bloßes Kitzeln, wobei man auf leichte Druckanwendung in der Mitte der langen Rückenmuskulatur, auf den Muskeln der inneren Oberschenkel und der Muskulatur zwischen Brustkorb und Schultern besonderen Wert legen sollte. Solche »Kitzelsitzungen« machen meist großen Spaß und sollten bei kleineren Kindern nicht über die ersten Äußerungen von Unbehagen hinausgehen.

Bei Jugendlichen und Erwachsenen kann man etwas geregeltere Übungen einführen, die mit leichten und möglichst angenehmen Rückenmassagen beginnen und mit einer Massage der großen Muskulatur an den Gliedern sowie kräftigem Abreiben fortgesetzt werden. Falls Dampf- und Wellenbäder, Saunen usw. zur Verfügung stehen, kann man auch diese Möglichkeiten in die Übung einbauen.

Dabei sollte der Lehrer oder Betreuer einfach anfangen, die Nakken- und Rückenmuskeln der Teilnehmer langsam, aber kräftig zu kneten und diese Massage anschließend auf andere Muskelpartien auszudehnen, wobei jeder einzelne ganz charakteristische und besonders schmerzempfindliche Stellen zeigen wird. Man kann den Schüler dabei auffordern, sich ganz einfach einmal gehenzulassen, zu tun und zu sagen, was er will, zu brüllen und zu schreien oder was ihm sonst einfällt. Dies wird er auch tun, wenn man ihn nicht dazu ermuntert. Doch kann man mit solchen Aufforderungen den beabsichtigten Prozeß in Gang bringen.

Wenn man darauf verzichtet, so hat dies lediglich den Vorteil, daß man dann als Betreuer sicher sein kann, nicht künstlich Gefühle ausgelöst zu haben, wo eigentlich gar keine waren.

Es gibt eine ganze Reihe von »Therapie«-Richtungen, deren Verfechter sich von diesen Anweisungen schockiert zeigen und vor allen möglichen schlimmen Folgen warnen werden. Wir haben mit diesen Methoden bisher Hunderten von Kindern und Erwachsenen beigebracht, ihren Körper, ihre Gefühle und die Ausdrucksformen dieser Gefühle unbefangener wahrzunehmen, ohne daß es je zu Symptomverschiebungen oder sonstigen Schäden gekommen wäre. Es gab auch noch nie Verletzte. Lediglich ein paar Brillen gingen bei den Übungen zu Bruch; man nimmt Brillen daher am besten vorher ab.

Fast jedem Menschen tut es weh, wenn man auf die oberen Nackenmuskeln drückt oder auf die Muskeln am Kiefergelenk. Das gleiche gilt für die Muskeln unmittelbar über dem Schulterblatt (d. h. etwa drei Zentimeter außerhalb der Stelle, an der dieses zum Rückgrat hin abfällt) und am Verbindungsstrang zwischen Schulter und Brustkorb. Es tut auch weh, wenn man die vorderen Oberarmmuskeln, die dicht unter dem Gelenk über den Knochen laufen, drückt und knetet, ebenso die Muskeln in der Mitte des Daumenballens, an der Innenseite der Oberschenkel, in der Wadenmitte dicht unter dem Kniegelenk oder mitten im Ballen der großen Zehe nahe dem Spann. Fast jeder Mensch — mit Sicherheit aber jedes verhaltensgestörte Kind — empfindet solche Massagen auch an anderen Körperstellen als äußerst schmerzhaft, und dies ist dann unweigerlich mit entsprechenden Gefühlsäußerungen verbunden.

Normalerweise sollte die Übung mit einer leichten Massage am Rücken beginnen und dann nach und nach den ganzen Körper erfassen. Gehen Sie zunächst einmal ganz behutsam und vorsichtig mit den Fingerspitzen über Gesicht, Hals und Oberkörper, bevor Sie mit kräftigeren Massagen beginnen. Fordern Sie den Schüler auf, sich eine Zeitlang ganz auf seine Atmung zu konzentrieren. Fangen Sie dann wieder am Rücken an und widmen Sie der langen Muskulatur und den empfindlichen Stellen in deren Mitte besondere Aufmerksamkeit. Massieren

Sie etwaige Knoten oder schmerzempfindliche Partien entsprechend gründlich. Der Sinn der Übung liegt nämlich gerade darin, Schmerzäußerungen zu provozieren und Verkrampfungen zu lösen, anstatt bei der Massage über verkrampfte, schmerzempfindliche Stellen hinwegzumogeln. Sie werden dabei die Erfahrung machen, daß sich eine völlige Entspannung der Muskulatur durch eine kräftige Massage sehr viel schneller erreichen läßt. Man sollte diese Übungen möglichst kurz halten und die Massage nach und nach auf den ganzen Körper ausdehnen. Legen Sie dabei besonderen Nachdruck auf Muskelpartien, die viel Widerstand, Rückzugstendenzen oder Schmerzempfindungen aufzuweisen scheinen. Wir setzen natürlich bei all diesen Empfehlungen voraus, daß jeder Schüler zuvor vom Arzt gründlich untersucht worden ist. Der Lehrer oder seine pädagogischen Hilfskräfte können dann jede auftretende Störung mit dem Arzt besprechen und diesem bei der weiteren Diagnose behilflich sein. Es sei noch darauf hingewiesen, daß es sich bei den oben beschriebenen Techniken nicht um medizinische Behandlungsmethoden handelt, und daß sie nicht im Hinblick auf bestimmte Heilwirkungen konzipiert sind. Sie dienen vielmehr dazu, die Wahrnehmungsfähigkeit zu orientieren und zu konzentrieren, die Wechselbeziehung zwischen Körper und Sinneswahrnehmungen wiederherzustellen und dem Schüler wieder zur Beherrschung der eigenen Körperfunktionen zu verhelfen. Daran ist nichts Geheimnisvolles oder gar Übernatürliches.

Häufig werden mir kritische Fragen darüber gestellt, weshalb diese Anweisungen so kurz gehalten sind. Die Erfahrung hat aber gezeigt, daß sich der Praktiker im Umgang mit diesen Übungen immer noch am besten durch das eigene Erarbeiten der notwendigen Techniken vervollkommnet. Dies geschieht in lebendiger Zusammenarbeit mit den Schülern, deren Reaktionen und gefühlsmäßige Einstellung zu den Übungen und Anweisungen der Erzieher an Ort und Stelle leicht erkennen kann. Ich halte gar nichts davon, Spezialisten für heilgymnastische »Therapie«-Formen, Beschäftigungs-»Therapie« oder alle möglichen anderen pseudomedizinischen Spezialkuren hinzuzuziehen. Wenn der Erzieher gemeinsam mit den Kindern die Übungen im einzelnen erarbeitet und deren Auswirkungen sorgsam im Auge behält, entstehen jedenfalls sehr viel wichtigere und umfassendere Lernprozesse. Die in diesem Buch verwendeten Begriffe wie Lehrer, Hilfskräfte, Therapeuten, Mitarbeiter, Spielleiter, Praktiker usw. lassen sich untereinander austauschen und sind im Grunde nur verwaltungstechnisch interessant.

Einem aufmerksamen und aufgeschlossenen Lehrer fällt im Umgang mit verhaltensgestörten Kindern auf, daß diese jungen Menschen nicht richtig atmen. Ihre Atmung ist — wie bei einem beachtlichen Teil, wenn nicht gar dem Großteil der übrigen Bevölkerung — völlig künstlich, nämlich flach, bei fast unbewegtem Brustkorb zwischen den Rippen eingezwängt und praktisch von keinerlei Bauchatmung unterstützt. Beobachten Sie zum Vergleich dazu einmal, wie ein Säugling atmet.

Übungen wie *Atem anhalten* sind in diesem Zusammenhang sehr hilfreich. Die Kinder atmen dabei im Liegen so tief wie möglich ein, halten die Luft eine Weile an und stoßen sie dann auf einmal aus. Dadurch, daß man bei Kindern gegen das Zwerchfell drückt, ihnen den Brustkorb zusammenhält, den Brustkorb mit der flachen Hand hinunterdrückt oder sich — bei Jugendlichen und Erwachsenen — regelrecht auf den Brustkorb kniet oder setzt, kann man den Betroffenen die Möglichkeit der Bauchatmung anschaulich nahelegen. Anfangs wird den Schülern dabei meist ein wenig schwindlig, weil sie es gar nicht gewohnt sind, viel Sauerstoff in die Lungen zu bekommen. Sie können aber auch einfach in der Klasse oder bei den Körperkontakt-Übungen *Luft hereinlassen* üben. Lassen Sie die Kinder einen Ballon aufblasen oder sehr schnell fünf- bis sechsmal mit einer Papiertüte vor dem Mund ein- und ausatmen. Man kann auch *Wie ein Hund hecheln* spielen. Führen Sie es vor, indem Sie die Hand auf den Bauch legen und diesen übertrieben schnell auf und nieder bewegen. Das kostet zwar alles eine Menge Zeit, aber diese charakteristische Art, falsch zu atmen, ist ein Hauptfaktor der Angstmechanismen bei vielen verhaltensgestörten Menschen.

Es gibt natürlich auch Menschen, die übertrieben tief atmen, wenn sie Angst haben. Das flache Atmen ist wahrscheinlich eine Reaktion auf die unangenehmen Auswirkungen, die ein allzu tiefes Atmen nach sich zieht, denn Schwindelgefühl und allgemeines körperliches Unbehagen sind angstauslösend. Dies bedeutet aber nicht, daß ein tiefes Durchatmen schädlich wirkt. Es ist vielmehr angenehm entspannend, solange dabei die Atmungsrate in einem vernünftigen Verhältnis zum Sauerstoffbedarf des Körpers steht, und dies wiederum richtet sich jeweils nach dem Grad der körperlichen Anstrengung. Neigt ein Kind dazu, übertrieben tief zu atmen, und wird es dadurch ängstlich, nervös und über seine Körperreaktionen beunruhigt, kann man den Teufelskreis (übertrieben tiefe Atmung, dadurch Mißbehagen und folglich wieder übertrieben tiefes Atmen) mit recht einfachen Mitteln außer Kraft setzen. Sehr wirksam ist beispielsweise eine nicht zu kleine Papiertüte, durch die man das Kind etwa drei Minuten lang atmen läßt, so daß sie sich zusammenzieht und wieder ausdehnt. Man kann das Kind auch auffordern, beim Atmen zu singen oder zu pfeifen, da beides die Atmung gut reguliert. Die für flache Atmung gedachten Übungen helfen auch gegen allzu tiefes Atmen.

Eine Kombination von Konzentrations-, Entspannungs- und Wahrnehmungsübungen mit anstrengender körperlicher Betätigung wird der Flachatmigkeit im allgemeinen abhelfen. Dagegen sind Drill und Trainingsmethoden, die auf rein verbale und rationale Weise eine Konzentration auf die Atemtechnik erzwingen, oder lange Unterweisungen über die richtige Art zu atmen nicht angebracht. Viele Sänger, Tänzer und andere, die nach einem intensiven und gewollten Atemtraining eine gewisse kortikale Kontrolle über die vegetativen Atemfunktionen gewonnen haben, müssen feststellen, daß sich ihre Unsicherheit, ihre Ängste und ihre psychische Labilität eher noch verstärkt haben.

c) Neuorientierung der Sinneswahrnehmungen

Optische Täuschungen

In jeder Schule sollte eine Auswahl an Trickbildern, optisch verzerrten Darstellungen, aber auch an dreidimensionalem Material zur Verfügung stehen, damit man den Kindern auf nichtverbale Weise durch geradezu überwältigende Sinneswahrnehmungen zu einer Umorganisation ihrer Wahrnehmungsfähigkeit verhelfen kann. Ein schiefer Raum nach Ames, der groß genug ist, daß Kinder darin umhergehen können, ist für diese Zwecke hervorragend geeignet. (Es handelt sich dabei um einen Raum, der völlig rechteckig aussieht. Wenn sich aber ein Kind in die eine Ecke stellt, wirkt es riesengroß, während ein Erwachsener in einer anderen Ecke winzig klein aussieht.) Daneben sollten auch andere Raumstrukturen zur Verfügung stehen, die durch ihre spezifischen Eigenschaften das Auge des Schülers zu ganz neuen Sehgewohnheiten zwingen — etwa Gebäude und Zimmer mit rundem, dreieckigem oder unregelmäßigem Grundriß oder mit sonstigen ungewöhnlichen Maßen.

Solche Hilfsmittel dürften allerdings ein recht außergewöhnliches Schulsystem voraussetzen, und die wenigsten Lehrer dürften auch mit einer Schulbehörde gesegnet sein, die begreift, daß ein Streifzug durch die Wälder oder ein Waldlauf unendlich viel intensiveren Kontakt mit sehr viel mehr Anschauungsmaterial für die Schulung der Wahrnehmungsfähigkeit bietet als alle Schulbücher zusammen.

Es bleibt also wahrscheinlich ganz dem Lehrer allein überlassen, sein Klassenzimmer mit möglichst vielen linearen und räumlichen geometrischen Formen auszustatten. Wenn der Lehrer es durchsetzen kann, daß das Klassenzimmer mit Trennwänden unterschiedlichster Art und Form unterteilt wird, über oder durch welche die Kinder klettern müssen, wenn sie durch das Zimmer gelangen wollen, kann das nur von Vorteil sein. Zumindest aber kann sich der Lehrer die Genehmigung verschaffen, im Freien mit seinen Schülern einen großen Verschlag zu bauen, in dem die Kinder während des Aufbauens herumkriechen, -klettern und -laufen können und an dem sie sich auch nach der Fertigstellung noch freuen.

Vorrichtungen wie das »Schiefe Fenster« von Ames und »Würfel« oder »Stern« von Neckar, die optische Täuschungen vermitteln, sind in den USA leicht zu beschaffen. Das »Schiefe Fenster« ist trapezförmig und sieht rechteckig aus, wenn man es aus einiger Entfernung unter einem bestimmten Blickwinkel betrachtet. Wenn es um seine Achse rotiert, erscheint einem das nicht als Drehung, sondern als Pendelbewegung nach vorne und hinten. Wenn man einen Pfeifenreiniger so in den geöffneten Flügel klemmt, daß er durch den anderen hindurchscheint, sieht zwar das Auge den Draht bei der Drehung ganz herumgehen, das Gehirn jedoch »sieht« ihn im massiven Fenster stecken, das lediglich vor- und zurückpendelt und sich nicht um die eigene Achse dreht. »Würfel« und »Stern« von Neckar sind entsprechende Formen aus Draht, die plötzlich rückwärts zu laufen scheinen, obwohl sie nur in eine Richtung bewegt werden.

Eine der eindrucksvollsten und aufregendsten optischen Täuschungen bietet jedoch der »Schiefe Raum« nach Ames. Sein großer Vorzug liegt darin, daß man seine Proportionen so anlegen kann (etwas als Kasten von 2,10 mal 2,40 mal 2,10 Meter), daß sich alle möglichen Gegenstände aus dem unmittelbaren Erfahrungsbereich des Kindes in ihm optisch verzerren lassen. Betrachtet man den Raum von einem bestimmten Punkt aus, wirkt er völlig rechteckig und symmetrisch, obwohl er in Wirklichkeit völlig verzerrt ist. Betrachtet man einen Gegenstand oder eine Person in dem Raum oder durch eines seiner Fenster in der Rückwand, so verzerren oder verändern sich die Proportionen dieses Gegenstandes oder dieser Person entsprechend den Besonderheiten des Raumes. Auf diese Weise kann das Kind die Größe eines Freundes oder eines Spielzeugautos enorm übertreiben und einen Gegner oder seinen Lehrer ganz klein erscheinen lassen.

Das Schöne an diesem Verfahren ist, daß Sie sich einer Tatsache ganz sicher sein können: Gleichgültig, wie der frühere Unterricht war, dieses Erlebnis ist für den Schüler etwas absolut Neues. Das Kind wird die optische Täuschung durchschauen, auch wenn es eine Zeitlang dauert. Wenn ihm das aber überhaupt nicht gelingt, oder wenn es dazu ungewöhnlich lange braucht, sollten Sie es vom Augenarzt untersuchen lassen. Warum sollte man den betreffenden Schüler auch neuerlichen Mißerfolgserlebnissen aussetzen und ihn sozusagen zum Gehen auffordern, obwohl seine Beine ihm gar nicht gehorchen? Das Kind muß dabei lernen — und es macht ihm Spaß. Auch dem Lehrer bringt es großes Vergnügen, die »Aha-Erlebnisse« jedes einzelnen Kindes oder der ganzen Klasse zu beobachten.

Optische Täuschungen mit Papier und Bleistift, auf Fotos oder in Druck lassen sich leicht beschaffen und sind bei Kindern sehr beliebt. Besonders wichtig ist dabei, daß die Kinder daran lernen, ihre Wahrnehmungsfähigkeit besser zu organisieren und weiterzuentwickeln, und daß sich ihre Einstellung gegenüber dem Lernen positiv verändert.

Nichtverbale Lernangebote

Wir sind ganz allgemein der Auffassung, daß die im Handel erhältlichen Materialien für die Schulung der Wahrnehmungsfähigkeit nicht nur zu teuer sind, sondern fatalerweise auch völlig an der Tatsache vorbeigehen, daß ein Kind mit beschränkter Wahrnehmungsfähigkeit gewöhnlich das Opfer schulischen Leistungszwanges und seiner daraus resultierenden Ängste ist. Diese Trainingsprogramme gehen konsequent den falschen Weg weiter, den allzu besorgte oder strenge Eltern und Lehrer schon Jahre zuvor eingeschlagen hatten. Ich halte einfach nichts davon, ein Kind zum Balancieren auf einen winzigen Waagebalken oder auf eine Drehscheibe zu stellen, wenn man es statt dessen auf Balken oder Zaunpfosten gehen, durch Wälder laufen, auf umgestürzten Bäumen herumklettern oder kleine Abhänge hinunterrutschen lassen kann. Wenn man schon künstliche Materialien benutzt, dann sollten diese auch entsprechend reizvoll, aufregend und lebendig sein. Ein in einem oder anderthalb Meter Höhe aufgehängter Schwebebalken bietet wenigstens einen Ansatz zur Lust an Körperfunktionen und Freude an zielgerichtetem Handeln. Man kann es durchaus so einrichten, daß das Ganze ebenso ungefährlich wie vergnüglich ist. Jedenfalls sollte jede Form von Drill und Dressur unter allen Umständen vermieden werden.

Es scheint mir auch ziemlich sinnlos, Kinder farblich zueinander passende Formen aussortieren oder sorgsam irgendwelche Figuren abmalen zu lassen, während der Lehrer ständig daran herumkorrigiert, obwohl es das Kind bei ein bißchen Geduld seitens des Erwachsenen bald ganz gut allein könnte. Es gibt buchstäblich Millionen von Umwelterlebnissen und Erfahrungen, die man für den Erwerb dieser Fertigkeiten nutzen kann, ohne daß man bei dem Kind ein Autoritätstrauma oder tödliche Langeweile an seinem »Dressurprogramm« erzeugt.

Es sind heutzutage zahlreiche nichtverbale Lehrprogramme im Handel, vor allem in Mathematik. Diese Techniken sind auch für die Differenzierung der Wahrnehmungsfähigkeit außerordentlich gut geeignet. Geräte, mit denen blinde Kinder Algebra lernen, sind auch für Kinder, die sehen können, sehr praktisch, und zwar sowohl beim Erlernen von Algebra als auch für die Koordinierung von Augen- und Handbewegungen und für das Experimentieren mit neuen Methoden. Logische Blöcke und geometrische Figuren, Fantasieformen und andere fabrikmäßig hergestellte Gegenstände sind nicht einfach nur Spielsachen oder Un-

terrichtshilfen. Sie bedeuten vielmehr unmittelbare Lernerlebnisse und verhelfen dem Kind, das sich mit ihnen beschäftigt, wie von selbst zu neuen Informationen, Organisationsformen, Strukturen und Fertigkeiten.
Dies gilt übrigens nicht nur für den Schüler der Unterstufe, sondern auch für Jugendliche und Erwachsene. Wir haben 16- und 17jährige schon ganze Abende lang mit komplizierten Bauklötzen spielen und daraus Blockhütten und andere Konstruktionen bauen lassen. Wir lassen den Jugendlichen häufig gewissermaßen bis zurück ins Kindergartenalter »regredieren«, um ihm Lesen, Schreiben und Rechnen sowie Fertigkeiten im Bereich der Wahrnehmungsfähigkeit im Rahmen spannender, sinnvoller und vergnüglicher Lernprozesse nahezubringen. Dabei sagen wir den Jugendlichen natürlich manchmal, wir wollten ihnen damit zeigen, wie sie kleineren Kindern etwas beibringen können.

Wahrnehmung der eigenen Gefühle
Spezialübungen für eine gesteigerte Wahrnehmungsfähigkeit gegenüber der eigenen Gefühlswelt lassen sich vielfältig anwenden.

Zuneigung — Abneigung
Allgemeine Anweisungen: »Schaut euch bitte einmal ungefähr fünf Minuten lang im Zimmer um, und konzentriert euch dabei auf bestimmte Gegenstände oder Teile davon. Sagt euch bei jedem einzelnen Ding: ›Ich sehe mir das gerade genau an, und es gefällt mir sehr gut‹, oder ›es gefällt mir gar nicht‹, oder ›Pfui, ist das scheußlich!‹.«
Ermuntern Sie Ihre Schüler dazu, indem Sie sie eine Liste von Gegenständen aufstellen lassen, die ihnen gefallen oder gegen die sie eine Abneigung haben. Lassen Sie die Kinder auf Papier oder Tonband ganz genau festhalten und spezifizieren, was ihnen gefällt bzw. nicht gefällt, und gestalten Sie dieses Spiel so ausdrucksstark wie möglich, oder lassen Sie das Ganze still und besinnlich im Zwiegespräch der Kinder mit sich selbst stattfinden. Weisen Sie dabei immer darauf hin, daß die Tonbandaufnahmen und Aufzeichnungen Privatangelegenheit sind, daß man die darin enthaltenen Gedanken aber auch mit anderen teilen kann, wenn man will. Betonen Sie, daß diese Aufzeichnungen »frei und geheim sind wie das, was in euren Köpfen vorgeht. Wenn ihr

wollt, könnt ihr die anderen daran teilhaben lassen; wenn nicht, könnt ihr sie für euch behalten.«
Denken Sie daran, daß Sie kein Psychoanalytiker sind und daß Sie nicht die Aufgabe haben, feinsten Nuancen nachzuspüren. Sie sollen vielmehr ein Gefühl für Selbstverantwortung, Konzentrations- und Kontaktfähigkeit vermitteln. Auf das Aufschreiben oder die Tonbandaufzeichnung kommt es im Grunde auch gar nicht an; sie dienen in erster Linie als gedankliche Stütze für den einzelnen Schüler selbst. Wenn ein Kind große Widerstände gegen das Aufschreiben hat, kann es nur schaden, wenn man darauf besteht. Sie müssen alles in Ihrer Macht stehende tun, um Ihren Schülern klarzumachen, daß diese Übung nichts mit der üblichen Arbeit in der Schule zu tun hat. Es gibt dafür keine Bewertungen und Tests. Sie können die Kinder ihre Aufzeichnungen sogar in einen mit »Geheim« oder »Zum baldigen Verbrennen bestimmt« markierten Kasten werfen lassen, um leistungsdruckbedingte Blockierungen abbauen zu helfen.

Gefühle in Worte kleiden

Allgemeine Anweisungen: »Denkt einmal etwa fünf Minuten lang über Dinge nach, die euch gefallen: Geschmacksnuancen, Farben, Formen, Gebäude, Menschen, bestimmte Situationen und Erlebnisse. Beschreibt und vergegenwärtigt sie euch in Gedanken mit so viel Gefühl wie möglich. Versucht, eure gefühlsmäßigen Einstellungen irgendwie zu ordnen und zu beschreiben. Verseht alles mit einer gefühlsmäßigen Wertung: ›Mich drückt der Magen, und das ist sehr unangenehm — Meine Arme wollen ans Werk gehen, und das ist ein schönes Gefühl — Ich fühle mich so richtig schön ausgeruht — Mir brummt der Kopf ein bißchen, und das . . .‹. Konzentriert euch auf Dinge, die euch gefallen, und solche, die ihr nicht mögt. Beschreibt sie euch so klar und gefühlvoll wie möglich. Spielt ›Komplimente machen‹. Wieviel Freundliches fällt euch über jemand anderen ein? Spielt ›Kritisieren‹. Wieviel Unfreundliches und Häßliches fällt euch über jemand ein, den ihr nicht leiden könnt?«
Man kann den Kindern solche Übungen in größerem Rahmen als Aufgabe stellen: »Versucht einmal, allen Leuten, mit denen ihr heute zu tun habt, Komplimente zu machen und dabei nicht bloß zu beschreiben, was nett an ihnen ist, sondern was es euch ge-

fühlsmäßig bedeutet. Sind Menschen darunter, die ihr ausgesprochen gern habt? Dann sagt es den Betreffenden.
Schildert einem anderen Menschen alles Erfreuliche, das heute geschieht, und zwar möglichst in dem Augenblick, in dem es passiert. Ist das Essen heute besonders gut, dann sagt es auch. Ist das Wetter ausgesprochen schön, dann sagt es ebenfalls. Findet ihr irgendein Geräusch besonders angenehm oder die Anordnung bestimmter Gebäude oder Büsche besonders hübsch, so sprecht darüber. Versucht es dann einmal umgekehrt.«
Lassen Sie die Kinder das Verbalisieren von Gefühlen und Empfindungen so oft üben, wie Sie sie dazu ermuntern können. Ermutigen Sie die Schüler zu jeder Art von Gefühlsäußerung und persönlicher Wertung, lassen Sie diese wertenden Aussagen auch weiter präzisieren: Wenn einem Kind ein bestimmtes Gemälde gut gefällt, dann fragen Sie es, welche Ausschnitte davon es besonders gern mag; wenn es eine Abneigung gegen ein bestimmtes Geräusch hat, so fragen Sie nach, was dies bei ihm auslöst und welche Töne besonders unangenehm wirken.
Machen Sie den Unterschied zwischen Gefühlsäußerung und Werturteil klar.
Versuchen Sie, den Unterschied zwischen Gefühlsäußerung und Werturteil gemeinsam mit den Kindern herauszuarbeiten. Äußerungen wie »Er kann mich offensichtlich nicht leiden«, sind keine Gefühlsäußerungen, sondern Wertungen. Sie können darauf erwidern: »Wie kommst du darauf?« oder »Du glaubst, daß er dich nicht leiden kann.« Bei Übungen, in denen Sie die Kinder zu möglichst zahlreichen Gefühlsäußerungen und persönlichen Wertungen ermuntern, sollten Sie solche Korrekturen ganz unaufdringlich durch vorsichtiges Nachfragen oder Umformulieren anbringen, ohne das Ganze allzusehr zu steuern. Bei Übungen, in denen es auf Sachlichkeit und objektive Aussagen ankommt (z. B. beim Spiel »Verläßlicher Zeuge«, siehe unten), sollten Sie dagegen möglichst deutlich und nachdrücklich präzisieren lassen: »Ich glaube, daß er kommen wird — Ich hab so das Gefühl, daß die Prüfungsaufgabe schwierig werden wird — Ich glaube, daß sie mich mag.« Dies sind Beispiele für Vorhersagen, Meinungen, Wertungen und Vermutungen.
Selbst Aussagen wie »Ich bin traurig«, sind noch nicht konkret und präzise genug. »Meine Augendeckel fühlen sich ganz schwer

an; mein Mund ist wie ausgetrocknet; mir tut der Rücken weh; mein Kopf fühlt sich ganz leicht an«, sind Beispiele für unmittelbare Äußerung von Empfindungen. Sie sollten bis ins Detail hinterfragt werden. Auf Aussagen wie »Mir tut der Rücken weh«, erwidert man dann am besten: »Wo tut dir der Rücken weh?« und »Ist es ein dumpfer oder stechender Schmerz?«
In diesem Sinne sollte man Aussagen wie »Sie macht mich wahnsinnig«, dahingehend korrigieren lassen, daß es dann etwa heißt: »Ich wurde wütend, weil sie dies oder jenes getan hat« und »Ich bin sauer, weil er meine Lieblingsblume abgepflückt hat«, anstatt »Er hat mich geärgert«. Sätze wie »Jetzt bin ich traurig«, sind keine vollständige, beschreibende Aussage, sondern müssen noch durch Äußerungen über all die Empfindungen ergänzt werden, die dem wertenden Bericht zugrundeliegen.

Bericht und Reportage
Lassen Sie das Kind ein gerade eingetretenes Ereignis beschreiben. Es empfiehlt sich, den ersten Bericht über etwas abgeben zu lassen, das Sie selbst miterlebt haben und das allen Spaß machte. Auf diese Weise können Sie aus den Schülern detailliertere Angaben, größere Genauigkeit und mehr Persönliches herausholen. Kommt es im Klassenzimmer zu kritischen Situationen, so versuchen Sie am besten, den größten Unruhestifter der Klasse zu ermitteln und lassen Sie ihn sofort eine genaue, detaillierte und persönliche Reportage abfassen. Wenn es eine wirkliche Reportage ist und solche Reportagen bereits ein Bestandteil des normalen Schullebens geworden sind, erleichtert es die Situation beträchtlich und verringert bei dem Betroffenen das Gefühl, bestraft worden zu sein, ganz erheblich. Sie werden überrascht sein, wie weit zurückliegend etwas wirken kann, das gerade erst passiert ist. Dabei kommt es darauf an, daß Sie eindeutig auf stark detaillierte Schilderungen in der 1. Person und auf konkrete Gefühlsäußerungen bestehen. Richtigstellungen erfolgen am besten durch wiederholtes Nachfragen anstatt durch Bemerkungen wie: »Du weißt doch ganz genau, daß es nicht so war.« Wenn man ausweichende Formulierungen des Schülers einfach wiederholt, kommt man häufig recht schnell voran. Sie sollten sich aber auch nicht scheuen, zu gegebener Zeit Unrichtigkeiten klar und deutlich richtigzustellen.

II. Die Macht der Sprache

Die Arbeit des Lehrers vollzieht sich vorwiegend im Bereich der Sprache. Im Idealfall bekommt das Kind die Lernprozesse und Differenzierungsvorgänge, die es für seine Persönlichkeitsentwicklung braucht, durch organische Umweltstrukturen, unbefangen übernommene Gewohnheiten und spontane Betätigung innerhalb seines sozialen Umfelds und des Kulturkreises, in dem es lebt, vermittelt. Ein Lehrer, der Verhaltensstörungen korrigieren soll, muß auf diesem Gebiet besonders klar und einfach strukturierte Lernmöglichkeiten anbieten. Der Schwerpunkt seiner Arbeit liegt aber dennoch im Bereich der Sprache. Die Hauptursache für Schulversagen und Lernstörungen ist fast immer eine mangelnde Koordination zwischen dem sprachlichen und dem motorischen Bereich des Kindes und eine tiefgreifende Störung im Sprachsystem.

Der Lehrer sollte sich darüber klar sein, daß das betreffende Kind schon kompliziertere Aufgaben bewältigt hat, als solche, bei denen es gerade versagt. Zwei und zwei zusammenzuzählen, dürfte sehr viel einfacher sein, als einen Fußball ins Tor zu schießen. Lesen- und Schreibenlernen ist viel leichter als zuhören und sprechen können. Wenn ein Kind in der Schule versagt, so deshalb, weil es daraufhin erzogen worden ist.

Die Lernstörungen eines Kindes sind angelernt. Es liegt daher an Ihnen, durch anregende Lernsituationen an die Fähigkeiten anzuknüpfen, die das Kind einmal besaß als es laufen und sprechen oder selbständig zu essen lernte. Im Vergleich dazu sind die jetzigen Aufgaben sehr viel einfacher.

Es gibt überwältigendes Beweismaterial dafür, daß alle anderen Probleme — seien sie nun sozialer oder intellektueller Art — weitgehend in sich zusammenfallen, wenn es Ihnen gelingt, einem Analphabeten flüssiges Lesen beizubringen. Von den Menschen, die im Leben versagen — sei es nun im sozialen oder intellektuellen Bereich —, konnten weniger als zehn Prozent flüssig lesen. Einem Kind das Lesen beizubringen, ist wohl der wirksamste therapeutische Eingriff, den man vornehmen kann.

1. Die Integration von Wahrnehmung, Motorik und Sprache

Ein großer Teil der psychokinetischen Übungen dient als Vorbereitung für die Integration des motorischen und des verbalen Bereichs. Sobald zwischen den Schülern und ihrem Lehrer ein gutes menschliches Klima hergestellt ist, sollte man mit mehreren der folgenden Übungen beginnen.

a) Übungen für unmittelbaren Kontakt

Spielen Sie einer ruhigen Klasse ein klassisches Musikstück vor, ohne viel darüber zu reden. Sagen Sie ganz einfach: »Ich werde euch jetzt ein Musikstück vorspielen, das viele Menschen sehr schön finden. Bitte hört einmal genau zu, hört auf jede Einzelheit im musikalischen Ablauf. Wenn ihr dabei umhergehen wollt, dann könnt ihr das gerne tun.«
Spielen Sie der Klasse das Musikstück vor, und fordern Sie die Kinder anschließend auf, über das Gehörte miteinander zu reden, sich etwas aufzuschreiben oder etwas auf Tonband zu sprechen. Legen Sie den Schülern kein analytisches Vorgehen nahe, sondern lassen Sie spontane Einsichten von den Kindern selbst kommen. Helfen Sie etwas nach, indem Sie nach genaueren Schilderungen, nach Kontrasten, Gegensätzen, Tonebenen und akustischen Beziehungen fragen.
Zeigen Sie der Klasse ein Gemälde, und sagen Sie dazu einfach: »Ich habe hier ein Bild, das viele Menschen schön finden. Schaut es euch bitte ein paar Minuten lang ganz genau an.« Fordern Sie die Schüler anschließend auf, zu schildern, zu besprechen, aufzuschreiben, auf Tonband aufzunehmen, ja selbst zu zeichnen, was sie gesehen haben. Vergleichen Sie die Skizze mit einem Foto, das Sie daneben legen. Hängen Sie einige farbige Stoffe oder andere feinstrukturierte Materialien vor der Klasse auf eine Staffelei oder Stehtafel. Fordern Sie die Kinder anschließend auf, sich diese Stoffe ganz genau anzusehen und durch bloßes Anschauen gewissermaßen in das Gewebe hineinzuschlüpfen. Lassen Sie die Kinder dann beschreiben, was sie gesehen haben, und holen Sie durch Nachfragen noch detailliertere Schilderungen aus ihnen heraus.
Spielen Sie der Klasse eine Schallplatte vor, auf der ein Sprecher Gedichte liest. Versuchen Sie dabei gar nicht erst, den Text un-

bedingt dem Alter und Verständnis der Kinder anzupassen. Legen Sie einfach ein gutes Gedicht auf, und achten Sie darauf, daß der Sprecher eine recht wohlklingende Stimme hat. Verzichten Sie auf Erläuterungen und Interpretationen. Fragen Sie die Kinder danach, was sie gehört haben, und zwar was ihre Sinneswahrnehmungen und den Inhalt des Gedichtes betrifft, und unterlassen Sie es ganz von sich aus zu differenzieren. Bringen Sie die Kinder lediglich dazu, möglichst viel dazu zu sagen.
Nehmen Sie eine kleine Steinsammlung mit in die Klasse und lassen Sie die Steine von den Kindern abtasten. Fordern Sie die Schüler auf, die Steine mit allen möglichen Körperstellen zu berühren und daran zu lecken. Bringen sie die Kinder dazu, ihre Wahrnehmungen möglichst ausführlich zu schildern.
Nehmen Sie eine Reihe von Vasen, Flaschen und anderen Glasbehältern mit in die Klasse. Lassen Sie die Kinder alles genau ansehen und berühren. Füllen Sie die verschiedenen Behälter mit Wasser und schlagen Sie mit einem Metallhämmerchen daran. Lassen Sie die Kinder gut hinhören, gießen Sie dann das Wasser aus und fordern Sie wieder zum Hinhören auf. Lassen Sie sich dabei Zeit und fordern Sie die Kinder anschließend auf, alles genau zu beschreiben. Helfen Sie dabei durch entsprechende Fragen nach.
Nehmen Sie einige große Kartons, Kisten, Fässer usw. mit in die Klasse und lassen Sie die Kinder hineinkriechen und darin sitzen, stehen und liegen. Anschließend lassen Sie alles beschreiben. Bringen Sie Decken und große Tücher, mit denen sich die Kinder ganz bedecken können; verschiedene Lichtquellen ins verdunkelte Zimmer; Diapositive und optisch verzerrte Dias; an die Wand projizierte Kaleidoskope, Blitzlichter, Plakate.
Geben Sie den Kindern Teig, Lehm, Schlamm, Öl, Brot, Sand, alles Materialien, die sie befühlen und auf die Finger schmieren können. Machen Sie die Kinder mit allen möglichen Gerüchen und Geschmacksnuancen bekannt.
Hier kommt es immer darauf an, daß man neue Erfahrungen vermittelt oder bereits Bekanntes unter neuen Aspekten präsentiert. Verbauen Sie den Kindern diese Erfahrungen nicht dadurch, daß Sie in großen Worten darüber reden, sie analysieren oder erläutern. Ermuntern Sie die Kinder immer wieder, hinterher über ihre Wahrnehmungen zu sprechen, nochmals zu spre-

chen, sie ausführlich zu beschreiben und sich noch und noch Aufzeichnungen darüber zu machen. Sie sollten das, was dabei herauskommt, auf keinen Fall benoten. Schließlich wollen Sie in erster Linie erreichen, daß die Kinder auf Umweltreize reagieren und sich damit intensiv auseinandersetzen und daß sie genau beobachten, analysieren und berichten lernen. Präzision, Stil und Grammatik kommen später, und zwar recht schnell.

b) Wie man kreative Fähigkeiten kreativ anwendet

In unseren Schulsystemen können sich die Kinder kaum dem Eindruck entziehen, daß sie auf Schritt und Tritt beurteilt und bewertet werden. Es wird ihnen unendlich schwerer gemacht, aus eigenem Antrieb etwas zu tun, als sich nach den Wünschen und Erwartungen der Lehrer zu richten. Wenn ein Schüler nur Ihretwegen arbeitet, und Sie finden das richtig, schmeicheln Sie im Grunde lediglich Ihrer Eitelkeit und haben bei Ihrer eigentlichen Aufgabe versagt. Sie erreichen damit nur, daß der Schüler mit Disziplin und Fleiß Fertigkeiten übt, die er wahrscheinlich ohnehin längst besitzt. Sie sollten vielmehr besonderen Wert darauf legen, daß der Schüler seine Fähigkeiten und Fertigkeiten in vollem Umfang in den Dienst seiner eigenen Persönlichkeitsentwicklung stellt. Es ist niemand damit gedient, wenn das Kind daran gewöhnt ist, vorwiegend Ihretwegen zu arbeiten, und Jahre später konkrete Lebensprobleme bewältigen soll.
Wir müssen uns endlich Mittel und Wege einfallen lassen, wie man bei verhaltensgestörten Schülern den Teufelskreis ihrer Mißerfolgserlebnisse durchbrechen und ihre Fixierung auf die bange Frage lösen kann, was der Lehrer denn wohl jetzt wieder von ihnen will. Wir müssen das Kind also dazu bringen, über Dinge zu sprechen und zu schreiben, die nicht zum üblichen Schulstoff gehören und die bei ihm Interesse und Arbeitslust wecken, weil sie in unmittelbarer Beziehung zu seinen eigenen Bedürfnissen stehen. Durch solche Themen wird eine Fülle von Informationen und Fertigkeiten vermittelt, die dem Kind auch noch zwanzig Jahre später nützen.
»Schreibt etwas über Gespenster.«
»Schreibt etwas über einen Familienkrach.«
»Schreibt über etwas, das euch auf der Welt das Liebste ist.«
»Schreibt über Leute, die ihr zur Hölle wünscht.«

»Schreibt über Leute, die euch feindselig gesinnt sind.«
»Schreibt über Piraten, Mörder, wilde Tiere.«
»Schreibt etwas über Autos.«
»Schreibt etwas über das Heiraten.«
»Schreibt über etwas, das ihr am liebsten in die Luft sprengen würdet.«
»Schreibt über jemand, von dem ihr wollt, daß er krank sein sollte.«
»Was tätet ihr, wenn auf einmal die Sirenen heulten und ihr im Rundfunk hörtet, daß wir bis zu einer Atombombenexplosion noch genau eine Viertelstunde Zeit hättet?«
»Denkt euch einmal aus, wie es wohl wäre, wenn alles um euch her genau das Gegenteil von dem wäre, was es jetzt ist. Was tätet ihr, wenn ihr euer Vater wärt und der Vater an eurer Stelle?«
»Wie wäre es wohl, wenn an einem Tag alles umgekehrt verliefe?«
»Denkt euch einmal möglichst viele gegensätzliche Dinge aus.«
»Was ist eurer Meinung nach am scheußlichsten?«
Es kommt dabei entscheidend darauf an, daß die Kinder sich ganz spontan über Liebe, Haß, Gewalt, Tod, Mängel, Scheußlichkeiten und verbotene Dinge auslassen und daß ihre Berichte, Beobachtungen, Analysen, schriftlichen Aufzeichnungen, mündlichen Ausführungen und Leseübungen in sinnvoller Beziehung zum eigenen Erleben stehen. Man sollte das, was dabei herauskommt, am besten nicht benoten. Wenn ein Kind nämlich ungehindert produktiv sein kann, wird es nach und nach ganz von selbst die sprachlichen Normen übernehmen, die es in Wort und Schrift von seiner Umwelt erfährt. Sie bringen dem Kind bei, sich mit Hilfe der Sprache auszudrücken; der Gebrauch der Grammatik folgt gewissermaßen intuitiv.
Es gibt eine ganze Reihe von Spielen, die der Entfaltung der schöpferischen Fähigkeiten dienen.
Lassen Sie die Kinder irgendwelche Gegenstände nach Belieben ordnen, umgruppieren und nochmals neu zusammenstellen. »Wie viele Bezeichnungen fallen euch für das ein, was ihr gerade gemacht habt? — Was kann es eurer Meinung nach alles darstellen?«
Lassen Sie die Schüler über Bilder oder Gegenstände Geschichten

schreiben oder erzählen und sich danach noch eine oder zwei andere ausdenken. »Wie sieht die kürzeste Geschichte aus, die ihr darüber erzählen könnt?«

Lassen Sie jedes Kind allen im Zimmer Anwesenden einen Spitznamen geben. »Stellt einmal eine Namensliste zusammen, als wollte euch jemand zehn Hunde (Katzen, Pferde, Wale, Tauben, Känguruhs u. a.) schenken.«

Der Lehrer kann sogar die kindliche Autoritätsgläubigkeit, die einer Entfaltung der schöpferischen Fähigkeiten im Wege steht, mit Erfolg dazu nutzen, um die kreativen Möglichkeiten des Schülers zu fördern. Wenn ein Kind immer ganz genau weiß, was der Lehrer gerade hören will, und wenn es ihm daher besonders schwerfällt, im Spiel eigene Einfälle und originelle Varianten zu entwickeln, so lassen Sie die Gruppe am besten auf irgendein Reizwort hin der Reihe nach Wort- oder Lautassoziationen bilden. Durch besonderes Lob für zunehmend originelle und ausgefallene Nonsens-Assoziationen kann man das Verhalten der Gruppe in eine bestimmte Richtung lenken und somit mehr Originalität erreichen. Für diesen Zweck sind klare, einfache Laute allerdings besser geeignet als komplexe Aufgaben. In leichter Abänderung dieses Spiels kann man neuartige Anwendungsmöglichkeiten für die gleichen Vorstellungen oder Begriffe und originelle Kombinationen aus einfachen Worten und Begriffen fördern.

Verwenden Sie auch Ton, Plastilin, Sand, Baukästen, Holzklötze und Fingerfarben, und lassen Sie die Kinder über das, was sie damit machen, sprechen und schreiben. Glauben Sie nicht, Jugendliche oder Erwachsene könnten von diesen Materialien und deren Handhabung nichts profitieren.

»Auf wieviel verschiedene Möglichkeiten könnt ihr Männchen zusammensetzen?«

Benutzen Sie dafür Holzklötzchen, Perlen, Kissen, Puzzle-Teile, Bälle, Ringe usw. und lassen Sie jedes Kind soviel wie möglich damit ausprobieren. »Baut eure Männchen auf möglichst viele verschiedene Arten.«

»Könnt ihr nur mit geraden Linien einen Menschen zeichnen? Versucht es einmal nur mit Kreisen, dann nur mit Ovalen. Wie wär's denn mal mit Vierecken (Quadraten, Dreiecken)? Zeichnet doch einmal eine Person aus ganz anderen Formen.«

»Könnt ihr ein Auto für zehn verschiedene Zwecke benutzen? Wieviel verschiedene Verwendungsmöglichkeiten kann man sich für wieviele verschiedene Gegenstände ausdenken?«

Benutzen Sie Rätselbücher, Labyrinthspiele und Puzzles.

Stellen Sie für Ihre Schüler eine ganze Liste von dreidimensionalen Rätsel- und Trickspielen zusammen. Legen Sie den Kindern beispielsweise sechs Zündhölzer hin und lassen Sie sie versuchen, daraus vier gleichseitige Dreiecke zu machen. Als entscheidender Tip dient die Frage: »Muß es eigentlich unbedingt flach sein?«

Machen Sie mit Ihren Schülern auch Worträtsel und Denksportaufgaben: »Ein Forschungsreisender kam auf eine Insel, die von zwei Eingeborenenstämmen bewohnt war. Der eine Stamm war sehr friedlich und hilfsbereit und sagte prinzipiell immer die Wahrheit. Die Eingeborenen des anderen Stammes konnten einfach nie die Wahrheit sagen und brachten — wie ihr euch denken könnt — jeden Fremden um, so schnell sie nur konnten. Der Forschungsreisende ging also den Strand hinauf und sah zwei Eingeborene auf sich zukommen. Er rief dem ersten zu: »Zu welchem Stamm gehörst du?«, aber die Antwort ging im Krachen eines umstürzenden Baumes unter. Da fragte der Forschungsreisende den zweiten Insulaner: »Was hat er über seinen Stamm gesagt?« und erhielt die Antwort: »Er hat gesagt, daß er zum Lügnerstamm gehört.« Der Forschungsreisende zog darauf die Pistole und schoß einen der Eingeborenen nieder, und zwar den richtigen. Er hatte dafür nämlich genügend Beweise. Welchen Eingeborenen hat er erschossen und warum?«

»Auf einer Bahnstrecke fährt ein Zug mit 160 Stundenkilometern Geschwindigkeit. Als er gerade an einer Eiche vorbeifährt, schießt ein Mann von der hintersten Plattform aus einen Pfeil in die Richtung, aus der der Zug kommt. Der Pfeil fliegt 100 Meter weit und hat eine Geschwindigkeit von 160 Stundenkilometern. Wo fällt der Pfeil — von der Eiche aus gesehen — zu Boden?« (Zeichnen Sie, während Sie diese Denksportaufgabe erläutern, einen Güterwaggon, der 100 Meter lang sein soll, und lassen Sie den Pfeil sowohl in als auch gegen die Fahrtrichtung im Inneren des Waggons von einem Ende zum anderen fliegen. Lassen sie ihn dann außen von der Plattform abschießen, wenn sich der Zug nicht bewegt.)

»Wenn ein Fallschirmspringer aus einem Flugzeug springt, erreicht er eine Geschwindigkeit von fast 200 Stundenkilometern. Dann fällt er, vom Luftwiderstand gebremst, mit gleichbleibender Geschwindigkeit nach unten, bis er aufschlägt. Wenn er den Fallschirm öffnet, verlangsamt sich der Fall auf eine Geschwindigkeit, die von der Größe der Fallschirmfläche und von seinem Gewicht abhängt. Sobald diese Fallgeschwindigkeit erreicht ist, bleibt es auch dabei, bis der Mann auf dem Boden ankommt. Wenn er einen Behälter mit komprimiertem Helium und einen Ballon hätte, so würde sich sein Fall vielleicht bis zum Stillstand verlangsamen; der Mann würde möglicherweise sogar mit zunehmender Geschwindigkeit nach oben steigen, bis ein Druckausgleich erreicht ist. Er würde dann in der Luft schweben. Ich möchte jetzt gern folgendes von euch wissen: Wenn sich die Fallgeschwindigkeit des Mannes nicht mehr beschleunigt, der Fallschirm sich geöffnet hat und den Fall bremst, so daß der Mann mit gleichbleibender Geschwindigkeit nach unten schwebt — welche Kraft ist dann stärker: die Kraft, die ihn nach unten zieht, oder die Kraft, die ihn nach oben treibt?« (Fragen Sie die Schüler bei dieser Aufgabe, was passieren würde, wenn die entgegengesetzte Kraft stärker wäre.) Die Lösung ist gar nicht so einfach: Wenn sich die Fallgeschwindigkeit nicht beschleunigt, sind beide Kräfte gleich groß, auch wenn es in sausender Fahrt dahingeht. Sie können die ganze Geschichte auch auf den luftleeren Mond verlegen oder die Kinder auffordern, sich zwei Raumschiffe vorzustellen, die sich im Vakuum begegnen. Was kann die Besatzung des einen Raumschiffs daraus schließen, wenn das andere ganz langsam dahinschleicht, aber während einer vier Minuten langen Beobachtungszeit seine Geschwindigkeit von einem auf zwei, dann auf drei und schließlich auf vier Stundenkilometer erhöht?

Das Besondere an solchen Denksportaufgaben ist, daß sie — anschaulich und lebendig dargeboten — ganz anders sind als Rätsel und Aufgaben, die die Schüler von früher her kennen. Mit etwas Geduld und individueller Betreuung kann jedes Kind, das über zehn Jahre alt ist, sie lösen und dabei wichtige Erfahrungen und Einsichten gewinnen. Ein geschickter Lehrer wird die Lösung mit Begeisterung aufnehmen, gleichgültig, wie lange das Kind dazu gebraucht hat, denn es wird eine echte Lösung sein.

Wenn Sie sich etwas enger an die übliche Arbeit im Klassenzimmer halten wollen, gibt es auch dafür geeignete Rätselaufgaben: »Nehmt einmal an, ihr erhieltet von zwei Firmen Stellenangebote. Ihr müßtet euch für zehn Jahre verpflichten, weil ihr — sagen wir — auf der Venus arbeiten sollt. Da die Arbeitsbedingungen bei beiden Firmen gleich wären, müßtet ihr euch also genau ansehen, welche von beiden die beste Bezahlung bietet. Die eine Firma bietet euch 30 000.— DM im Jahr und vom zweiten Jahr an 3000.— DM jährlich mehr, die jeweils am Ende des Jahres ausbezahlt werden. Die andere Firma bietet auch 30 000.— DM, dazu jedes Jahr 1500.— DM mehr, die — nach dem ersten Halbjahr beginnend — jeweils nach Ablauf eines halben Jahres ausbezahlt werden sollen (also alle sechs Monate 750.— DM mehr). Welches Angebot würdet ihr annehmen?«
Man muß es sich aufschreiben, um es auch wirklich zu glauben.
Die Schüler zeigen sich von solchen Denksportaufgaben, von denen es jede Menge gibt, sehr beeindruckt. Wenn man schon junge Menschen dazu bringen will, Rechenaufgaben Spaß abzugewinnen und deren Nützlichkeit zu begreifen, so sollte man sich interessanter Problemstellungen bedienen, und den Jugendlichen nicht langweilige Übungsaufgaben stellen. Das mechanische Rechnen kann man noch früh genug üben, wenn man als Verkäufer arbeiten, etwas bauen, Autos reparieren, Maschinen instandsetzen oder andere Arbeiten tun muß, bei denen man es mit Zahlen zu tun hat. Könnten Sie etwa unvorbereitet auf die Frage antworten, ob man eine Radnabenmutter mit einem 112- oder 127-Millimeter-Schraubenschlüssel anziehen muß? Viele Ihrer »schwierigen« Schüler wissen das aber ganz genau.

c) Lehrmaterialien und Spiel

Außersprachliche Hilfsmittel im Unterricht wie etwa Spiele zur Mengenlehre sind nicht nur wegen ihrer unmittelbaren Funktionen beim Lernprozeß von Vorteil — also im Mathematik- oder Algebraunterricht oder beim Training der kindlichen Wahrnehmungsfähigkeit —, sondern lassen sich auch als einmaliges Anschauungs- und Beschreibungsmaterial einsetzen, wenn es um die Verbesserung des sprachlichen Ausdrucks, um Sachberichte oder ums Schreiben geht. Man sollte dabei unbedingt daran denken, daß bisher immer von den Kindern verlangt wurde, über alle möglichen Dinge zu schreiben, für die sie gar kein echtes Interesse aufbringen konnten. Diese Lehrmaterialien können sie jedoch unmittelbar wahrnehmen und manipulieren, so daß sie sehr viel über sie erzählen können. Ihre schriftlichen Berichte darüber werden zumindest präzise sein, wenn auch nicht sonderlich einfallsreich. Die meisten straffällig gewordenen Jugendlichen dürften in ihren Berichten ziemlich kurz angebunden sein und langweilige Standardbeschreibungen liefern. Kleinere Kinder, die in der Schule Schwierigkeiten gemacht haben, zeigen dagegen in ihren Arbeiten meist einen erstaunlichen Einfallsreichtum, wenn sie sich mit solchen Lehrmaterialien beschäftigen. Kinder, die bei Intelligenztests schlecht abgeschnitten haben, aber über beachtliche schöpferische Fähigkeiten verfügen, haben in der üblichen Schulsituation dagegen sehr zu leiden, in noch höherem Grad aber Kinder mit schlechten Intelligenztest-Ergebnissen und geringen schöpferischen Fähigkeiten.

Die eigentliche Beschäftigung eines Kindes besteht darin, zu spielen, zu spielen und nochmal zu spielen. Es gibt kein Spiel, bei dem man nichts lernt, und kein Erlebnis, durch das ein Kind nicht etwas dazulernen kann. Für heilpädagogische Aufgaben benötigen Eltern und Lehrer ein entsprechendes Problembewußtsein dafür, daß die betreffenden Kinder in ihrer früheren Lerngeschichte an der Entwicklung ihrer Wahrnehmungsfähigkeit und ihrer Fertigkeiten drastisch gehindert wurden. Man muß daher Lernsituationen für sie schaffen, in denen ihr Spiel durch natürliche oder künstliche Hilfsmittel bereichert werden kann. Wenn das Kind spürt, daß sein Spiel ein erlebnisreicher Lernprozeß ist, dann können Sie ruhig auch auf einfache Kleinkinderspiele zurückgreifen.

d) Gleichgewichtssinn, Koordination und Kontaktfähigkeit

All unsere psychokinetischen Übungen sind dazu gedacht, den Bewegungsablauf zu koordinieren sowie Wahrnehmungsfähigkeit und Gleichgewichtssinn zu fördern. Sooft diese Übungen — auch unter Verzicht auf irgendwelche anderen pädagogischen Maßnahmen — eingesetzt wurden, gingen die Schulleistungen sprunghaft in die Höhe. *Diese Übungen sind Methoden, mit deren Hilfe lesen und denken gelernt wird.*

Zur Schulung der Koordinationsfähigkeit dienen besondere

Übungen, vor allem bei Kindern, die sich gegen die anderen organischeren Übungen sperren. Der tägliche Gebrauch von Klettergeräten und Schwebebalken (die groß genug sein und hoch genug hängen sollten, um das Interesse und die Motivation der Kinder wachzuhalten) sowie andere Leibesübungen, die Gleichgewichtssinn und Koordinationsfähigkeit erfordern, sind vor allem dann von großem Nutzen, wenn der Lehrer oder Betreuer die Übungen selbst mitmacht. Lauf- und Kriechstrecken (die durch Bretter, Autoreifen oder andere Hindernisse unterbrochen sind), das Balancieren auf Zaunpfählen, die der Größe des Kindes angemessen sein sollen, Hindernisläufe, die das Selbstvertrauen stärken, Kletterübungen am Seil usw. sind ebenfalls sehr geeignet, wenn es dabei fröhlich und lebendig zugeht. Ein Hand-Tremor-Test ist für viele Verhaltensgestörte sehr nützlich. Das Testgerät ist denkbar einfach und läßt sich in jeder Elektrowerkstatt herstellen. In ein Stück dünnes Aluminiumblech werden eine Anzahl kleiner Löcher mit Durchmessern von zwei Zentimetern und weniger gebohrt sowie ein langer, schmaler Spalt und eine lange, schmale, v-förmige Kerbe geschnitten. Eine elektrische Klingel oder ein Summgerät wird einerseits mit einem Metallstift und andererseits mit dem Blechstück verbunden, so daß bei der Berührung zwischen Metallstift und Blech der Stromkreis geschlossen und der Klingel- oder Summton ausgelöst wird. Ein Mensch mit unruhigen, zittrigen Händen wird sich in jeder Streß-Situation schwertun. Das Händezittern kann aber unter Kontrolle gebracht werden, wenn man täglich für kurze Zeit übt, den Metallstift in zunehmend kleinere Löcher zu stecken oder den geraden und den v-förmigen Schlitz nachzuziehen, ohne daß das Signal ertönt.

Aus dem Drehteller eines alten Plattenspielers läßt sich ohne weiteres ein Rotationsgerät herstellen, das dem gleichen Training dient. Man bohrt dazu nahe dem Rand des Drehtellers ein Loch mit einem Durchmesser von etwa fünf Zentimetern. Der Schüler muß nun versuchen, den Metallstift in das Loch zu halten und der Bewegung des langsam rotierenden Drehtellers zu folgen. Dies macht den Kindern meist großen Spaß, vor allem wenn der Lehrer noch Prismengläser rechts oder links befestigt, so daß das Bild um 10 oder 15 Grad verzerrt wird.

Diese Übungen sollten ziemlich kurz gehalten werden. Man

sollte die Umdrehungszahl immer erst dann erhöhen, wenn die Kinder diese Übung bei niedriger Geschwindigkeit völlig beherrschen. Der Lehrer sollte dabei mit Lob und Anerkennung für die erbrachten Leistungen nicht sparen.

Man kann auch aus einer gelochten Hartfaserplatte eine Scheibe ausschneiden und diese mit einem Nagel im Zentrum an der Wand befestigen, so daß sie sich drehen läßt. Während die Scheibe mit der Hand gedreht wird, muß man, von der Mitte der Scheibe ausgehend, Stifte in die Löcher stecken. Man kann die Scheibe natürlich auch mit einem Motorantrieb versehen.

Lassen Sie einen Ball an einer Schnur von der Decke hängen und bringen Sie ihn zum Schwingen. Die Kinder sollen dem Ball jeweils mit einem Auge folgen, wobei das andere abgedeckt wird — anschließend mit beiden Augen.

Bereiten Sie Karten mit kleingedruckten Texten (etwa in der Größe einer Zeitungsannonce) vor. Die Kinder sollen diese Karten mit ausgestrecktem Arm halten und zu lesen versuchen, sie dann langsam während des Lesens immer näher an sich heranführen, bis ihnen die Schrift vor den Augen verschwimmt, und den Blick dann auf die großen Schrifttypen eines an der Wand hängenden Plakates richten. Lassen Sie dies erst mit dem einen Auge versuchen, dann mit dem anderen und schließlich mit beiden Augen.

Lassen Sie die Schüler etwa fünf Minuten lang in einem Buch lesen und es so dicht vor die Nase halten, daß die Schrift anfangs völlig verschwimmt.

All diese Übungen können dreimal am Tag jeweils drei bis fünf Minuten lang durchgeführt werden und zeitigen sofort Erfolge.

Lassen Sie die Kleinen in völlig unbeweglicher Kopfhaltung umhergehen und dabei versuchen, die Dinge um sie her nur aus den Augenwinkeln zu betrachten, und zwar abwechselnd mit dem linken und dem rechten Auge und anschließend mit beiden.

Wenn Sie sich einen Apparat besorgen können, der auf fotoelektrischem Wege Bewegungen registriert, können Sie durch »Überwachungsspiele« feststellen, wie lang das Kind stillsitzen kann, ohne daß das Alarmsignal ausgelöst wird. Im Stehen zwei Minuten lang einen Teelöffel mit Wasser zu halten oder andere Spiele, bei denen es auf eine ruhige Hand und Körperhaltung ankommt, eignen sich ebensogut. Es gibt auch Sensor-Geräte, die an ein Luftkissen angeschlossen werden, auf dem das Kind sitzt. Wenn Sie eine Apparatur zusammenbasteln können, durch die Interferenztöne oder sonstige Geräusche ausgelöst werden, sobald das Kind auf seinem Stuhl hin- und herrutscht, können Sie damit Spiele entwickeln, durch die das Kind Kontrolle über seine Bewegungen erlangt und das Stillsitzen lernt. Es ist nicht schwer, den Apparat mit einem Oszilloskop zu koppeln, so daß bei jeder Bewegung Wellenlinien auf dem Schirm zu sehen sind. Das macht den Kindern sicher großen Spaß.

2. Weniger abstrahieren

Jahrelange Erfahrungen mit verhaltensgestörten Jugendlichen und Schulversagern haben uns davon überzeugt, daß diese Kinder keineswegs unfähig sind zu abstrahieren, sondern im Gegenteil praktisch nicht in der Lage sind, auf konkrete und spezifische Weise mit ihrer Umwelt und mit ihren eigenen Empfindungen zu Rande zu kommen. Unserer Auffassung nach wirken sich Übungen, durch die der Generalisations- und Abstraktionsgrad der Kinder herabgesetzt wird, auf das Gefühlsleben, das Verhalten und die Schulleistungen sehr positiv aus.

a) Übung für zuverlässige Zeugenaussagen

Diese Übung ähnelt etwas dem Spiel *Bericht und Reportage*, da der Lehrer auch hier sehr stark eingreift, ständig korrigiert und auf objektive und sachliche Beschreibungen drängt. Man zeigt dem Schüler ein Bild und fordert ihn auf, es bis ins Detail und gleichzeitig so knapp und präzise wie möglich zu beschreiben. Interpretationen oder Spekulationen sind dabei nicht erlaubt. Wenn man ihm beispielsweise ein Bild zeigt, auf dem ein Korb mit jungen Katzen zu sehen ist, und er dann sagt: »Da sind ein paar Kätzchen drauf, die gerade ihre Milch bekommen haben«, so fragt der Lehrer am besten: »Wo ist denn die Milch?« Der Lehrer drängt dabei auf immer mehr Einzelheiten und weist Spekulationen und Abstraktionen zurück, indem er beispielsweise fragt: »Wo denn? Was für welche? Woher weißt du denn das?« Das Ganze sollte ziemlich zügig vor sich gehen. Diese Übung unterscheidet sich insofern von *Bericht und Reportage*, daß Werturteile und gefühlsmäßige Einstellungen des Kindes gegenüber dem Bild hier nicht erwünscht sind, sondern nachdrücklich unterbunden werden. Man kann dies dadurch tun, daß man schriftliche Schilderungen anfertigen läßt und diese dann im Einzelgespräch oder mit kleinen Gruppen korrigiert, allerdings nur bei besonders sprachgewandten Kindern.

b) Präzisierungsübung

Für diese Übungen braucht man 120 Dias, deren Darstellungen zunehmend allgemeiner und abstrakter werden, also in einer Art Abstraktionshierarchie geordnet sind. Auf jeder Aufnahme sind vier Beschreibungen zur Auswahl aufgeführt, von denen jeweils die konkreteste und präziseste die richtige ist. Ein auf dem Dia abgebildeter Kleiderhaken ist beispielsweise nicht bloß ein Haken, Aufhänger oder Haken an der Tür, und ein Fischmesser ist nun einmal kein Metzgermesser, auch nicht bloß ein Messer oder Instrument. Man kann es beim Vorführen der Dias auch so einrichten, daß etwa bei falschen Antworten ein Summton und bei richtigen ein Gong oder Klingelton erfolgt. Die einzelnen Dias zeigt man jeweils so lange, bis die richtige Antwort kommt, und schiebt dann das nächste nach. Dabei wird ein ganz schönes Tempo erreicht, denn selbst sehr kleine Kinder absolvieren ihre 120 Dias in recht kurzer Zeit.

c) Sprachverfremdung

Fast jeder Text läßt sich in eine vereinfachte Fassung übertragen, die aus dem nur eine relativ geringe Anzahl von Worten der entsprechenden Sprache umfassenden Grundwortschatz besteht. Da schwierige Kinder dagegen meist eine starke Abneigung haben, sollte man entsprechende Übungen erst dann in Angriff nehmen, wenn man schon sehr viel gemeinsam gearbeitet und miteinander experimentiert hat. Fangen Sie am besten damit an, daß Sie die Kinder irgendetwas so einfach wie möglich ausdrücken lassen. Besprechen Sie dann den Komplex »Grundwortschatz« und verteilen Sie Texte zum Übersetzen. Lassen Sie Aufsätze schreiben, in denen nur Begriffe aus dem deutschen Grundwortschatz vorkommen. Versuchen Sie, eine fließende Beherrschung des Grundwortschatzes dadurch zu erreichen, daß Sie jedem Schüler 50 Pfennig geben und die Kinder auffordern,

einander für sprachliche Fehltritte »Bußgeld« abzunehmen. Verwenden Sie das Geld für eine Klassenfeier oder lassen Sie es die Gewinner behalten.
Verhaltensgestörte Kinder bekommen Spaß am Umgang mit dem deutschen Grundwortschatz, wenn man sie einen bombastischen, moralisierenden Text übersetzen läßt oder ihnen zuerst die Übersetzung eines geschwollenen Textes zeigt und ihnen einen ähnlichen zum Ausprobieren gibt. Jugendlichen macht es immer großen Spaß, die Vorstellungen von Politikern oder Bildungstheoretikern in einfaches Deutsch zu übersetzen.
Schwierigen Kindern machen Übungen mit dem deutschen Grundwortschatz wesentlich mehr Spaß, wenn man sie zunächst einmal grammatikalisch ganz bewußt falsch reden und schreiben läßt und sie zu umgangssprachlichen Wendungen, Dialektausdrücken und künstlichen grammatikalischen Konstruktionen ermuntert. Lassen Sie die Kinder ohne Vergangenheitsform und ohne Mehrzahl sprechen und schreiben. Tun Sie so, als seien Sie über jeden Rückfall in irrtümlich richtige Grammatik böse. Fordern Sie die Schüler auf, etwas zu schreiben und dabei so weit wie möglich auf grammatikalische Formen zu verzichten. Setzen Sie für das holprigste und zerhackteste Geschreibsel einen Preis aus. Erfinden Sie einfach eine neue Grammatik und führen Sie altertümliche Anredeformen wieder ein. Sprechen Sie über verschiedene Sprachebenen für die Anrede gegenüber hochgestellten Personen und niedrigem Volk (z. B. »Geh er zum Teufel« oder »Ihro Gnaden wollen gnädig geruhen . . .«). Prüfen Sie Kommunikationsstrukturen und -probleme, die beim Verzicht auf verbindliche Sprachregeln entstehen, durch die Konfrontation mit jemanden, von dem Sie nicht wollen, daß er den Text versteht. Fordern Sie eine Jungengruppe auf, irgendeine Mitteilung in klarem Deutsch niederzuschreiben und dem Lehrer zu geben. Die Jungen sollen die Botschaft so verschlüsseln, daß sie ihrer Meinung nach zwar für eine andere Jungengruppe, nicht aber für Mädchen verständlich ist. Überlassen Sie diese verschlüsselte Nachricht dann etwa fünf Minuten lang den Mädchen und anschließend den anderen Jungen. Wenn die Mädchen den Text entschlüsseln können, haben sie gewonnen. Lassen Sie die Jungen ausprobieren, ob sie den Mädchen eine Nachricht zukommen lassen können, die der Lehrer nicht entschlüsseln kann.

Sprechen Sie mit den Schülern über Dialekt, nachlässige Umgangssprache oder »Slang« und setzen Sie für das unverständlichste Rotwelsch einen Preis aus. Lassen Sie dabei einige Schiedsrichter entscheiden, ob es sich dabei tatsächlich auch um Wendungen handelt, die in Gebrauch sind.
Lassen Sie die Schüler »Haiku«-Gedichte schreiben. Legen Sie ihnen dabei zunächst ein solches Gedicht in drei Zeilen mit insgesamt 17 Silben vor, und lassen Sie die Kinder dann selbst je ein entsprechendes Gedicht für die ganze Gruppe und eins für sich persönlich schreiben.

d) Reaktionszeitverkürzung durch Reizanwendung

Dazu verwenden wir ein einfaches Gerät, durch das elektrische Reize verabreicht werden können. Wir bereiten den Schüler darauf vor, daß er beim Einschalten des Gerätes ein zunehmend stärker werdendes Kribbeln auf der Haut spüren wird, das er aber dadurch beenden kann, daß er auf einen bestimmten Fragenkomplex mit neuen Antworten reagiert. Das Thema kann zum Beispiel lauten: »Nennt mir bitte alle möglichen Bemerkungen, die ihr morgens beim Aufwachen eurer Mutter gegenüber machen könntet, und sagt dabei jedesmal etwas anderes.«
Sobald wir darauf eine Antwort erhalten, die keine bloße Wiederholung ist, schalten wir sofort den Strom aus. Man kann dies natürlich auch ohne elektrische Reize machen. Mit »Kribbeleffekt« geht das Ganze allerdings erheblich schneller vor sich, zumal die Kinder auch Spaß daran haben. Bei manchen Schülern (vor allem bei stillen, verschlossenen Kindern, die immer mit gesenktem Blick dasitzen, und bei widerspenstigen, verstockten Kindern) funktioniert das Ganze genauso gut, wenn man statt des elektrischen Reizes ein rotes Lichtsignal einschaltet, während es bei anderen schon genügt, eine rasche Folge von Antworten durch Lob und sonstige ermunternde Äußerungen anzusteuern. Der Vorzug bei der Verkürzung der Reaktionszeit durch die Anwendung eines elektrischen Reizes liegt darin, daß diese Methode sehr einfach, nüchtern und einleuchtend ist und seitens des Lehrers oder Helfers kein besonderes sprachliches Geschick erfordert. Außerdem entsteht nach und nach bei den Kindern eine gewisse Toleranz für elektrische Reize, die im allgemeinen mit einer generellen Stabilisierung des Nervensystems

Hand in Hand zu gehen scheint. Dazu kommt noch, daß dieses Konditionierungsverfahren sehr viel präziser ist als andere Methoden. Ein zusätzlicher Effekt dieser Konditionierungsmethode liegt darin, daß dabei gleichzeitig Angst reduziert und die Erfahrung der eigenen Kontrollmöglichkeiten über den angstauslösenden Reiz vermittelt wird.

Die Übung dauert nur etwa fünf Minuten und wird abgebrochen, sobald es bei der jeweiligen Themenstellung für den Schüler schwierig wird, sich neue Antworten einfallen zu lassen. Schließlich wollen wir die Kinder mit dieser Übung nicht bestrafen oder einem Leistungstest unterziehen.

III. Lernen und Wiederlernen

a) Der effektive Einsatz von Lernprogrammen

Die programmierte Unterweisung hat in den letzten Jahren sehr viel Beachtung gefunden. Gleiche Ausgangsbedingungen vorausgesetzt, bietet das programmierte Lernen gegenüber anderen Lernprozessen keine besonderen Vorteile. Seine großen Anfangserfolge kamen dadurch zustande, daß man es an den schlechtestmöglichen konventionellen Lehrmethoden maß. Wenn man lebendiges und reizvolles Unterrichtsmaterial verwendet und den Schülern die Möglichkeit gibt, sich oder den anderen selbst etwas beizubringen, dann schrumpfen die Vorteile, die das programmierte Lernen zu bieten hat, sozusagen zu nichts zusammen. Die nützlichste Eigenschaft der Lernprogramme besteht darin, daß diese den Verfasser zu klaren und prägnanten Formulierungen zwingen.

Die programmierte Unterweisung — speziell durch technische Lehrgeräte — hat allerdings den einen Vorteil, daß man gerade bei schwierigen Kindern die konditionierte Verkettung zwischen Lernsituation und Autoritätskonflikt mit dem Lehrer durchbrechen kann. Auch geistig behinderte Kinder — vor allem solche, die in Heimen untergebracht sind — scheinen durch programmierte Unterweisung besser zu lernen. Sie bilden die einzige Zielgruppe für das programmierte Lernen, die auf das System von Belohnungen für richtige Antworten erheblich besser anspricht als auf das bloße Wissen, daß man etwas richtig gemacht hat. Dies scheint deshalb der Fall zu sein, weil diese Kinder dazu erzogen worden sind, mehr auf die Erwachsenen in ihrer Umgebung zu reagieren als zu lernen. Außerdem ist die Wirkung dieser Art des Lernens wegen der geringeren intellektuellen Fähigkeiten dieser Kinder hier viel tiefgreifender als bei anderen Schülern. Bei schwierigen d. h. verhaltensgestörten Kindern verhält es sich jedoch genau umgekehrt. Schwierige Kinder tun am liebsten, was sie nach Ansicht der Erwachsenen gerade nicht tun sollten. In den USA ließ man puertorikanische Gefängniswärter, die kein oder nur gebrochenes Englisch sprachen, Lehrgeräte in die Zellen jugendlicher Strafgefangener bringen und diesen irgendwie zu verstehen geben, daß die Apparate ihnen etwas beibringen sollten. Der radebrechende Wärter setzte seinem Schützling außerdem auseinander, daß das Lehrgerät — eben weil es dazu da ist, Wissen zu vermitteln — jedesmal ein Geldstück »ausspuckt«, wenn der Jugendliche einen Fehler gemacht hat, um ihn für die verschwendete Zeit zu entschädigen.

An dieser Stelle dürfte sich der Leser erstaunt die Augen reiben: Das Lehrgerät zahlt dem Lernenden Geld, wenn dieser einen Fehler macht, weil der Apparat seine Lehraufgabe nicht erfüllt hat. Die jugendlichen Strafgefangenen beim erwähnten Experiment sind aber gar nicht darauf aus, Fehler zu machen und dadurch Geld zu verdienen. Man muß sie auch nicht mühsam von der Wichtigkeit solider Kenntnisse überzeugen. Sie arbeiten vielmehr ganz von selbst, wenn man die Strukturen und die sozialen Folgen des Lernprozesses ändert. Viele dieser zähen Burschen beschäftigen sich stundenlang hintereinander mit den Programmen der Lehrgeräte und können nach ihrer Entlassung aus dem Gefängnis weiterführende Schulen besuchen.

Ich möchte dazu noch anmerken, daß wir dem Neuankömmling an unseren Schulen von Anfang an zu verstehen geben: »Es ist uns ziemlich gleichgültig, ob du dir im Unterricht Mühe gibst oder nicht. Es ist uns auch egal, ob du etwas für dich selbst tun willst oder nicht. Du wirst hier auf jeden Fall etwas lernen, ob du nun willst oder nicht. Wir haben die Aufgabe, dir etwas beizubringen, und genau das werden wir auch tun. Darauf kannst du dich verlassen.«

Gute Lernprogramme — und das ist der springende Punkt — machen es dem Kind leichter, sich oder anderen Kindern etwas beizubringen, weil sie den Lehrstoff, den wir dem Kind vermitteln wollen, leichter zugänglich, lebendiger und verständlicher darbieten.

Kinder besitzen eine ausgeprägte Motorik. Jeder, der Kinder erzieht, weiß, daß sie praktisch ständig beschäftigt und »auf Trab« sind. Ihre ersten »Denkprozesse« und Problemlösungsversuche erfolgen unter Mitwirkung der Muskulatur. Im dritten Lebensjahr sind Kinder bereits äußerst leistungsfähige kleine »Computer«. Sie können sich in einem fremden Zimmer, das voller unbekannter Leute und Gegenstände steht, von einem Ende zum anderen bewegen, und das ist eine Computeraufgabe. Der Fachmann nennt die Leistung eines Elektronengehirns, das ähnliche Koordinationsleistungen erbringt wie ein Kleinkind, eine »analoge« Computerleistung. Ein entsprechendes Beispiel aus dem Alltagsleben ist das Gaspedal eines Autos. Anstatt Zahlen einzustellen oder eine Lochkarte mit der Information »60 Stundenkilometer« einzuschieben, drücken Sie bis zu einem gewissen Punkt auf ein Pedal und »programmieren« den Wagen damit gewissermaßen auf eine Geschwindigkeit von 60 Stundenkilometern. Ihr Fuß ist dabei Teil eines Rückkoppelungssystems zur Einhaltung einer bestimmten Geschwindigkeit. Die meisten Menschen denken sich gar nichts dabei. Kinder gehen praktisch ständig nach einem solchen Verfahren vor und brauchen weder Logik noch Worte noch Zahlen, um die unzähligen Fähigkeiten auszuüben, die sie seit ihrer Geburt erworben haben. Sie stellen Assoziationen her, registrieren Signale und verarbeiten zahllose Informationen — vom mütterlichen Stirnrunzeln bis zu der Feststellung, wieviel Kakao noch im Topf ist.

Kinder orientieren sich vorwiegend visuell. Auch der Durchschnittserwachsene nimmt mehr als drei Viertel seiner Informationen über die Welt um ihn herum durch die Augen auf. Die Welt des Kindes ist in noch weit höherem Maße visuell. Kinder pflegen die unstrukturierten »Realitäten« in eine sinnvolle Beziehung zu bringen. Sie können einen Schmetterling vor dem Hintergrund von Blumen erkennen (was der Erwachsene oft nicht fertigbringt). Sie können winzige Figuren auf einem Kleiderstoff erkennen und sie mit ihrem Gegenstück in der Realität in Verbindung bringen. Sie können scheinbar unförmige Gestalten malen und sie sehr viel später als »Kuh« oder als »Mutti« oder als sonst etwas identifizieren, das sie beim Malen im Sinn gehabt hatten.

Informationen werden von Kindern nicht »aufgenommen«, sondern im wahrsten Sinne des Wortes *erfaßt*. Dies bedeutet, daß die von uns als Lehrstoff vorgesehene Information lebendig und ausdrucksstark sein muß. Man nennt ein intensives Erfassen von Informationen auch *Einprägen*. Der erste *Eindruck* ist dabei ganz besonders wichtig, was wir beispielsweise an dem ausgeklügelten Warenarrangement im Supermarkt oder an der Wer-

bung erkennen können. Anschaulich und anregend dargebotene Information wird vom interessierten Kind sofort erfaßt. Kleine Kinder interessieren sich fast immer für jede Information, die für sie verständlich ist. Wenn man sie aber zum Lernen erst motivieren muß, so wissen wir, daß bereits etwas schiefgelaufen ist.

Das Gedächtnis des Kindes funktioniert nach einem System, das der Computerfachmann »sparse exploratory scanning« nennt. Dies bedeutet, daß winzige Schlüsselreize dazu dienen können, komplizierte Ereignisabläufe, die im Gehirn gespeichert sind, zu reproduzieren. Der Schlüssel zu der gespeicherten Information wird durch radarähnliches Abtasten (scanning) gefunden. Das Gedächtnis vieler Erwachsener funktioniert ganz anders. Wenn sie sich an etwas erinnern wollen, suchen sie gewissermaßen — wie ein Archivar seinen Buchindex — eine Gedächtniskategorie nach der anderen ab. Diese Erinnerungstechnik wird vor allem bei sprachlichen Informationen benutzt und findet sich bei Angehörigen akademischer Berufe und Wissenschaftlern häufiger als etwa bei Arbeitern und Künstlern. Lehrer sind im allgemeinen besonders stark verbal orientiert, da sie der gehobenen Bildungsschicht angehören. Sie ordnen ihr Gedächtnis fast immer durch Kategorienbildung. Ein großer Teil ihrer Schwierigkeiten mit Kindern ist darauf zurückzuführen, daß sie einfach ganz anders denken als diese.

Keinem der beiden »Denktypen« ist jedoch mit Wiederholung viel geholfen. Man tut weit besser daran, seine Zeit auf die Wiedergabe von etwas, das man gerade gelesen hat, zu verwenden, anstatt es immer wieder zu lesen. Noch besser ist es aber, wenn man das soeben Gelernte *anwendet* — es also nicht wiederholt, sondern benutzt.

Kinder aus den untersten sozialen Schichten haben fast immer eine ausgeprägtere Motorik (denn obwohl sie ausgesprochen still sein können, ist ihre Ruhe doch nicht produktiv oder dem Denken förderlich), sind stärker visuell orientiert und in höherem Maße auf lebhafte, intensive Eindrücke angewiesen als Kinder aus dem Mittelstand. Denkprozesse spielen sich bei ihnen fast ausschließlich über physische, d. h. motorische Analogiebildungen ab, und ihre Gedächtnisleistungen beruhen in der Hauptsache auf dem oben erwähnten Vorgang des »sparse exploratory scanning«. Sie besitzen nur selten irgendwelche geordneten Verhaltensmuster, und ihre Denkstrukturen sind alles andere als logisch oder präzise. Die Umwelt des Slumbewohners zeichnet sich durch ein besonders hohes Maß an Hintergrundgeräuschen aus, wodurch der Informationsaustausch mit der Außenwelt stark beeinträchtigt wird. Der Wortschatz beschränkt sich fast immer nur auf den Ausdruck gefühlsmäßiger Einstellungen.

Für das Slumkind gilt in vieler Hinsicht und aus naheliegenden Gründen das gleiche wie für das geistig behinderte oder in seiner Entwicklung gehemmte Kind. Erlebnisse und Erfahrungen prägen sich dem Kind einfach nicht richtig ein. Verhaltensgestörte Jugendliche haben fast die gleiche Art zu erleben, zu reagieren, zu kommunizieren, sich zu erinnern und zu lernen. Angst, unbefriedigtes Kontaktbedürfnis, Hunger, Unsicherheit u. a. führen zu einem generellen Erregungszustand, der die Wahrnehmungs- und Erlebnisfähigkeit blockiert. Infolge dieses ständig erhöhten Erregungspegels kann sich auch der Schulversager aus wohlhabendem Elternhaus mit seiner Umwelt nicht hinreichend vertraut machen und damit auch nicht richtig lernen.

b) Wie Lehrmittel aussehen sollen

Gute Lehrmittel sind immer groß und übersichtlich. Wenn das Format des Blattes oder Buches, mit dem das Kind arbeitet, diese Kriterien schon nicht erfüllt, dann sollten wenigstens die darin enthaltenen Buchstaben und Zeichen groß sein. Große Bücher, die allerdings nicht sehr dick sein sollten, finden bei Kindern viel mehr Anklang als kleine. Gut strukturierte Lehrstoffe lassen sich im übrigen immer jeweils auf einer Seite darstellen.

Die bedruckten Seiten sollten in unregelmäßigen Abständen größere Flächen für die Mitarbeit des Schülers freilassen. Die üblichen Lücken zum Ausfüllen sind für das Kind meist beengend und verwirrend. Gute Lernmittel bieten einfache, lebendige und präzise Abbildungen und Zeichen. Spielzeug und Abbildungen mit allzu vielen Details behindern die Entfaltung von Fantasie und schöpferischen Impulsen. Spielsachen und Abbildungen sollten daher lebendig, aber einfach, ihre Linien und Strukturen klar und eindeutig sein. In diesem Fall bedeutet Lebendigkeit

nicht unbedingt leuchtend bunte Farben, sondern klare, spannungsreiche Strukturen.
Die in den Schulbüchern erscheinenden Zeichen und Symbole sollten möglichst natürlich sein und aus dem überall verständlichen Schatz jener Symbolsprache schöpfen, die allen Kindern gemeinsam ist. Sie sollten sich bei Schülern aus der Stadt genauso verwenden lassen wie bei solchen vom Land, bei Kindern reicher oder armer Eltern, bei Kindern mit unterschiedlichster Sprachbeherrschung und bei aufgeweckten Schülern ebenso wie bei schwachbegabten. Man muß dabei sehr überlegt und sorgsam vorgehen. In einem Teil unseres Lehrmaterials hatten wir beispielsweise versucht, den Buchstaben »P« durch den Ausdruck »Polizeipistole« zu veranschaulichen. Wir mußten dann aber feststellen, daß unsere Slumkinder Worte wie Polizei oder Pistole gar nicht verwendeten, sondern daß ihre entsprechend lebendigen Bezeichnungen dafür »Bullen« und »Kanone« hießen.
Die Buchstaben und Zeichen sollten ungezwungen und aufgelockert dargeboten werden. Kinder leben schließlich nicht in einer genormten Welt, und standardisierte Lettern sind beim Lesen- und Schreibenlernen eher hinderlich. Wenn der Lehrer den Kindern groß und deutlich Worte an die Tafel schreibt, prägen sich die Kinder das Schriftbild sehr viel schneller ein als aus feinsäuberlich gedruckten ABC-Fibeln.
Man sollte auf jeden Versuch verzichten, die Zeichen- und Symboldarstellungen der Kinder zu standardisieren und irgendwie benachteiligte oder fremdsprachlich aufgewachsene Kinder ihre ersten Erfahrungen im Schreiben und Zeichnen anhand irgendwelcher Bücher machen zu lassen. Diese Kinder sollen mindestens ein paar Tage völlig frci auf großformatigem Papier oder mit Kreide auf einer Tafel herummalen können. Wenn man beispielsweise Zeitungspapier auf dem Fußboden ausbreitet und die Kinder darauf herumkritzeln läßt, erleichtert man ihnen den Übergang zu kontrollierterer Arbeit. Gute Lehrmittel bieten immer auch große Freiräume für das kindliche Spiel, und ein guter Lehrer verzichtet darauf, dieses Spiel in eine Richtung zu drängen, die seinen Vorstellungen von Sinn und Zweck des Lehrmaterials entspricht.
Auf einer Buchseite soll dann jeweils eine einfache Aussage oder Tatsache präsentiert werden. Der Lehrstoff sollte auf das We-

sentliche hin verdichtet und so knapp und präzise wie möglich dargeboten werden, und zwar gleichgültig, ob es sich um Unterricht der Elementarstufe oder um komplexere Lehrstoffe handelt. Hierin liegt eigentlich auch der große Vorzug der programmierten Unterweisung, die den Lehrer dazu zwingt, den Lehrstoff in der von den Kindern bevorzugten einleuchtenden und tatsachenbezogenen Art anzubieten. Das Kind ist durchaus in der Lage, daran selbst weiterzuarbeiten. Hat es am Lesen erst einmal Gefallen gefunden, ensteht gewissermaßen auf dem im Unterricht geschaffenen Skelett Fleisch und Substanz. Das Lesen ist dann ein Teil des Spiels und im wesentlichen frei von Autoritätskonflikten.

c) Darbietung des Lehrstoffes

Der Lehrstoff sollte schnell, knapp und sachlich dargeboten werden. Richtige Antworten kann man mit anerkennenden Bemerkungen wie »gut«, »sehr gut« oder »richtig« quittieren. Falsche Antworten sollte man dagegen prinzipiell ignorieren. Wenn der Lehrer den Lehrstoff darbietet, sollte er auf einen zügigen Verlauf achten und bei der Darbietung des Unterrichtinhalts flott weiterarbeiten, ohne jeweils auf die richtigen Antworten zu warten. Das Kind kann das Tempo des Fortgangs von Unterkapitel zu Unterkapitel bestimmen, doch sollte das Präsentieren des Lernstoffes jeden Tag etwa gleich viel Zeit in Anspruch nehmen. Der Lernprozeß sollte lebendig, zügig, aber auch durchaus geräuschvoll vor sich gehen.

Die Theorie, wonach der Lehrstoff Schritt für Schritt und mit einem logischen Gerüst versehen dargeboten werden sollte, läßt sich durch nichts erhärten. Erinnern Sie sich doch einmal an irgendeine Fertigkeit, die Sie erlernt haben. Haben Sie sich das entsprechende Wissen nun mit Ihrer eigenen oder irgendeiner fremden Logik angeeignet?

Ein guter Lehrer gibt den Schülern bei allen Prüfungen Gelegenheit, dabei nach der Art des programmierten Unterrichts zu lernen. Vor vielen Jahren brachte S. L. Pressey ein Gerät heraus, das praktisch die erste »Lehrmaschine« darstellte, dazu Testkarten, die den Schüler sofort über die Richtigkeit der Antwort und über den nächsten Lernschritt informierten.

Auf dem Teststreifen von Pressey waren Fragen mit einem Ant-

wortwahlverfahren (multiple-choice-Antworten) vorbereitet. Neben jeder Antwort stand ein Zeichen für »richtig« oder »falsch«, das mit Bleistift übermalt war, so daß der Schüler nur zu radieren brauchte, bis er die richtige Antwort gefunden hatte. Da sich sehr leicht feststellen ließ, wie oft er radiert hatte, konnte man die erzielten Lernfortschritte täglich genau registrieren. Der Schüler selbst erhielt sofort eine Bestätigung seines Wissens und prägte sich die richtige Antwort dabei gleichzeitig ein.
Jeder Lehrer mit einer guten Fachausbildung kann solche Materialien ohne großen Aufwand selbst herstellen.

d) Sätze zu Ende führen

Wir haben die Erfahrung gemacht, daß Kinder aus Slum-Gebieten ausgesprochen gern Aufgaben lösen, bei denen ein vorgegebenes Satzbruchstück vervollständigt werden muß. In vielen unserer Schulen in Slum-Gegenden bekommen die Kinder ziemlich umfangreiche »Hausaufgaben« auf (wobei die Disziplin der Kinder oft dadurch aufrechterhalten wird, daß man den Schülern androht, diese »Hausaufgaben« einzustellen). Da wir natürlich wissen, daß diese Kinder zu Hause unmöglich Schularbeiten machen können, und da sie gut motivierten und besorgten Eltern dann wahrheitsgemäß und zurecht erklären können »Ich habe meine Schularbeiten schon in der Schule gemacht«, lassen wir die Schüler diese »Hausaufgaben« während der letzten Unterrichtsstunde (bei uns in der Zeit vor 15 Uhr) machen. Diese »Hausaufgaben« bestehen aus Satzvervollständigungsübungen, die am Abend zuvor auf den schon erwähnten Teststreifen vorbereitet wurden. Die Sätze beziehen sich auf die gerade aktuellen Lernvorgänge und Erfahrungen in der Klasse und sind daher keine Satzvervollständigungsaufgaben im strengen Sinn. Das Satzbruchstück lautet daher beispielsweise nicht »Kolumbus entdeckte Amerika im Jahre . . .«, sondern es sieht etwa folgendermaßen aus: »Peter spuckte Inge eine Papierkugel ins Gesicht, und Inge . . .« In ihrer Entwicklung zurückgebliebene und anderweitig behinderte Kinder haben im kognitiven Bereich ähnliche Erlebnisweisen und Schwierigkeiten wie Kinder aus Slum-Gebieten, so daß sich bei ihnen das gleiche methodische Vorgehen empfiehlt. Sie sind nämlich nicht an vollständige und ausgedehnte rationale Gedankengänge gewöhnt und reagieren eher auf direkte Signale als auf zeichenhafte Symbole. Die Satzvervollständigungsübungen lassen sich ohne weiteres in die programmierte Unterweisung einfügen.

e) »Organisches Lesen«

Organisches Lesen ist ein von Sylvia Ashton geprägter Ausdruck für eine Lehrmethode, die in ihrem ausgezeichneten Buch »Der Lehrer« beschrieben wird. (Vgl. dazu die deutsche »Ganzheitsmethode«.)

Diese Lehrmethode geht von der Voraussetzung aus, daß der Unterricht möglichst vollständig von der unmittelbaren Vorstellungs- und Erlebnisweise des Kindes ausgehen muß und — wenn sich der Lehrstoff aus äußeren Gründen von der konkreten Welt des Kindes entfernt — sich in winzigen Lernschritten weiterentwickeln sollte, die jeweils in enger Beziehung zu den Grundbedürfnissen und Interessen des Kindes stehen.

Nach den organischen Lehrmethoden wird das Lesen in der Grundstufe gewissermaßen ritualisiert in den Rhythmus des Schultages eingebaut, an dem lebhafte und aktive Unterrichtseinheiten mit stillen, besinnlichen Abschnitten abwechseln. Lesen ist etwas Aktives, Fröhliches und durchaus auch Geräuschvolles. Es ist in erster Linie Spiel, und jedes Spiel ist kreativ.

Man fragt die Kinder, welches Wort jeder für sich haben wolle. Dies ist bei naiven Slum-, Ausländer- oder anderen Kindern besonders einfach, da sie noch kein herkömmliches Schulsystem mit seinen Mechanismen von Lob und Strafe darauf dressiert hat, dem Lehrer nach dem Mund zu reden. Ein guter Lehrer muß sich Mühe geben, wenn er von seinen Schülern spontane Antworten hören will. Wenn die Kinder Vorschläge machen, schreibt der Lehrer das betreffende Wort dann schnell auf eine große Karte und spricht es laut und deutlich nach. Während er die einzelnen Buchstaben schreibt, wiederholt er etwa »Haus: H wie Hummel-Hummel, A wie aha, U wie Uhu, S wie Sessel«.

Man fängt am besten mit ganz einfachen Grundwörtern an, muß sich aber nicht sklavisch an dieses Prinzip halten. Im Grunde ist jede lebendige und anschauliche Wortassoziation aus dem unmittelbaren Erlebnisbereich des Kindes von Nutzen (der Ausdruck »Pistole« war jedoch für Slumkinder ungeeignet, wie Sie sich erinnern werden).

Der Lehrer macht bei diesem Verfahren zügig weiter, bis jedes Kind seine eigene Karte hat. Einige Zeit später werden diese Karten eingesammelt. Nach einer stillen und besinnlichen Unterrichtsphase, während der man die zuvor behandelten Wörter »nachwirken« läßt, ohne Erläuterungen oder Anweisungen dazu zu geben, beschäftigt man die Kinder dann mit etwas Neuem. An den darauffolgenden Tagen erhalten die Kinder ihr jeweiliges Wort aus dem Kartenstapel der Klasse. (Wenn einmal ein Grundwortschatz geschaffen ist, kann man die früheren Worte beibehalten, aber ständig vier oder fünf neue Karten unter die anderen mischen.) Die Kinder werden untereinander mit ihren Karten »handeln«, sollten aber vom Lehrer auf keinen Fall dazu aufgefordert werden. Wenn die Kinder während der folgenden Tage ihre Karten abholen kommen, bittet der Lehrer sie, ihm ihr jeweiliges Wort doch zu zeigen. Wenn das Kind sein Wort nicht erkennt, liest der Lehrer es ihm vor. Kann der Schüler die Karten lesen, bestätigt man die richtigen Worte durch Bemerkungen wie »ganz recht« oder dergleichen; kann er es nicht, so sagt man ihm das richtige Wort.
Sobald die Kinder mehrwortige Ausdrücke oder ganze Sätze aufgeschrieben haben wollen, geht der Lehrer auch darauf ein und schreibt das Gewünschte auf die Karte. Kommen die Kinder nach einer gewissen Zeit nicht von selbst auf diese Idee (was nur bei völlig eingeschüchterten oder schwer gestörten Kindern der Fall sein dürfte), so hilft man ein wenig nach, indem man beispielsweise fragt: »Wollt ihr mehrere Wörter auf einmal haben?« Der Lehrer sollte diesen Kindern aber anfangs auf keinen Fall vollständige Sätze aufdrängen, denn solche Kinder haben echte Lernstörungen und sollten auf keinen Fall überfordert werden. Nach etwa sechs Wochen kann der Lehrer für jedes Kind eine eigene Mappe anlegen (»Mein Heft« oder »Mein Buch«). Man nimmt dazu einen dünnen Pappendeckel als Einband und legt passende Papierbogen hinein. Man fragt das Kind, ob es seine Wörter nicht selbst in sein Buch eintragen möchte. Wenn einige Einzelwörter aufgeschrieben sind, bietet man dem Kind an, irgendeine kleine Geschichte, die das Kind einem erzählt, aufzuschreiben. Wenn das Kind das Schreiben gar nicht erst versuchen will, sollte der Lehrer den Anfang machen und das Kind fragen: »Na, was möchtest du denn gern in dein Buch geschrieben

haben?« Je nach dem Lerntempo des einzelnen Kindes wird nach und nach immer mehr aufgeschrieben. Diese Phase kann man bei kleineren Kindern später ansetzen und langsamer einführen. Wenn der Schreibunterricht lebendig ist und Erfolgserlebnisse vermittelt, kann man aber selbst bei recht kleinen Kindern zügig vorangehen.

Erlaubt es der persönliche Unterrichtsstil des Lehrers, der es mit größeren Kindern mit Leseschwäche zu tun hat, auf diese Lehrmethode zu »regredieren«, so kann er damit selbst bei älteren Schülern beträchtliche Erfolge erzielen.

f) »Modernes Lesen«

Das sogenannte *Moderne Lesen* wurde als Unterrichtsmethode von Hulda Regehr Clark entwickelt und hat sich sowohl im Erstunterricht als auch bei der Behebung von Leseschwächen bestens bewährt.

Das *Moderne Lesen* gründet sich auf die Erkenntnisse der Entwicklungspsychologie. Obwohl die Sehfähigkeit beim Säugling noch undifferenziert ist, braucht man einem Kleinkind das Sehen nicht extra beizubringen. Wenn man junge Schimpansen in völliger Dunkelheit oder bei trübem, diffusem Licht aufwachsen läßt, verlieren sie die Fähigkeit zu sehen und können diese in vielen Fällen auch nach einer Normalisierung ihrer Umwelt nicht wiedererlangen. Optische Eindrücke schulen die Sehfähigkeit — sehen lernt man eben durch Sehen.

Im 13. Jahrhundert versuchte Kaiser Friedrich II. durch ein Experiment mit Säuglingen herauszufinden, ob das Hebräische Ursprache des Menschen sei. Er ließ streng darauf achten, daß die Kinder kein gesprochenes Wort zu hören bekamen und von ihren Pflegepersonen in keiner Sprache beeinflußt wurden. Infolge mangelnder Kommunikation entwickelten sich die Kinder natürlich allesamt zu ganz »normalen« Schwachsinnigen.

Wenn man Salamander-Embryos genau betrachtet, sieht man die Nervenstränge vom Gehirn und von der Wirbelsäule aus wachsen und sich buchstäblich durch das Gewebe bohren, bis sie selbst die winzigste Körperzelle an Vorder- und Hinterbeinen, in den Verdauungsorganen oder in der Haut erreicht haben, und zwar genau dort, wo sie hingehören. Wir glauben nun, daß diesem Vorgang ein genetischer Entwicklungsplan zugrunde liegt. Das

Merkwürdige daran ist aber folgendes: Wenn man den winzigen Vorderfuß eines solchen Embryos abtrennt und auf den Rücken, die Seite oder den Bauch des Embryos verpflanzt, wächst der Nerv im Fuß nicht etwa bis zu dem Beinstumpf und hört dort auf zu wachsen; die Nerven am Rücken, an der Seite oder am Bauch wachsen auch nicht einfach in den transplantierten Vorderfuß hinein, sondern der zum Vorderbein gehörige Nerv ändert seine Wachstumsrichtung und landet schließlich in dem Füßchen — gleichgültig, wohin man es auch verpflanzt haben mag. Dies hört sich eigentlich gar nicht nach der Entfaltung eines genetischen Entwicklungsplanes an.

Zähne scheinen infolge des beim Beißen entstehenden Drucks zu wachsen, und das Körperwachstum scheint sich nach den an den Körper gestellten Anforderungen zu richten. Wenn die Umwelt eines Organismus komplexer ist, sind auch Gehirnvolumen und Zelldifferenzierung größer.

Das Lernen ist ein vielschichtiger Wachstumsvorgang. Körpervorgänge und Hirnstrukturen reagieren auf die komplexen Umweltstrukturen durch Veränderungen. Lernen ist nicht das Ergebnis von Intelligenz, sondern Intelligenz entsteht eher durch Lernvorgänge.

Stellen Sie sich einmal vor, Sie sollten einem zehn Monate alten Kind beibringen, wie man sicher die Treppe hinunterkommt. Würden Sie dem Kind etwa mit Erklärungen kommen? Wie wäre es aber, wenn Sie dem Kind mit gutem Beispiel vorangingen und ihm vormachten, wie es die Treppe hinauf- und hinterlaufen soll, oder mit Dramatisierungen und Übertreibungen, mit visuellen Unterrichtshilfen oder programmierter Unterweisung oder mit gemeinsamem Treppensteigen?« Erst das eine Beinchen und dann das andere . . .«

Das dürfte wohl ein gutes Jahr in Anspruch nehmen. In dieser Zeit ist aber die Entwicklung des Kindes ohnehin so weit fortgeschritten, daß die Kleine das Treppensteigen nach jeder beliebigen Lehrmethode, ja sogar ganz ohne Unterweisung gelernt haben dürfte. Dieses Beispiel ist für die üblichen Unterrichtspraktiken ziemlich typisch und ließe sich um andere entwicklungsspezifische Fertigkeiten wie auf einer Linie zu laufen, Kästchenspringen oder Radfahren erweitern. Die Hauptfaktoren bei solchen Lernvorgängen bestehen in Reifungs- und Sozialisations-

prozessen. Dies gilt auch für das Lesenlernen, gleichgültig welcher Lehrmethoden man sich dabei bedient (sei es nun phonetisch oder visuell).
Versuchen Sie bei Ihrem Krabbelkind einmal folgendes: Wenn Sie während des normalen Tagesablaufs oben in der Wohnung mit dem Kleinen die Treppe hinuntergehen wollen, dann sagen Sie zu dem Kind: »Spazierengehen? — Papi besuchen? — Autos ansehen?« — oder was sonst noch in Frage kommt. Sagen Sie dazu dann noch: »Komm, wir gehen mal hin.« Halten Sie das windelgepolsterte Hinterteil des Kleinen mit der rechten Hand fest, während Sie das Kind mit der Linken an der Brust abstützen und es rückwärts, mit dem Gesicht zum oberen Ende der Treppe, die Stufen hinunterlassen. Denken Sie daran, daß Sie es ja eilig haben! Halten Sie das Kleine am Windelpaket oder an der Taille fest und hieven Sie es mit sich dieTreppe hinunter. Ist das Kind ein dickes Pummelchen, dann heben Sie es am besten ein wenig an. Nehmen Sie immer nur eine Stufe auf einmal und sprechen Sie dabei kein Wort.
Sobald das Kind nach seinem Ausflug wieder im Haus ist, wird es höchstwahrscheinlich auf das Abenteuer mit der Treppe zurückkommen. Sie greifen also zu einer Illustrierten und setzen sich gemütlich hin. Wenn das Kind sich anschickt, herunterzukommen oder wenn Ihr Nervenkostüm allzu sehr strapaziert wird, laufen Sie schnell und mit einem freundlichen Lächeln im Gesicht die Treppe hinauf, packen das Kleine wie zuvor am Hinterteil und hieven das Kind Stufe für Stufe die Treppe hinunter, während Sie etwa sagen: »Runter, und noch eine Stufe runter, und runter . . .« Gehen Sie mit dem Kleinen zügig und flott die Treppe hinunter und kümmern Sie sich nicht weiter darum, ob seine Hände und Füße auch immer die Stufen berühren, denn das kommt bald von ganz alleine. Das Ganze wird Sie natürlich den ganzen Nachmittag kosten, vielleicht auch den nächsten und übernächsten Tag. Mehr als fünf Tage wird das Kind aber bestimmt nicht brauchen, bis es gelernt hat, alleine die Treppe herunterzukommen.
In fünf Tagen wird aus einem Krabbelkind natürlich noch kein Mount-Everest-Bezwinger; das Kleine sollte jetzt auch noch nicht die Keller- oder Außentreppen hinunterturnen. Lassen Sie es mit diesem Erfolg für eine Weile gut sein — sagen wir, für

einen oder zwei Monate oder noch länger. Und lassen Sie auf keinen Fall gleich die Nachbarn »antreten zum Frohlocken«! Die Freude an der eigenen Leistung gehört ebenso gut zur Person des Kindes wie seine Augen und Ohren. Das gemeinsame Üben und Sich-Freuen mit den Geschwistern und dem stolzen Vater reicht als Ermunterung von außen völlig aus. Schließlich belohnt sich das Lernen von selbst, und das Herumzeigen neuerlernter Fertigkeiten bei Nachbarn und Verwandten bedeutet oft den Anfang vom Ende der kindlichen Wißbegier und Motivation für eigenes Suchen und Forschen.

Treppen hinunterzugehen, lernt das Kleinkind dadurch, daß es eben die Treppen hinuntergeht; durch Springen und Schreien lernt es, sich in Signalen und schließlich in Worten auszudrücken; durch Springen, Schreien und Sehen lernt es zu lesen, und durch das Lesen lernt es zu verstehen, was es liest.

Von diesen Grundvoraussetzungen geht die Methode des *Modernen Lesens* aus.

Viele Kinder, die das Lesen mit Hilfe von Unterrichtsmaterial nach dem Prinzip des *Modernen Lesens* gelernt haben, können im Alter von 10 oder 11 Jahren schon so gut lesen wie Gymnasiasten der Mittelstufe. Wir haben noch kein einziges Mal erlebt, daß ein Schüler damit beim Lesenlernen versagt hätte. Diese Methode erfordert auch keinen Einzelunterricht — im Gegenteil. Sie empfiehlt sich daher nicht für Eltern von Einzelkindern oder für »Nachhilfe-Unterricht«. Diese Methode eignet sich am besten für lebhafte Gruppen von vier bis acht Kindern außerhalb des Klassenunterrichtes.

Es bedarf auch keiner besonderen Voraussetzungen in entwicklungs- oder intelligenzmäßiger Hinsicht, die über die ganz allgemeine Grundbedingung hinausgehen, daß das Kind eine gewisse (und nicht unbedingt verbale) Antwortbereitschaft besitzt. Diese Methode bewährt sich auch bei Zweijährigen schon recht gut. Ein durchschnittlich begabter Sechsjähriger kann sich damit innerhalb von drei Wochen das Lesen beibringen, so daß er mit einem Eingangsstufen-Lesebuch zu Rande kommt. Fünfjährige Kinder brauchen dazu etwa drei Monate Selbstunterricht.

Das Unterrichtsmaterial, das der Lehrer selbst herstellen kann, besteht aus einer Schachtel voll kleiner Hefte, auf deren erster Seite ein oder zwei große Buchstaben stehen. Die Hefte sind nach Größe und Farbe verschieden. Bei den handgeschriebenen Buchstaben sollte man besonders darauf achten, daß die typischen Kennzeichen von Buchstaben wie p, b, d, n, u usw. deutlich hervorgehoben werden. Man verwendet diese Hefte in Verbindung mit Übungen, die jeweils für ein Heft auf Tonband aufgezeichnet sind. Das ganze Verfahren nutzt die Vorliebe der Kinder für Zügigkeit und Tempo und entwickelt sich daher sehr rasch.

Man präsentiert jeden einzelnen Buchstaben am besten mit Assoziationen, die dessen Identität unterstreicht, z. B. »Hört den Uhu rufen — uuuu; sagt u«, »Kitzeln und kichern ihihi, sagt iii«. Im Idealfall gibt der Lehrer wieder, was im Klassenzimmer geschieht, und die Kinder gehen zum nächsten Heft über, wenn sie das erste beherrschen. Andere Bereiche der Spracherziehung werden hier noch nicht in den Unterricht eingeführt. In der Klasse wird vielmehr gebaut, gespielt, musiziert, gemalt, geturnt und ungehindert geredet, und zwar ohne jeden Leistungsdruck.

Besonders eindrucksvoll an dieser Methode ist die Tatsache, daß die Kinder sofort mit Assoziationen zu spielen beginnen, wenn der Lehrer genügend Selbstdisziplin aufbringt und sich an das Gebot der Nichteinmischung hält. Die Kinder fangen ganz spontan an, Buchstaben zu malen, nach der richtigen Schreibweise zu fragen und die entsprechenden Worte zu schreiben. Wenn der Lehrer aus dem Schreiben kein Riesenproblem macht, schreiben die Kinder ganz von selbst erstaunlich viel. Schüchterne und in sich selbst zurückgezogene Kinder werden dabei sehr viel freier, ausdrucksfähiger und selbstbewußter.

Prinzipien des Modernen Lesens

1. Anregende, vielgestaltige und lebhafte Darbietungen des Lehrstoffs;
2. Kleine Lernschritte, Zug um Zug unter Einbeziehung des bereits Gelernten;
3. Der Lernprozeß hat seine Belohnung in sich selbst, vor allem durch Tests und zügiges Tempo. Clark allerdings verteilt am Ende jeder Drei-Minuten-Übung kleine Luftballons, Murmeln oder andere kleine Spielsachen, aber niemals nach Tempo-Übungen oder Tests;
4. Kurze Darbietung des Lernstoffes (Drei-Minuten-Unterricht);

5. Außerordentlich schnelle Lernfortschritte;
6. Der Lehrer tritt hinter die Eigenaktivität der Kinder zurück. Seine Reaktionen richten sich nicht nach den Leistungen der Kinder. Lernfortschritte werden unabhängig von meßbaren Leistungen erzielt;
7. Sachlichkeit und eine unbeschwerte Atmosphäre ohne Wertung, Kritik oder Betulichkeit.

g) »Organisches Lesen« und Sonderpädagogik

Aus dem *Organischen Lesen* und dem *Modernen Lesen* erwächst ganz natürlich auch das richtige Lesen im Rahmen der Sonderschul- und Heilpädagogik. Wenn das Kind fremdsprachig aufgewachsen ist, sollte man es in seiner Muttersprache unterrichten. Verwenden Sie dabei auch Comic-Hefte oder sonstigen Lesestoff, auf den das Kind anspricht. Beginnen Sie mit einfachen, gut gemachten, lustigen Comics, aber beziehen Sie dann bald auch alle anderen Comic-Typen einschließlich solcher Broschüren ein, die Sie im Grunde für Schund halten. Schließlich wollen wir den Kindern das Lesen beibringen. Hat man sie erst einmal zum Lesen gebracht, werden sie nach und nach ihren Lesestoff auch erweitern. Vielleicht werden Sie sich über die Reichhaltigkeit des Wortschatzes so mancher Comic-Hefte sogar wundern.
Übertragen Sie das, was der Schüler zu sagen hat, mit Hilfe eines Projektors direkt auf die Wand. Machen Sie Lichtbilder von Kapitelüberschriften, Schlagzeilen oder Bildlegenden, die der Schüler sich ausgesucht hat. Besorgen Sie sich Vervielfältigungsgeräte, damit Sie eine vom Schüler erzählte Geschichte sofort aufschreiben, vervielfältigen und an die Klasse verteilen können. Bringen Sie jeden Tag eine eigene Zeitung mit ganz kurzen, anschaulichen und lebendigen Geschichtchen heraus, und verzichten Sie auf jede Zensur. Wenn Sie bestimmte Ausdrücke absolut nicht ertragen können, dann überlegen Sie sich erst einmal, ob Sie nicht andere Kinder unterrichten sollten. Wenn Sie aber glauben, sich unbedingt durchsetzen zu müssen, so sagen Sie den Kindern ganz ruhig und sachlich, daß gewisse Ausdrücke Sie abstoßen. Bitten Sie die Schüler dann, auf diese Ausdrücke zu verzichten. Liefern Sie den Kindern Ihnen gegenüber nicht dadurch ein Druckmittel, daß Sie moralisieren, die Augen vor der Wirklichkeit verschließen und irrational reagieren. Schließlich sind Sie Fachmann. Was

würden Sie denn sagen, wenn Ihr Arzt beim Anblick Ihres entzündeten und vereiterten Rachens den Brechreiz bekäme?
Beim Leseunterricht kommt es in erster Linie darauf an, die Kinder in einer ruhigen und entspannten Arbeitsatmosphäre unmittelbar und ungezwungen anzusprechen und sie zu möglichst sofortiger und spontaner Mitarbeit zu bewegen. Schulischer Drill, Leistungsdruck und das Durchexerzieren der üblichen Lesebücher bedeuten nachweislich eine schwere Beeinträchtigung des Lernprozesses. Lassen Sie die Kinder einander beim Lesenlernen helfen.
Auch bei größeren Kindern erzielt man mit den »Anfängerübungen« nach der Methode des *Organischen Lesens* und des *Modernen Lesens* recht gute Erfolge. Wir haben die Erfahrung gemacht, daß die Hemmungen des Lehrers, ältere Schüler auf so »kindische« Weise zu unterrichten, dabei das größte Problem darstellen. Wenn man der Selbstachtung des Schülers dadurch Rechnung trägt, daß man ihm das Ganze als Training für seine Mithilfe beim Leseunterricht der Kleinen anbietet, wird sich der Lehrer sicher dazu durchringen können, dach dieser Methode vorzugehen.
Ich kann gar nicht deutlich genug darauf hinweisen, daß zusätzliche Sprachübungen in diesem Zusammenhang reine Zeitverschwendung sind. Man braucht im Grunde lediglich die intensive und aktive Beteiligung von möglichst vielen Kindern, Mitarbeitern und freiwilligen Helfern — also Menschen — an ungezwungenen, spontanen Gesprächen. Kinder lieben Tempo, Wettkampf (und zwar mit sich selbst und mit leblosen Objekten wie etwa Lehrmaschinen), technische Vorrichtungen, Aktivität, Anregung, Freiheit von Vorschriften, Späße und Ratespiel, Lausbubenstreiche, ungewohnte Eindrücke, Ausflüge, Abenteuer und die Stärkung ihres Selbstwertgefühls durch Erfolgserlebnisse (*nicht* durch Lob oder Komplimente). Kinder haben eine heftige Abneigung gegen Werturteile (sei es nun Lob oder Tadel) und können es nicht leiden, wenn man sie in Verlegenheit bringt oder ihre Selbstachtung und Selbstbeherrschung untergräbt. Sie können es nicht ausstehen, wenn man ihre Bewegungsfreiheit einschränkt, ihnen Vorschriften macht oder sie langweilt. Sie verabscheuen die meisten Lehrer, Klassenzimmer, Schulen und die Arbeit in der Schule. Eine der besten Methoden, mit der ein

Lehrer sofort eine positive Beziehung zu seinen Schülern herstellen könnte, wäre die Mitteilung: »Also, unsere heutige Unterrichtsstunde beschäftigt sich damit, wie man die Schule in die Luft sprengt.« Das kommt gewiß gut an.

h) Schreiben, schreiben und nochmals schreiben

Eines der wirksamsten Mittel bei unserer Arbeit mit jugendlichen Schulversagern besteht darin, den Jugendlichen für das tägliche Abfassen eines Aufsatzes von etwa 600 Worten besondere Ausgeh-Privilegien einzuräumen. Will ein Schüler beispielsweise freitags in die Stadt gehen, dann muß er dafür fünf Aufsätze abliefern. Für Sonn- und Feiertage sowie in den Sommermonaten müssen allerdings keine Aufsätze eingereicht werden. Die Jugendlichen wissen, daß diese Arbeiten nicht benotet oder hinsichtlich ihres Inhalts, ihrer Rechtschreibung und Grammatik korrigiert werden. Die Schüler können in ihren Aufsätzen schreiben, was ihnen einfällt, solange es sich dabei um sinnvolle Sätze handelt (anfangs erhielten wir nämlich einige Listen mit 600 Einzelbuchstaben!). Der Lehrer erklärt den Jugendlichen: »Wenn ihr nicht wißt, was ihr schreiben sollt, dann schreibt genau das. Schreibt: ›Ich weiß nicht, was ich schreiben soll, und finde es blöd, daß ich überhaupt etwas schreiben soll. Ihr seid alle auch blöd, weil ihr mich einen Aufsatz schreiben laßt, und ich kann euch nicht ausstehen.‹ Schreibt einfach irgend etwas hin.«
In den letzten Jahren haben wir den Jugendlichen auch die Möglichkeit eingeräumt, anstelle der Aufsätze jeweils 10 Haiku-Gedichte (Siebzehn-Silben-Gedichte) abzugeben. Wir haben inzwischen eine ganze Sammlung von köstlichen und aufmüpfigen Reimen, an denen die meisten Jugendlichen ihre wahre Freude haben. Auch hier wird auf Benotung und Korrektur verzichtet; die Schüler wissen allerdings genau, daß ihre Gedichte interessiert gelesen werden.
Seit zwei Jahren geben wir unseren Schülern auch die Möglichkeit, anstelle der Aufsätze oder Haiku-Gedichte auf Tonband aufgenommene, gesprochene Beiträge von 15 Minuten Länge abzuliefern. Uns kommt es in erster Linie darauf an, daß die Schüler im sprachlichen Bereich ständig in Übung bleiben. Wenn der Schüler sich sprachlich viel betätigt, verbessert sich seine Rechtschreibung, Sprachgewandtheit, Grammatikbeherrschung

und inhaltliche Aussage in Richtung auf die üblichen Sprachnormen, ohne daß der Lehrer diesen Bereichen der Spracherziehung besondere Aufmerksamkeit widmen müßte. Unsere Schüler müssen ganz einfach für den Schulabschluß 85 Prozent des staatlichen Schulentwicklungstests erfüllen. Ihre Leistungen auf dem Gebiet der Grammatik steigern sich ausnahmslos ganz erheblich, und dies ist durch Fakten belegt.

Wenn die Schüler jeden Tag Texte für Karikaturen und Lieder formulieren, sich irgendwelche Sprachgebilde zusammenbasteln oder sich sonstwie sprachlich betätigen, ohne sich dabei Schritt für Schritt durch einen Lehrplan hindurcharbeiten zu müssen, wirkt sich das auf ihre schriftliche Ausdrucksfähigkeit sehr positiv aus. Solange ein gewisses Schreibpensum schlicht und einfach der Preis für einigermaßen wichtige Sonderrechte ist, geht die Sprachbetätigung der Schüler auch in diese Richtung. Für den Schulabschluß in unseren Internaten werden natürlich mehrere korrekte Aufsätze und eine ausführlichere schriftliche Arbeit verlangt. Wenn man das Aufsatzschreiben nach dem Motto »So ist eben das Leben« als notwendiges Übel behandelt, gewöhnen sich die Schüler ohne weiteres daran und betrachten es als mehr oder weniger selbstverständlich. Wir erklären unseren Schülern ganz einfach: »Wenn ihr etwas so Einfaches nicht schafft, dann werdet ihr sicher auch mit den wirklich wichtigen Problemen auf der Straße nicht fertig.« Wir halten es allerdings für notwendig, den Kindern auch längere Zeit hindurch die Alternative zu bieten, diese Aufsätze *nicht* zu schreiben.

Lassen Sie mich der Vorsicht halber noch darauf hinweisen, daß etwa zehn Prozent der Kinder, die in unsere Internate oder zu unseren Arbeitsgruppen in Slumgebieten und Indianerreservaten geschickt werden, Anfängerübungen mit kleinen Lernschritten und intensive Betreuung und Anleitung benötigen. Wenn man ihnen Zeit läßt zu erkennen, daß sie diese Art des Intensivunterrichtes brauchen, so hat dies den Vorteil, daß sie sich gewissermaßen selbst diagnostizieren, indem sie einsehen, daß sie nicht in der Lage sind, an einem Lehrprogramm mitzuarbeiten, das ihnen im Grunde Spaß macht. Bei diesen begriffsstutzigen Kindern handelt es sich durchweg um Jugendliche; unserer Erfahrungen nach tritt diese Form des Schulversagens bei Kinder unter zwölf Jahren nicht auf. Dies gilt auch für schwer gestörte, hirngeschädigte, sprachunfähige und sonstwie schwer benachteiligte Kinder dieser Altersgruppe.

i) Hilfen beim Rechnen

Das Rechnen, der dritte Hauptbestandteil des schulischen Grundwissens, ist aus unerfindlichen Gründen Gegenstand einer kulturspezifischen Massenneurose. Dabei ist die Mathematik denkbar einfach und läßt sich im Prinzip schon von Kleinkindern leicht erfassen. Trotzdem rühmt sich in unserem Kulturkreis fast jeder Erwachsene (vor allem das weibliche Geschlecht) seiner Beschränktheit auf dem Gebiet der Mathematik. Man fragt sich, woher das wohl kommt. Vielleicht liegt es daran, daß das Rechnen in noch stärkerem Maße als das Schreiben mit Fertigkeiten wie dem Laufen oder Sprechen auf einer Ebene liegt. (Denken Sie nur einmal an all die Stotterer, die es früher in den USA gab und die in dem Maße verschwinden, in dem frühbehavioristische pädagogische Marotten aussterben. Wir werden es ohne Zweifel zusätzlich zu den Legasthenikern u. a. bald mit einer neuen Generation von Stotterern zu tun bekommen — den Produkten jener idiotischen Schnell-schnell-Verfahren, durch die man Dreijährigen mit angstauslösendem Drill das Lesen beibringt.) Der Schulunterricht zerstört die mathematischen Fähigkeiten des Kindes wahrscheinlich noch rascher als das Talent zum Lesen. Ein Glück, daß die Lesefähigkeit nicht so anfällig ist, sonst hätten wir noch viel mehr Schwierigkeiten!

Mathematik kann man fast vollständig mit außersprachlichen Mitteln lernen. Lehrer, die schlechte Leistungen ihrer Schüler in Mathematik anders zu verbessern suchen als in der durch Cuisenaire und Gattegno begründeten Tradition, sollten aus ihrem Berufsstand regelrecht ausgeschlossen werden. Mit Hilfe von Zählstäben nach Cuisenaire, Logischen Blöcken, mathematischen Dominospielen, Konstruktionskästen, Holzklötzen, hölzernen Zählmaschinen, geometrischen Formen sowie Billard- und den meisten Ballspielen kann man das Rechnen, aber auch mathematische und geometrische Beziehungen viel eleganter, eingängiger und präziser vermitteln als auf jede denkbare verbale Weise. Der Artikulationsprozeß für diese außersprachlichen Fertigkeiten ist sehr einfach und verläuft im wesentlichen nach dem Prinzip der oben beschriebenen Methoden des Lese-Unterrichtes. Hier kann

überhaupt nur durch schrecklich bornierte und enorm intensive Erziehungs- und Unterrichtsfehler etwas schiefgehen.
Die »Moderne Mathematik« ist im Grunde nichts als ganz alte Mathematik, die wieder in Mode gekommen ist. Die meisten Schulbücher über »Moderne Mathematik« sind mathematisch gesehen recht gut, scheinen aber allesamt von Verfassern zu stammen, die nie im Leben mit kleinen Kindern zu tun hatten, und weisen noch immer einige unglaublich dumme Einzelheiten auf. Es ist einfach nicht einzusehen, weshalb man Kindern heutzutage für den gleichen Vorgang vier oder fünf verschiedene Begriffe beibringt. Multiplizieren, Dividieren, Bruchrechnen und die Dezimalrechnung haben alle die gleiche Funktion. Wenn wir infolge kultureller Tabus schon unbedingt an diesen Funktionen festhalten müssen, dann fragt es sich doch, warum man sie im Unterricht dann nicht wenigstens als Einheit behandelt. Gibt es wirklich einen vernünftigen Grund, im Unterricht der Grundstufe das Bruchrechnen vom Dividieren zu trennen? (Aber ich muß natürlich mein eigenes Rechenbuch an den Mann bringen und bin folglich voreingenommen und habe sonstige Gründe, die nichts mit der Sache zu tun haben.)
Wenn man bei der sprachlichen Erfassung der Zahlen und rechnerischen Vorgängen immer nur ein Thema anschaulich und lebendig behandelt und dabei vor allem Geldstücke oder andere Gegenstände verwendet, verhilft man dem Kind sehr rasch zu einem soliden mathematischen Wissen. Es gibt außerdem keinen vernünftigen pädagogischen Grund, auf die Zuhilfenahme der Finger zu verzichten.
Ich bin sehr dafür, die Finger als Rechenmaschine zu benutzen, wobei die rechte Hand für die Einerstellen (die Fünf ist der Daumen, von dem aus man dann auf 6, 7, 8 und 9 weiterzählen kann) und die linke Hand für die Zehnerstellen steht (der Daumen zählt dabei 50 und die anderen 60, 70, 80 und 90). Mit vier Pfennigmünzen, einem Fünfpfennigstück, vier Zehnpfennigstücken und einem Fünfzigpfennigstück kann man ganz leicht ein Rechengerät für die Zahlen von eins bis neunundneunzig basteln. Das Spiel mit solchen Rechenhilfen macht den Kindern großen Spaß und eignet sich auch hervorragend für die Korrektur bereits bestehender Lernstörungen beim Rechnen, solange man es von Assoziationen mit jener Art von Rechenunterricht

freihält, den der Schüler schon »genossen« hat und der auf das Kind völlig unverständlich und einschüchternd wirkte.
Wenn der Lehrer im Auge behält, daß sich alle Rechenvorgänge und mathematischen Beziehungen im Grunde auf den simplen Vorgang »eins und eins« und dessen Umkehrung reduzieren lassen, braucht er sich um seinen Rechenunterricht eigentlich keine Sorgen mehr zu machen. Beschäftigt man die Kinder zunächst nur mit Aufgaben, bei denen man addieren und subtrahieren muß, bis man diesen einfachen Vorgang flüssig und sicher beherrscht, dann haben sie eine solide Grundlage für die folgenden Multiplikations- und Teilungsaufgaben, die sie dann bald ebensogut beherrschen. Das Mitzählen beim Billard, Kartenspielen, Tischroulette oder anderen etwas mißtrauisch beäugten Spielen ist ein ausgezeichnetes Mittel, größere Kinder anzusprechen, und verhilft den Schülern zu größerer Fertigkeit im Rechnen. Man sollte allerdings nicht zu solchen Mitteln greifen, wenn die Kinder nicht von sich aus fähig sind, bei diesen Spielen ihr mathematisches Verständnis weiterzuentwickeln.
Ich möchte nicht versäumen, noch auf die Forschungsergebnisse über den Rechenunterricht nach der Cuisenaire-Methode hinzuweisen. Wissenschaftlichen Untersuchungen zufolge machen Kinder, die nach dieser Methode unterrichtet werden, in den ersten drei Schuljahren sehr schnelle Fortschritte, unterscheiden sich aber beim Erreichen des 8. Schuljahrs nicht mehr wesentlich von Kindern, die nach herkömmlichen Methoden unterrichtet wurden. Dies ist kaum überraschend, da das Kind seine Lernprozesse, die Lehrmethoden und die Darbietung des Lehrstoffes bis zu einem gewissen Grad ja selbst steuert und Systeme sich nach einer gewissen Zeit auf einen Normalwert einpendeln. Diese Untersuchungsergebnisse sind auch deshalb nicht überraschend, weil die von der Cuisenaire-Methode ausgehende Lebendigkeit und Motivationssteigerung sich zwischen dem dritten und achten Schuljahr langsam verliert. Man sollte aber die folgenden Überlegungen genau bedenken: Warum sollte der Mathematikunterricht den Kindern nicht Spaß machen, wenn die entsprechende Lehrmethode mehr Erfolg verspricht als der herkömmliche Rechenunterricht? Im übrigen gibt es für die Korrektur von bereits entstandenen Lernstörungen beim Rechnen ohnehin keine andere Methode, auf die man sich wirklich verlassen könnte.

IV. Spieglein, Spieglein an der Wand

Fast alle der von uns angewandten Methoden der Verhaltensmodifikation, lassen sich in zwei Kategorien einordnen: Sie dienen entweder speziell dem Aufbau bestimmter Fertigkeiten oder der Selbsterfahrung durch Konfrontation. Wir sind der Auffassung, daß das Gewahrwerden der eigenen Person, das durch jede Art der bewußten Wahrnehmung eigener Aktionen und Funktionen eine Rückkoppelung mit der Umwelt herstellt, die Fähigkeit zur Selbstkontrolle stärkt und die Verhaltensweisen des Individuums integrieren und beherrschen hilft.

1. Sprache und Gespräch

a) Strukturanalyse: Der Marsmensch

Verbale Analysen früherer Verhaltensweisen scheinen mir, vor allem wenn sie von anderen vorgenommen werden, nicht sehr sinnvoll, während die Analyse aktueller oder häufig wiederholter Verhaltensweisen — besonders unter dem Blickwinkel der Interaktion zwischen Individuum und den Personen seiner Umwelt — das Verhalten tatsächlich zu kontrollieren und zu modifizieren scheint. Dies gilt vor allem für ältere und besonders sprachbegabte Schüler. Doch eignet sich diese Methode auch für die Förderung der Persönlichkeitsentwicklung und der Leistungsfähigkeit.

Fordern Sie die Kinder auf, über die folgenden Themen etwas zu schreiben, auf Tonband zu sprechen oder miteinander zu diskutieren:

Wie würdet ihr die beste Schule der Welt organisieren?

Wie sollte eine Schulklasse aussehen?

Nehmt einmal an, ein Marsmensch käme zu uns auf Besuch: Der Marsmensch erzählt uns, daß seine Artgenossen nicht in Familien zusammenleben. Wie könnte ihr Zusammenleben aussehen?

Der Marsmensch sagt, auf dem Mars gäbe es keinen Kampf und keinen Streit. Wie werden dort wohl die Kinder erzogen?

Der Marsmensch erzählt, daß es auf seinem Planeten keine Schulen gibt. Wie lernen dort wohl die Kinder?

Der Marsmensch sagt, auf dem Mars gäbe es keinen Wettkampf, keine Wettspiele; niemand wolle größer, schneller oder besser sein als die anderen oder mehr besitzen als sie. Wie sieht dort wohl die Erziehung der Kinder aus, und warum ist es bei uns nicht genauso? Gibt es Wettkampf bei Tieren? Würde euch diese Lebensweise gefallen?

Sprecht einmal über die Möglichkeit, sich trotzdem etwas zu schenken, wenn Menschen beisammen sind und keine Geschenke haben.

Welche Möglichkeiten gibt es, zu sagen: »Sieh mich an, schau mich doch an«, wenn man mit anderen Menschen zusammen ist, ohne das direkt so zu sagen?

Was passiert, damit die Leute wissen, wer den Ton angibt, d. h. also wer der Chef oder Anführer ist? Wie geht das in einer Gruppe von Kindern, die alle dem gleichen Geschlecht und der gleichen Schulstufe angehören, gleich alt und gleich groß sind?

Welche Möglichkeiten hat man, wütend zu sein, aber nicht zu brüllen oder die Fäuste zu schütteln?

Der Marsmensch versteht das Wort »nett« nicht. Was heißt »nett«?

Der Marsmensch versteht das Wort »Haß« nicht. Was bedeutet »Haß«?

Der Marsmensch versteht das Wort »gut« nicht. Was heißt »gut«?

Der Marsmensch versteht das Wort »versagen« nicht. Was bedeutet es?

Der Lehrer sollte bei all diesen Übungen nicht steuernd eingreifen, er kann aber immer mehr Fragen stellen. Sobald die Schüler mit diesem Spiel vertraut sind und sich dabei wohlfühlen, sollte er die Beispiele immer stärker aus dem unmittelbaren Erlebnisbereich der Gruppe und der einzelnen Kinder auswählen.

Wie würdet ihr das Geschehene rückgängig machen, wenn ihr in einer Gruppe wärt, deren Mitglieder verärgert sind? Könntet ihr dem Marsmenschen die Bedeutung des Wortes »Haß« erklären, indem ihr den Unterschied zu »Liebe« beschreibt? Wem gilt euer »Haß«? Kann man auch Dinge hassen? Kann Haß auch gut sein, und wozu ist er gut?

Der Lehrer sollte die Antworten nicht bewerten, billigen oder mißbilligen, sondern die Gesprächigkeit der Kinder dadurch fördern, daß er seine Aufmerksamkeit und sein Verständnis spürbar macht, zur präziseren Formulierung und Klärung der Gedanken nachfragt und manches zum besseren Verständnis oder um seiner selbst willen umformuliert.

b) Verbale Klärung von Krisensituationen im Unterricht

Wir halten den sogenannten Krisenunterricht nicht für die ideale Form, um mit schwierigen Situationen im Klassenzimmer fertigzuwerden. Mit einem Kind, das massiv den Unterricht stört, Wutanfälle bekommt, Streit anfängt oder verrückt spielt, kommt man unserer Ansicht nach besser in einer Atmosphäre zurecht, in der unerwünschte Verhaltensweisen etwa durch folgende Bemerkungen unter Kontrolle gebracht werden: »Sieh mal, Freundchen, wir sind hier, um zu arbeiten, und weil uns das Spaß macht. Wenn du nicht mitmachen willst, dann geh doch einfach ins Spielzimmer (oder in den Erfrischungsraum, oder nach draußen oder sonstwohin).« Der ganzen Gruppe scheint besser damit gedient zu sein, wenn man auf Gefühlsausbrüche ablehnend, aber ruhig und sachlich reagiert und das unerwünschte Verhalten dadurch unter Kontrolle bringt, daß man es entweder ignoriert, ohne Kommentar eine kleine Aufmunterung versucht oder die Aufmerksamkeit der ganzen Gruppe darauf hinlenkt und die Klasse entscheiden läßt, was zu tun ist. Oft sage ich der Gruppe ganz einfach: »Schaut mal Peter an. Jetzt soll jeder von euch zu ihm sagen: ›Ich sehe dich, Peter.‹«

Häufig hat man auch damit Erfolg, daß man die Taktik des betreffenden Schülers nüchtern und leicht ironisch anspricht und damit entlarvt: »Also gut, Peter, du machst hier ganz offensichtlich auf Spielverderber. Willst du damit erreichen, daß wir dir mehr Aufmerksamkeit schenken, oder brauchst du etwas mehr Liebe und Zuneigung? Sag uns, was dir fehlt.«

Der Lehrer muß dabei natürlich mit sehr viel Fingerspitzengefühl vorgehen. Unserer Erfahrung nach hat es jedoch noch keinem Kind geschadet, wenn man die Gruppenarbeit unterbricht und die Kinder darüber diskutieren läßt, was eigentlich los ist und wie man diese Situation bewältigen kann.

Es gibt andererseits aber auch Unterrichtssituationen, bei denen solche differenzierte Gruppenvorgänge nicht möglich sind. Selbst Sonderschulklassen werden oft daran gehindert, das situationsbedingte Vernünftige zu tun, weil die Schulverwaltung zu starke Kontrolle ausübt, weil während der Schulstunden unbedingt Ruhe und Ordnung herrschen muß oder weil sonstige Vorschriften bestehen, die an den Bedürfnissen der Kinder völlig vorbeigehen. Leider herrscht bei vielen Schulbehörden und Lehrern angesichts kritischer Situationen im Unterricht die Zwangsvorstellung, man müsse unbedingt etwas *tun,* obwohl aus der einschlägigen Literatur doch eindeutig hervorgeht, daß es dafür keine vernünftigen Rezepte gibt. Allerdings besteht eine sinnvolle Reaktionsmöglichkeit darin, daß man das störende Kind auf freundliche und sachliche Weise aus der Gruppe herausnimmt. Wenn sich das Kind allerdings besonders übel aufführt, ist die ehrlich gezeigte Verärgerung des Lehrers fast immer richtiger und wirksamer als krampfthafte Selbstbeherrschung und Kühle. Wenn der Lehrer mit dem betreffenden Kind allein ist, versucht er am besten, in ständigem Augenkontakt mit dem Schüler zu bleiben, ihn in den Arm zu nehmen, bis er sich beruhigt hat, und ihn dann zu zwingen, den gesamten Ereignisablauf bis in alle Einzelheiten ganz konkret, klar und aus seiner persönlichen Sicht zu schildern. »Erzähl mir genau, was passiert ist, Peter.« — »Eigentlich gar nichts.« — »Irgendetwas geschieht doch immer, Peter. Was hast du denn gerade gemacht?« Der Lehrer fragt beharrlich nach und stößt dabei bezeichnenderweise zunächst auf eine wahre Nebelwand aus Erinnerungslücken, Geistesabwesenheit und ein unglaubliches Maß an irreführender Abstraktionen und Verallgemeinerungen. Der Lehrer sollte sich damit nicht zufriedengeben, bis er den Schüler schließlich zu einer guten Beschreibung des Ereignisablaufes im Sinne der Übung »Zuverlässige Zeugenaussage« gebracht hat. Man braucht dabei nicht auf den gefühlsmäßigen Hintergrund der Geschichte einzugehen, solange die konkreten Ereignisse genau beschrieben werden.

Die idealen Voraussetzungen für diese Methode sind dort gegeben, wo ein besonders dafür ausgebildeter Lehrer oder eine entsprechende Hilfskraft einer Reihe von anderen Lehrern an die Hand geht und als Tutoren oder Heilpädagogen auch in Zeiten ohne kritische Situationen mit den Schülern arbeitet. Dieser Pädagoge beschäftigt sich häufig mit den Kindern, wenn diese vergnügt, mitarbeitswillig und in ihrem sozialen Verhalten zielgerichtet und konstruktiv sind, und gewährleistet ein entspanntes, natürliches und fröhliches Miteinander. Dieses Modell erreicht allerdings oft seine Grenzen, wenn es dem randalierenden Kind als Verstärkung für sein störendes Verhalten dient, mit dem es höchst wirksam die Aufmerksamkeit der anderen auf sich zieht. Der Lehrer hat eine ganz entscheidend wichtige Erziehungsaufgabe erfüllt, wenn seine Schüler sich völlig darüber im klaren sind, daß sie Aufmerksamkeit und Zuwendung seitens des Erwachsenen in erster Linie für erfolgreiche Mitarbeit, Aktivität, Unverkrampftheit und Fröhlichkeit erhalten. Ein Lehrer, dessen Toleranzschwelle zu niedrig ist, bringt seine Klasse ebensowenig zum Mitarbeiten wie ein Lehrer, der prinzipiell über alles hinwegsieht. Man kann als Lehrer unerwünschte Verhaltensweisen gefühlsmäßig »ignorieren«, selbst wenn man das betreffende Kind aus dem Klassenzimmer entfernt, ohne es eines Wortes oder auch nur eines Blickes zu würdigen. Man kann bestimmte Verhaltensweisen »ignorieren«, auch wenn man dem Kind beredte Blicke zuwirft oder vor sich hin murmelt: »Wenn du mich unbedingt zum Polizisten machen willst, bitte sehr!«

c) Subjektive Redlichkeit

Wir haben die Erfahrung gemacht, daß es durchaus wirkungsvoll sein kann, einen renitenten Krakeeler mit scharfem Tadel vor den anderen bloßzustellen. Dies sollte natürlich nicht die einzige Vorgehenstaktik auf seiten des Lehrers sein, aber eine schlichte Auseinandersetzung mit dem Bengel im Stil von »Du bist ein elender Fratz!« empfiehlt sich durchaus. Wir sind immer wieder beeindruckt, wie günstig sich subjektive Redlichkeit des Lehrers auswirkt. Der Lehrer kann seine Empörung über bestimmte Verhaltensweisen eines Schülers durchaus deutlich zum Ausdruck bringen. Seine Entrüstung sollte natürlich nicht zum Dauerzustand werden, indem er die Schüler ständig anbrüllt. Wenn man Lärm, Unordnung, Schlamperei usw. partout nicht ertragen kann, sollte man nämlich überhaupt nicht mit Kindern arbeiten. Ist der Lehrer aber sicher, daß er sich dem Kind gegenüber fair verhalten und alles getan hat, um ihm zu helfen, und hält das Kind trotzdem hartnäckig an seinem unerwünschten Verhalten fest und zeigt damit ganz deutlich, daß es ihm an jeglichem guten Willen fehlt, dann hilft nur noch, wenn der Lehrer dem Schüler bei aller Selbstbeherrschung seinen Unwillen, seinen Zorn und seinen Ärger zu verstehen gibt. Dies hat natürlich keinen Sinn bei Kindern, die in extremem Maße verhaltensgestört sind, an Halluzinationen leiden, sich die Kleider zerreißen oder einkoten usw. Ansonsten aber haben wir die Erfahrung gemacht, daß solche Gefühlsäußerungen für den Lehrer als Erwachsenen verdammt wichtig sein können und dem Kind ganz bestimmt nicht schaden.

Minderjährige Delinquenten haben eine vehemente Abneigung gegen die unerschütterliche Ruhe der üblichen Jugendfürsorger und Psychotherapeuten und empfinden diese Art der Distanz als besonders vernichtenden Schlag gegen ihre Selbstachtung. So sehr der Lehrer sich auch vor Empfindlichkeiten gegenüber dem Kind hüten muß — oft ist eine massive Äußerung des eigenen Ärgers und der eigenen Empörung seitens des Erwachsenen die einzige Möglichkeit, das Eis zu brechen.

Bei den Kindern und Jugendlichen, die man gewöhnlich in ambulanten Therapieprogrammen zu sehen bekommt, und bei der überwiegenden Mehrzahl der verhaltensgestörten Kinder, die sich in klinischer Behandlung oder in heilpädagogischen Zentren befinden, gewinnt man am ehesten, wenn man ausfallendes Betragen auch beim Namen nennt und gegenüber dem betreffenden Kind auf verantwortliches Handeln und ein gewisses Maß an Selbstbeherrschung besteht. Im allgemeinen reagieren schwierige Kinder auf leicht ironische Kritik durchaus positiv: »Du Tagedieb, du kleines Scheusal, du Schaf, du verrücktes Huhn.« Ein erfolgreicher Betreuer stellt durch kleine Frotzeleien leicht eine Beziehung zu solchen Kindern her. Man kann vom Frotzeln auch schlicht und einfach dazu übergehen, das anstößige Verhalten ganz nüchtern beim Namen zu nennen; schließlich ist Diebstahl immer noch Diebstahl.

Die ersten Äußerungen, welche die Kinder nach ihrer Aufnahme in unsere Schulen von uns zu hören bekommen, lassen sich etwa folgendermaßen zusammenfassen: »Hör mal, wir halten von all dem Gerede über gestörtes Gefühlsleben überhaupt nichts. Wenn du jemand mit gestörtem Gefühlsleben erleben willst, brauchst du mich nur mal gegen das Schienbein zu treten. Die Tatsache, daß deine Mutter dich schlecht behandelt hat, hat gar nichts damit zu tun, daß du mich bestiehlst, die Mitarbeit verweigerst oder einfach stinkfaul bist.« Dies muß natürlich ganz einfach und verständlich gesagt werden und von einer Bezugsperson kommen, welche die Kinder für ihre Belange wesentlich maßgeblicher halten als den Verwaltungsbeamten im Jugendamt. Solche Äußerungen müssen außerdem völlig frei sein von zuckersüßem Schmus und von frömmelnder Betulichkeit. Sentimentales Betschwesterngehabe ist völlig zwecklos. Solche Kinder haben für die üblichen Autoritätssymbole nichts als Verachtung übrig. Es kommt darauf an, eine neue, direkte und wirksame Form von Autorität herzustellen. Unseren Erfahrungen nach werden solche Auseinandersetzungen am besten von einem ichstarken, männlichen Erwachsenen geführt, dessen verbale Mittel sich nicht auf den Wortschatz von Damenkränzchen beschränken.

Es ist außerdem enorm wichtig, den Kindern nachdrücklich klarzumachen, daß ihr undiszipliniertes Verhalten im Grunde genau dem entspricht, was sie selbst ablehnen. Unsere Besucher sind oft beeindruckt davon, wie schnell und gründlich etwa die sofortige Konfrontation zwischen einem schwer verhaltensgestörten, jugendlichen Neuankömmling und einem Erzieher wirkt, der dem Jungen etwa folgendes an den Kopf wirft: »Du bist ganz genauso wie ein mieser, dreckiger, übler, korrupter Bulle. Du benimmst dicht genau wie der schlappschwänzigste, hinterhältigste Feigling von einem Polypen, der je an der Ecke stand und den Leuten mit dem Gummiknüppel den Schädel einschlug. Du bist ein richtiger Tagedieb. Es gibt nichts Schlimmeres als einen dreckigen, korrupten Bullen.« Man braucht in einer so geschaffenen Krisensituation das Negativbild des »Bullen« nicht weiter auszuschmücken. Es kommt lediglich darauf an, durch die Wertvorstellungen des Jugendlichen durchzudringen und ihm vor Augen zu führen, daß er dem von ihm so verabscheuten Berufsbild möglicherweise aufs Haar gleicht.

Die Erfahrung hat uns gelehrt, daß man derartige Konfrontationen am besten während des üblichen Tagesablaufs herbeiführt, bei Gruppenzusammenkünften, bei denen alle Jugendlichen zur Lösung ihrer Probleme versammelt sind, wenn gerade ein Diebstahl aufgekommen ist oder abgestritten wird, auch wenn einem der betreffende Rüpel gerade über den Weg läuft, kurz nachdem ein Vergehen eindeutig nachgewiesen wurde. Bei Gruppensitzun-

gen — auch »Therapie« genannt — lassen sich solche Auseinandersetzungen ebenfalls erfolgreich führen; allerdings verwenden wir solche »Therapien« in unseren Behandlungszentren nicht. Es ist dabei gar nicht notwendig, daß man sich als Lehrer unbedingt selbst an den Sprachstil der Jugendlichen hält. Andererseits ist es aber durchaus wichtig, einen Lehrer oder sonstigen Mitarbeiter hinzuzuziehen, der sich in dieser Sprechweise unbefangen und spontan ausdrücken kann. Es gibt kaum etwas Schlimmeres als einen Lehrer, der sich krampfhaft bemüht, »echt« zu wirken.
Es versteht sich von selbst, daß diese massive Form der Auseinandersetzung für stille, gehemmte, eingeschüchterte, ängstliche, depressive oder in sich selbst zurückgezogene Kinder nicht geeignet ist. Die meisten Problemkinder, die aus öffentlichen Schulen kommen, sind gehemmt und verängstigt. Hier sind vorsichtige Kommentare über die Art, wie das Kind seine Depression, seine Traurigkeit, seine Angst und seinen Rückzug in sich selbst einsetzt, durchaus angebracht und nützlich. Man tut vor allem gut daran, auf Selbstmorddrohungen mit aller Schärfe und Entrüstung zu reagieren, Tod und Verwesung in ihrer ganzen Konsequenz zu schildern und dem Jugendlichen nachdrücklich zu verstehen zu geben, daß einem ein Selbstmord nicht im geringsten imponiert und daß in einem solchen Fall das Mitgefühl der Umwelt ganz auf seiten der Eltern wäre. »Ich werde deinen Eltern dann sagen, daß es so für sie und auch für dich viel besser ist. Ist es denn nicht viel besser, tot und damit in Sicherheit zu sein, als vielleicht ein Leben lang im Knast oder im Irrenhaus dahinzuvegetieren? »Selbstmorddrohungen sind die niedrigste Form der moralischen Erpressung. Sie wirken nur bei Menschen, die einen lieben, und das weiß derjenige, der mit Selbstmord droht, auch ganz genau. Solche Situationen sind so ziemlich die einzige Gelegenheit, bei der wir sensiblen, depressiven und »braven« Problemkindern gegenüber aggressiv und ausfallend werden.

2. Ach, ich armes Kleines, ich bin doch nur das Opfer meiner Symptome

Wir haben in vielerlei Hinsicht die Erfahrung gemacht, daß der neurotische Mensch seine Identität als selbstverantwortliches Wesen ganz offensichtlich leugnet. Er sagt sich: »Ich bin ja nur ein Bündel neurotischer Symptome, über die ich keine Kontrolle habe, und bin deshalb für mein Verhalten auch nicht verantwortlich.« Die folgenden Behandlungsmethoden wurden aus dieser Erkenntnis heraus entwickelt. Sie dienen der Auseinandersetzung mit sich selbst und zeigen, wie man seine Symptome in den Griff bekommen und schließlich ganz überwinden kann.

a) Buchführen

Fast jedes unerwünschte Verhalten, das man von anderen Verhaltensweisen isolieren und zahlenmäßig erfassen kann, läßt sich dadurch abmildern und schließlich ganz beseitigen, daß man darüber Buch führt. Wir verfügen über viele positive Fallgeschichten von Leuten, die sich mit unserer Hilfe das Rauchen abgewöhnten, und erzielten unsere Erfolge ganz einfach dadurch, daß wir den Raucher dazu brachten, seinen täglichen Zigarettenkonsum genau zu registrieren, und zwar gewöhnlich mit Hilfe eines am Handgelenk getragenen Zählgerätes, wie es etwa beim Golf verwendet wird. Diese Methode hat natürlich den Nachteil, daß sie bei dem Betreffenden aktive Mitarbeit und Durchhaltevermögen voraussetzt, nicht besonders schnell zum Erfolg führt und sich bei komplexen Verhaltensweisen, die man nur sehr schwer identifizieren und zahlenmäßig erfassen kann, nicht anwenden läßt. Sie ist jedoch für stark motivierte Menschen, die ihre durch Gewohnheit oder psychisches Trauma verfestigten Verhaltensstörungen loswerden wollen, ein harmloses und wirksames Hilfsmittel. In der Gruppe angewandt, bietet diese Methode den Teilnehmern die Möglichkeit, alle Vorgänge und Interaktionen bewußter zu erleben und zu dokumentieren, so daß der Lehrer oder andere verhaltenstherapeutisch wirksame Bezugspersonen anhand dieser Ergebnisse intensivere Behandlungsmethoden entwickeln können.

Werfen Sie nicht gleich die Flinte ins Korn, wenn das Zählen und Registrieren bestimmter Verhaltensweisen nicht allzu gut funktioniert. Oft bringt schon eine leichte Abänderung des Verfahrens den gewünschten Erfolg. Wenn man eine Art Tagebuch darüber anlegt, wie oft sich die unerwünschten Verhaltensweisen über viele Tage hinweg wiederholen, *verringert* sich die Häufigkeitsrate dieser Verhaltensweisen. Diese *Verringerung* kann für den einen bereits einen Erfolg bedeuten, während ein anderer darin vielleicht noch keinen Erfolg sieht. Im letzteren Fall bringt aber möglicherweise das tägliche Zählen und Registrieren von symptomfreien Zeitabschnitten (z. B. von jeweils 15 Minuten langen Perioden, in denen der Betreffende *nicht* geraucht hat) bessere Ergebnisse als das Registrieren von Symptomen.

b) Klingelzeichen und andere Alarmsignale

Viele sinnlose und schädliche Verhaltensweisen sind lediglich schlechte Gewohnheiten, denen man fast immer dadurch beikommen kann, daß man ihnen ganz besonders viel Aufmerksamkeit widmet. Wenn Sie das nicht glauben können, dann richten Sie doch einfach, wenn Sie wieder die Treppe hinuntergehen, ihre ganze Aufmerksamkeit auf das, was Sie tun. Es kann nicht schaden, wenn Sie sich dabei gut am Geländer festhalten! Einfache Alarmsignale, die entweder automatisch oder mit Hilfe eines Technikers die Aufmerksamkeit auf bestimmte gewohnheitsmäßige Verhaltensweisen lenken, bewirken im allgemeinen das Ablegen dieser Gewohnheit. Dies gilt vor allem dann, wenn eine andere Gewohnheit an ihre Stelle gesetzt wird.
Die bekannteste angewandte Form dieser Methode ist das sogenannte Enuresis-Weckgerät zur Behandlung von Bettnässern. Liegt nach Ansicht des Arztes keine organische Ursache für die Störung vor, so legt man dem Kind zwei Stoffumwickelte, dünne Metallfolien ins Bett, die mit einer neben dem Bett angebrachten elektrischen Klingel verbunden sind. Sobald nun der erste Urintropfen zwischen den Metalleinlagen eine Leitung herstellt, ertönt ein Klingelsignal und weckt das Kind auf. Ein optimaler Erfolg ist garantiert, wenn ein Elternteil oder ein Betreuer des Kindes in dessen Zimmer schläft, beim Klingelzeichen wach wird und dafür sorgt, daß das Kind auch wirklich aufwacht und zur Toilette geht. Jugendliche und Erwachsene, die mit dieser Methode behandelt werden und dabei ohne Helfer auskommen müssen, sind unbedingt anzuhalten, beim Wecken durch das

Klingelzeichen auch wirklich aufzustehen und zur Toilette zu gehen. In manchen Fällen muß der Arzt Medikamente verordnen, damit der Schlaf leichter wird. Über dieses Verfahren gibt es Tausende von Falldarstellungen, aber keinerlei Anhaltspunkte für Symptomverschiebungen. Rückfälle sind bei dieser Behandlung relativ selten und lassen sich im allgemeinen sehr leicht wieder beheben.

Der Lehrer kann sich elektrische Klingeln, Summer, Dingdongs oder andere Geräte besorgen, die auffallende Geräusche erzeugen, sowie Blinklichter und eine Schaltvorrichtung, mit der man die Beleuchtung des ganzen Raumes mühelos regulieren kann. Solche Signale können bestimmte Verhaltensweisen einfach dadurch beseitigen oder aufbauen helfen, daß man zwischen dem Alarmsignal und dem entsprechenden Verhalten eine starke Assoziationskette herstellt und mit den Kindern eingehend bespricht, was damit erreicht werden soll. Wie bei allen Konditionierungstechniken kann man das Kind auch hier in vollem Umfang über Sinn und Zweck des Ganzen informieren. Wenn das Kind über das Verfahren genau Bescheid weiß, kann dieses Wissen den Erfolg der Behandlung nur beschleunigen. Mit Geheimnistuerei kann man bei Kindern nämlich kaum etwas erreichen. Geheimnisse sind nur zum Spaß da.

c) Negative Anweisung

Diese Technik wurde von Mark Twain sehr anschaulich beschrieben. Etwas Verbotenes wird gerade durch das Verbot besonders begehrenswert. Wenn man bestimmte Verhaltensweisen befohlen bekommt, machen sie einem meist keinen Spaß mehr. Wir haben die Erfahrung gemacht, daß man Kinder besonders schnell vom Bettnässen heilen kann, wenn die Mutter oder der Heimerzieher das Bett frisch bezieht und dann allen Ernstes darauf besteht, daß das Kind ins Bett macht. Man sollte dabei außer der Anweisung für das Bettnässen auf jeden Kommentar verzichten und keinerlei Sarkasmus einfließen lassen. Die Mutter wiederholt ganz einfach: »Es ist mein voller Ernst, daß du ins Bett pinkeln mußt, und zwar jetzt gleich!« Es ist nämlich sehr viel wirkungsvoller, wenn der Erzieher für »urinieren« einen Ausdruck benutzt, den das Kind im vertraulichen Umgang mit seinen Altersgenossen verwendet.

Dieser Ansatz bewährt sich auch bei fettsüchtigen Kindern. Man sagt dem Pummelchen einfach: »Du mußt diese Woche unbedingt fünf Pfund zunehmen. Wenn du nächste Woche wieder zu unserer Gesprächsrunde kommst, will ich dich um fünf Pfund schwerer haben. Du mußt dich unbedingt daran halten.«

Negative Anweisung wirkt auch bei Schlaflosigkeit, vor allem dann, wenn man als Hilfsmittel für das Wachbleiben eine etwas unangenehme Aufgabe anbietet. Erklären Sie den betreffenden Kindern einfach, sie müßten versuchen, jede Nacht so lang wie möglich wach zu bleiben. Von Kindern im Schulalter hört man allerdings höchst selten irgendwelche Klagen über Schlaflosigkeit — in diesem Alter scheint es ihnen eher Spaß zu machen, nachts wach zu sein.

Negative Anweisung wirkt bei fast allen Verhaltensweisen, die von dem betreffenden Individuum und von dessen Umwelt als lästig empfunden werden. Eine verwandte Methode, die ebenso erfolgreich ist, besteht darin, unerwünschte Verhaltensweisen zu belohnen. Geben Sie einfach einmal einem Bettnässer ohne jeden Kommentar eine Mark. Wenn er fragt, wofür er das Geld bekommen habe, dann sagen Sie schlicht, er wisse schon wofür. Kinder, die stehlen, üble Ausdrücke gebrauchen, andere schikanieren und sonstige Unarten zeigen, reagieren meist sehr schnell, wenn sie dafür belohnt werden. Wenn das problematische Verhalten den sozialen Bereich betrifft — also Diebstahl oder Terror anderen gegenüber — ist es natürlich äußerst wichtig, auch die Opfer zu belohnen. Wer sich von einem tyrannischen Kind herumkommandieren und einschüchtern läßt, verhält sich schließlich oft ebenso falsch wie der kleine Rowdy und braucht, wenn Sie konsequent sind, ebenfalls Ihre Hilfe. Es empfiehlt sich allerdings nicht, diese Methode allzu regelmäßig anzuwenden. Ich werde manchmal den Eindruck nicht los, daß der Lehrer die Kinder am besten ständig vor Überraschungen stellt. Möglicherweise funktioniert diese Methode überhaupt nur deshalb, weil sie die Kinder ganz einfach verblüfft. Aber sie funktioniert ausgezeichnet.

d) Symbolische Strafen

Wenn Sie das Spielzimmer mit der Bemerkung verlassen: »Spielt jetzt lieber nicht mit dem Riesenrad«, werden sicher sehr viel weniger Kinder damit hantieren, als wenn sie sagen: »Hört mal alle her, ich wünsche nicht, daß ihr mit dem Riesenrad spielt. Wenn ihr nicht folgt, werde ich furchtbar böse, sammle alle Spielsachen ein und halte euch alle für schreckliche Kindsköpfe.« Bestimmte Verhaltensweisen oder Gegenstände werden durch massive Drohungen eher noch reizvoller. Lehrer und Erzieher sollten sich im klaren sein, daß symbolische oder scherzhafte Drohungen (»Ich male dich von oben bis unten blau an, wenn du das tust«) und symbolische Strafen sehr viel wirksamer sind als harte reale Strafen.

Ein Lehrer aus unserem Bekanntenkreis hält seine Klasse durch symbolische Bestrafungen bestens im Zaum, indem er beispielsweise eine Peitsche mit Schnüren aus Zeichenpapier anfertigt und dem betreffenden Schüler damit eine symbolische Tracht Prügel verabreicht. Er hat auch Gewehre für Gummipfeile und Wasserpistolen. Damit gibt er dem Kind gewissermaßen zu verstehen: »Sieh mal, du und ich wissen ganz genau, was du tust. Du weißt, daß es verboten ist, und ich weiß das auch. Aber im Grunde mag ich dich sehr, und deshalb werde ich deinem Gedächtnis auf diese vergnügliche Art und Weise nachhelfen.«

Unsere Schüler-und-Lehrer-Ausschüsse verpassen den entsprechenden Kindern häufig witzige Schildchen zum Anstecken: »Ich bin ein ganz großer Held — ich schmuggle Bier«; »Ich bin ja so erwachsen — ich gucke durch Schlüssellöcher«; »Ich bin etwas ganz Besonderes — ich rauche Hasch.« Beißenden Sarkasmus — vor allem seitens der Lehrer — empfinden Schüler als besonders üble Strafe. Langes Gerede und Gardinenpredigten sind nur langweilig und haben gar keinen Sinn. Moralische Entrüstung muß ganz spontan kommen oder sich in unterkühlten, scharfen, beißenden und vorzugsweise bösartigen Bemerkungen äußern. Zornausbrüche sollte man wesentlich ernsteren Delikten als Stehlen, Bierschmuggeln oder Randalieren vorbehalten. Für solche Empörung ist vernünftigerweise dann Anlaß gegeben, wenn ein Schüler Ihnen gegenüber überhaupt nur massivste Verachtung zeigt, Drogen nimmt, Streit und Gewalttätigkeit unter den Schülern stiftet, und seine Kameraden auf zynische Weise belügt, betrügt oder sexuell mißbraucht.

e) Negative Praxis

Wir sind prinzipiell dagegen, negative Verhaltensweisen ungeheuer wichtig zu nehmen, vor allem solche, die die Schüler als »Riesending« ansehen. Dies ist äußerst wichtig und verhindert, daß sich in der jugendlichen Subkultur kriminelle und antisoziale Wertvorstellungen festsetzen, denen die Erwachsenen dann überhaupt nicht mehr beikommen können. Unseren Erfahrungen nach machen regelmäßige gemeinsame Konferenzen von Schülern und Lehrern, wenn sie echte Autorität besitzen, diese jugendliche Subkultur durchsichtig. Dies gilt vor allem dann, wenn besonders wortgewandte Lehrer gelegentlich besondere »Helden« lächerlich machen und »korrupte Bullentypen« oder Tagediebe bloßstellen können, damit solchen Abenteurern der Glorienschein genommen wird. Dies setzt allerdings voraus, daß die Schulkonferenz echte Autorität übernimmt und daß die Lehrer und die Schulverwaltung ihr auch einmal das Recht einräumen, Fehler zu machen. Wir schaffen für den Konfliktfall ein System, in dem die Verwaltung knallhart folgende Position einnimmt: »Ihr überwacht die Einhaltung der Regeln und Vorschriften einschließlich der von Staat und Verwaltung gesetzten. Wenn ihr die Einhaltung der Vorschriften nicht überwacht und euch um Überschreitungen und Verstöße nicht kümmert, dann erledigen *wir* das, und zwar so nachdrücklich wie möglich. Wir haben es nicht nötig, uns beliebt zu machen und fair zu sein. Wir brauchen bei unseren Maßnahmen nicht einmal im Recht zu sein. Wenn ihr unbedingt euer ganzes Leben lang Konflikte mit der Polente haben wollt, dann lernt ihr am besten schon jetzt, daß Polizisten niemals über alle Hintergründe Bescheid wissen können, daß sie gewöhnlich eine Heidenangst haben, weil sie nicht wissen, was die Brüder im nächsten Moment tun werden, und daß sie aus allen möglichen Gründen immer dazu neigen, übertrieben und unangemessen hart zu reagieren. Und genauso gedenken wir uns auch zu verhalten.« Die Lehrer müssen natürlich auch an sich arbeiten und lernen, die Konferenz als Klasse anzusehen und nicht als einen Ort, an dem ihre Selbstgefälligkeit verteidigt oder ihr Sinn für »Gerechtigkeit« durchgesetzt werden muß. Sie müssen für eine nicht vom Strafgedanken bestimmte Atmosphäre sorgen, Mut zur Lächerlichkeit zeigen und symbolische und komische Strafen vorschlagen.

f) Spiegelung durch Medien

Es ist äußerst wirksam, wenn man Wutausbrüche der Schüler, das hartnäckige Gequengle der Kleinen sowie Äußerungen, aus denen hervorgeht, daß die Kinder sich gerade selbst nicht leiden können oder die sonstwie inadäquate Selbstdarstellungen bedeuten, auf Tonband aufnimmt und den Kindern sofort vorspielt. Video-Aufnahmen von Krisensituationen, Rollenspiel, einfachen Bewegungen, Grimassen, psychokinetischen Übungen, Reaktionen bei Behandlungen oder spontanen Szenen und das sofortige und wiederholte Abspielen dieser Aufnahmen sind ebenfalls von großem Nutzen. Als sehr wirkungsvoll erweisen sich auch Schnappschüsse von Auseinandersetzungen, Gesten, Grimassen oder anderen ausdrucksstarken Posen mit einer Polaroid-Kamera, deren Bilder das Kind sofort zu sehen bekommt. Filmaufnahmen haben den Nachteil, daß sie nicht sofort gezeigt werden können, sind aber weniger kostspielig als Video-Fernsehsysteme und lassen sich trotz der Verzögerung gut verwenden.
Man kann das Kind auch auffordern, in den Spiegel zu blicken und alles zu beschreiben, was es darin sieht. Dann läßt man das Kind sein Spiegelbild gewissermaßen bewerten und sagen, welche Einzelheiten ihm gefallen und welche nicht. Anschließend fordert man es auf, Grimassen zu schneiden, wobei man aber darauf achten muß, daß das Kind sein Spiegelbild auch ansieht.

g) Mimikry und Spiegelung durch Nachspielen

Häufig kann der Lehrer in eine Krisensituation dadurch besonders wirksam eingreifen, daß er einfach alles stehen und liegen läßt und das Verhalten des Kindes ganz genau nachahmt. Diese Methode bewährt sich ganz besonders gut bei Wut- und Trotzausbrüchen von schwierigen Kindern, vor allem wenn der Lehrer es schafft, sich wirklich gehenzulassen, sich auf den Boden zu werfen und den ganzen Verhaltensablauf genau nachzuvollziehen. Dies hat außerdem den Vorteil, daß der Lehrer dabei auch seinen eigenen Gefühlen Luft machen kann. Das Nachspielen, Nachahmen und sogar das sarkastische Nachäffen von hysterischen oder »zur Schau« gemachten Gefühlsausbrüchen ist oft ein wirksames Mittel, um die Situation wieder in den Griff zu bekommen. Es deckt die Verhaltenstechniken des Betroffenen auf und hilft diesem zu sehen, wie komisch und kindisch sein Gehabe ist. Manchmal kann man nichts besseres tun, als sich angesichts solcher Verhaltensweisen des Kindes einfach auf den Boden zu werfen und sich in übertriebenen Lachkrämpfen zu winden. Humor ist überhaupt ein außerordentlich wirksames Mittel, vor allem, wenn er nicht beißend oder destruktiv ist. Deshalb läßt sich der folgende Rat, den ein alter Bootsmann einem frischgebackenen Leutnant zur See gab, auch sehr gut auf Kinder übertragen: »Die Männer hassen sarkastische Bemerkungen und können es nicht ausstehen, wenn man in ihrer Gegenwart über sie spricht, als wären sie gar nicht da.« Wenn man dagegen jemanden nachäfft, so zeigt man ihm damit wenigstens, daß man ihn für gegeben hinnimmt.

So gefährlich Sarkasmus auch sein kann (er wirkt allerdings weniger schädlich, wenn er von Altersgenossen des Kindes kommt), kann man eine kritische Situation, nachdem man sie in den Griff bekommen hat, sehr gut dadurch abfangen, daß man die entsprechenden Vorgänge sofort von anderen Kindern nachspielen läßt. Ein Wettbewerb unter den Kindern, bei dem es darauf ankommt, welche Mannschaft die Szene genau hinkriegt, macht nicht nur allen Spaß, sondern ist für die Beteiligten und für die Zuschauer auch höchst lehrreich.

h) Elektronische Kontrolle

Die Methode, eine Art Spiegelbild auf elektronischem Weg herzustellen, ist ein Verfahren, das sich nur finanzkräftige oder mit guter Tontechnik und Sprachlabor ausgestattete Institutionen leisten können. Kinder, die beim Lesen einen »Knödel« im Hals haben, falsch intonieren und Silben verschlucken, lassen sich dadurch diagnostizieren, daß man ihnen Elektroden in der Umgebung der Halsschlagader anlegt, deren Impulse durch einen starken Verstärker auf einen Lautsprecher übertragen werden. Falsche Angewohnheiten beim Sprechen rufen verschiedene Störungen hervor. Diesen Vorgang kann man ausführlich erklären und höchst einfach demonstrieren, indem man die verschiedenen Störungsgrade beim Flüstern, unterdrückten Reden, Lesen und Stocken vorführt. Man fordert den Schüler dann auf, so zu lesen, daß er so wenig Störungen wie möglich erzeugt. Die meisten Fälle lassen sich durch halbstündiges Training bei geringer Rückfallgefahr beheben.

Muskelentspannung und andere differenzierte Vorgänge der Muskelbeherrschung lassen sich mit dem gleichen Verfahren üben. Dadurch kann man Tics und andere unerwünschte Muskelbewegungen beheben.

Man kann die allgemeine Entspannungsfähigkeit auch üben, indem man EEG-Signale durch ein Oszilloskop rückkoppelt, so daß der Schüler beim Betrachten des Wellenmusters seines Elektroenzephalogramms langsam Kontrolle über sich gewinnt. Für die Psychologen unter Ihren Mitarbeitern ist ein solches Training wahrscheinlich sinnvoller als lange Gespräche mit den Kindern oder psychologischen Tests. Die entsprechende Ausrüstung ist schon für ca. 1000 DM erhältlich.

i) Entziehungskur für Raucher: ein ideales Modell für Verhaltensmodifikation

Das Rauchen gilt allgemein als dumme und gefährliche Angewohnheit. Es erweist sich für alle möglichen Erziehungsmaßnahmen und insbesondere für die Psychotherapie als merkwürdig resistent.

Die Entwöhnung vom Rauchen ist ein gutes Beispiel, an dem man die Wirksamkeit oder Untauglichkeit jeder beliebigen Erziehungsmethode demonstrieren kann. Das Erfolgskriterium ist denkbar einfach: Nach dem Umerziehungsvorgang ist man Nichtraucher!

Das folgende Modell, das sich in der Praxis bestens bewährt hat, arbeitet mit freiwilligen Helfern, die in einem zweistündigen Kurs auf ihre Aufgabe vorbereitet und durch ein einfaches Manual über eine Fülle von Themen unterstützt werden. Es wird von der *Humanitas*-Gesellschaft als Entziehungskur für Raucher unter dem Motto angeboten: »Bei uns gewöhnen Sie sich garantiert das Rauchen ab — oder sie bekommen Ihr Geld zurück.« Diese Entziehungskur sollte von Mitarbeitern durchgeführt werden, die von der Wirksamkeit dieser Methode auch fest überzeugt sind. Wie sie ihre Überzeugung aber an den Mann bringen, ist dabei völlig unwichtig. Ein »Verkäufer« vom Typ des kühlen Geschäftsmannes mit einer ziemlich aggressiven, herausfordernden und negativen Persönlichkeitsstruktur wird den Teilnehmern allerdings zu mehr Engagement bei der Entziehungskur verhelfen als ein liebenswürdiger Mensch. Bei verschiedenen Typen dieser »Verkäufer« haben sich keine Veränderungen der Teilnehmer- oder freiwilligen Mitarbeiterzahlen ergeben. Doch besteht bei den Teilnehmern, die durch einen überzeugten, aber nicht sonderlich sympathischen »Verkäufer« eingeführt werden, eine deutliche Tendenz in Richtung auf höhere Erfolgsraten als bei Teilnehmern, die von einem sympathischeren Mitarbeiter angeleitet wurden.

1. Sitzung: Der Teilnehmer erhält einen kurzen Überblick über die höchst wirksamen Methoden der Verhaltensmodifikation. Diskutieren Sie verhaltenspsychologische Experimente mit Tieren, die Heilung von Alkoholikern und das Raumfahrertraining mit ihm, und spielen Sie die Bedeutung des Zigarettenrauchens dabei möglichst herunter. Verzichten Sie darauf, auf die gesundheitsschädigenden Folgen und andere negative Aspekte des Rauchens hinzuweisen. Der Teilnehmer bezahlt eine Gebühr (etwa 30.— DM pro Sitzung) und wird darauf hingewiesen, daß er sein Geld zurückbekommt, wenn er sechs Wochen nach Beendigung des Umerziehungsprogramms noch raucht. Man kann von den Teilnehmern auch eine Art Kaution verlangen, die bei Nichtbeendigung des Programms verfällt. Wird eine Kaution verlangt, sollte der Kursleiter betonen, daß dies die Verschwendung kostbarer Zeit seitens des Teilnehmers verhindern soll und daß sich viel zu viele Leute das Rauchen abgewöhnen wollen, so daß man die wertvollen Möglichkeiten der Entziehungskur nicht verschwenden dürfe.

Bei verheirateten Teilnehmern sollte man sich um die Mitarbeit des Ehepartners bemühen. Wenn sich die Berufskollegen des Teilnehmers dafür gewinnen lassen, sollte man es unbedingt versuchen. Alle Verwandten und Bekannten des Teilnehmers sollten diesen dazu ermuntern, so viel wie möglich zu rauchen, und zwar nicht übertrieben oder sarkastisch, aber doch sehr intensiv. Der Ehepartner sollte aufgefordert werden, sich Zigaretten anzuzünden, ständig welche griffbereit zu halten und die Zigaretten auf jede nur mögliche Weise zugänglich zu machen.

Man kann dem Teilnehmer auch ein Zigarettenetui geben, das beim Öffnen einen Summ- oder Piepton von sich gibt.

Andererseits kann man ein Zigarettenetui auch so präparieren, daß man nach dem Öffnen des Verschlusses in unregelmäßigen Zeitabständen zwischen einer halben und drei Sekunden einen dicht unter der Schmerzschwelle liegenden, leichten Elektroimpuls verabreicht bekommt. Solche Maßnahmen sind aber für den Erfolg der Entziehungskur nicht wesentlich.

Der Teilnehmer erhält ein am Handgelenk zu tragendes Zählgerät, wie es beim Golfspielen verwendet wird, und wird angewiesen, jede im Laufe des Tages gerauchte Zigarette darauf zu registrieren und am Abend eine Übersicht zu erstellen. Der Kursleiter kann den Teilnehmer ein- bis zweimal am Tag anrufen und ihn jeden Abend daran erinnern, die Anzahl seiner am Tage gerauchten Zigaretten festzuhalten.

2. Sitzung, eine Woche später: Der Teilnehmer wird aufgefordert, im Sinne der 1. Sitzung weiterzumachen und während dieser Sitzung etwa eine Stunde lang mit gewohnter Häufigkeit zu rauchen, aber immer zwei Zigaretten auf einmal. Er soll auch während der Woche immer gleich zwei Zigaretten anzünden und konsumieren, wenn er Lust zum Rauchen bekommt. Für die kommende Woche wird er angewiesen, auf seinem Zählgerät jeweils 15 Minuten lange Perioden zu registrieren, während der er nicht geraucht hat. Der Kursleiter erinnert den Teilnehmer telefonisch daran, immer zwei Zigaretten auf einmal zu rauchen und seine ohne zu rauchen verbrachten Viertelstunden zu zählen.

3. Sitzung, eine Woche später: Der Teilnehmer wird aufgefordert, eine halbe Stunde lang Kettenraucher zu spielen und sich eine Zigarette nach der anderen anzuzünden. Der Kursleiter beschreibt ihm dabei jede zu beobachtende Einzelheit seines Verhaltens: »Jetzt greifen Sie in Ihre Zigarettenschachtel, halten die Zigarette zwischen den Fingern, greifen nach einem Zündholz und zünden es an. Sie können die von dem Zündholz ausgehende Hitze spüren. Sie nehmen die Zigarette in den Mund, fühlen das Mundstück zwischen den Lippen, fangen langsam an, sich über mein Gerede zu ärgern, atmen den Rauch tief ein usw.« Man muß alles tun, damit sich der Teilnehmer während der Sitzung auf jede Einzelheit seines Verhaltens und seiner Empfindungen konzentriert. Das Zigarettenzählen und Doppeltrauchen wird während der folgenden Woche fortgesetzt, wobei der Kursleiter den Teilnehmer telefonisch an diese Übung sowie die der ersten Sitzung erinnert.

4. Sitzung: Am Finger des Teilnehmers werden Elektroden angebracht. Sobald der Teilnehmer zur Zigarette greift, wird der

Strom eingeschaltet und der elektrische Reiz laufend verstärkt, während der Rauchende sich die Zigarette ansteckt, den Rauch einatmet und wieder ausstößt. Wenn der erste Zug abgeschlossen ist, zählt der Kursleiter im stillen bis vier und fordert den Teilnehmer auf, die Zigarette auszudrücken oder wegzulegen. Sobald die Zigarette abgelegt ist, wird der Strom ausgeschaltet. Wird der Schmerzreiz während dieses Ablaufs zu stark, so daß der Teilnehmer den Kursleiter bittet aufzuhören, so sollte dieser den Probanden auffordern, die Zigarette auszumachen oder wegzulegen, und dann den Strom ausschalten. Drehen Sie den Strom aber nicht schon beim Ausatmen oder unmittelbar nach dessen Beendigung ab, sondern warten Sie damit mindestens vier Sekunden lang. Andernfalls steigt nämlich der Zigarettenkonsum des Teilnehmers in der Folgezeit. Diese Übung sollte sich über etwa eine Viertelstunde erstrecken, wobei der Kursleiter den Teilnehmer auffordert, in zunehmendem Maße Ekel auszudrücken, während er die Zigarette ausdrückt oder ablegt. Man sollte den Teilnehmer auffordern zu sagen: »Pfui Teufel, eigentlich will ich ja gar keine Zigarette«, oder irgend etwas Entsprechendes und ihm Gemäßes zu äußern, wenn er während der zweiten Hälfte der Übung die Zigarette ablegt oder ausmacht. Die Ekelbezeigungen über die Zigarette werden dabei fortgesetzt. Im Lauf der darauf folgenden Woche werden das Zigarettenzählen und Doppeltrauchen sowie das Verfahren aus der 1. Sitzung beibehalten, wobei der Kursleiter den Teilnehmer wieder telefonisch an die Übungen erinnert.

5. Sitzung: Der Kursleiter fordert den gemütlich am Tisch sitzenden Teilnehmer auf, sich an seinen Zustand zu erinnern, als er das letztemal »verkatert« war, unter heftiger Übelkeit litt und sich erbrechen mußte. Man beschwört dabei mit Worten ein lebhaftes Bild von der »Kotzerei« — es ist äußerst wichtig, dabei umgangssprachliche Ausdrücke zu verwenden, die dem Teilnehmer geläufig sind — und von der vorausgegangenen Übelkeit. Der Kursleiter bringt, während er das Unwohlsein beschreibt, Assoziationen mit Zigaretten ins Spiel. (»Erinnern Sie sich noch, was für ein Gefühl Sie im Hals hatten? Denken Sie daran, daß Zigaretten ähnliche Empfindungen hervorrufen; denken Sie daran, wie schlecht es Ihnen war und wie elend Sie sich beim Rauchen gefühlt haben. Erinnern Sie sich, wie Ihnen der

Schädel brummte und wie hundeelend Sie sich fühlten. Vom Rauchen wird Ihnen genauso schlecht usw.«) Es kommt entscheidend darauf an, daß man ganz massive Übelkeit suggeriert. Einer Reihe von Teilnehmern wird es dabei tatsächlich schlecht werden — richten Sie sich also gleich darauf ein. Während der zweiten Hälfte dieser etwa 15 bis 30 Minuten dauernden Übung sollten Sie den Teilnehmern dadurch etwas »Luft« verschaffen, daß Sie die Erleichterung, die man nach dem Erbrechen empfindet, mit dem Ausmachen oder Ablehnen einer Zigarette assoziieren. Halten Sie aber während der ganzen Übung die Vorstellung heftiger Übelkeit lebendig. Dabei kommt es darauf an, immer anschaulich und konkret zu bleiben. Assoziieren Sie die beschriebene Übelkeit daher mit der konkreten Vorstellung von einer Zigarette und nicht mit dem Rauchen im allgemeinen. Lassen Sie die anderen Übungen im Lauf der folgenden Woche fortsetzen.

Zu diesem Zeitpunkt dürften sich 90 Prozent der Kursteilnehmer das Rauchen abgewöhnt haben. Mit den hartnäckigen Fällen (siehe 6. Sitzung) sollte man als 6. Sitzung jene Übung wiederholen, die sich anhand der täglichen Aufzeichnungen über den Zigarettenkonsum als besonders wirksam erwiesen hat. Wenn die Zahl der gerauchten Zigaretten in der ersten Woche am stärksten zurückging (und das ist sehr wahrscheinlich), dann wiederholt man die Methode der 1. Sitzung.

6. bis 16. Sitzung: Die erfolgreichsten Methoden der 2. bis 5. Sitzung sollten ständig wiederholt werden. Teilnehmer, die dann immer noch rauchen, sollten jeden zweiten Tag die Übungen der 5. Sitzung intensiv wiederholen, wenn nicht die Aufzeichnungen ergeben haben, daß sie im Anschluß an die 5. Sitzung mehr rauchten als zuvor (was in einigen wenigen Fällen durchaus vorkommen kann). In diesem Fall verwendet man am besten die 4. Sitzung — ebenfalls vorausgesetzt, daß sich der Zigarettenkonsum nach dieser Übung nicht wieder gesteigert hat.

17. bis 24. Sitzung: Lassen Sie mit wachsender Intensität die 5. Sitzung wiederholen.

25. Sitzung: Es ist wirklich außergewöhnlich, wenn jetzt noch einer der Kursteilnehmer raucht. In einem solchen Fall muß der Lehrer feststellen, welche Übung bisher am besten gewirkt hat, und diese besonders intensiv wiederholen lassen. Es hat allerdings wenig Sinn, die Sitzungen häufiger als jeden zweiten Tag stattfinden zu lassen. In hartnäckigen Fällen sind Verfahren zum Abbau von Hemmungen zu empfehlen, wobei man Reizworte wie Tod, Wut, Schmutz, Exhibitionismus, Autorität, Unfall, menschliche Nähe und Abhängigkeit verwenden kann.

Jede einzelne Übung kann auch als Gesamtprogramm verwendet werden und führt innerhalb von 16 Sitzungen bei 85 Prozent der Raucher zum Erfolg. Die Elektroschockgeräte sind dabei nicht unbedingt notwendig.

Teilnehmer, die rückfällig werden, können auf die Phase ihres größten Heilungserfolges (in der 1. bis 5. Sitzung) zurückgestuft werden, oder der Kursleiter wiederholt ganz einfach die wirksamsten Übungen, bis sich die Betreffenden das Rauchen wirklich abgewöhnt haben. Bei extrem hartnäckigen Fällen dürfte — gemessen am Elektroschockgerät — eine äußerst hohe Schmerzschwelle und ein erhöhter Hautwiderstand vorliegen. Bei diesen Teilnehmern führt möglicherweise direkte Bestrafung durch Aversionstherapie zum Erfolg.

In der ersten Aversionstherapie-Sitzung erklärt man dem Teilnehmer, daß man ihm jedesmal einen Elektroschock verabreichen werde, sobald er zur Zigarette greift, und daß der Schmerzreiz solange andauern werde, bis er die Zigarette weglegt. Der Schock sollte gerade an der Schmerzschwelle liegen, denn starke Schmerzreize sind beim Training weniger wirksam als schwache. Man sollte den Teilnehmer auffordern, während der 20 Minuten dauernden Sitzung so oft wie möglich zur Zigarette zu greifen. Wenn er die Zigarette weiter in der Hand behält, sollte der Elektroschock fortgesetzt und langsam verstärkt werden.

Einem mitarbeitswilligen, intelligenten Teilnehmer kann man ein kleines Elektroschockgerät zur »Selbsttherapie« mit der Anweisung geben, jedesmal auf einen kleinen Knopf zu drücken, der einen kurzen, heftigen Schmerzreiz in seinen Fingern auslöst, wenn er Rauchen will oder wenn er sich daranmacht, sich eine Zigarette zu holen. Dies ist — Mitarbeitsbereitschaft und Intelligenz seitens des Teilnehmers vorausgesetzt — eine Methode, die relativ schnell zum Erfolg führt.

Eine längere Aversionstherapie-Sitzung sollte ungefähr eine Stunde dauern, während der man dem Teilnehmer in unregelmäßigen Abständen nach folgendem Schema Elektroschocks verabreicht:

1. beim Griff nach der Zigarette,
2. fünf Sekunden nach dem Aufnehmen der Zigarette,
3. zehn Sekunden danach,
4. kein Elektroschock. (Wenn der Teilnehmer nach dem Ausbleiben des Schocks die Zigarette anzündet und zu rauchen beginnt, sollte man etwa fünf Sekunden nach Beendigung des dritten Zuges einen Elektroschock verabreichen und die Stromstärke erhöhen, bis die Zigarette ausgemacht wird.) Man sollte von den vier genannten Möglichkeiten nicht immer in strenger Reihenfolge Gebrauch machen und den Teilnehmer mindestens eine von fünf Zigaretten bis zu Ende rauchen lassen, ohne den Elektroschock auszulösen.

3. Die unmittelbare Beseitigung von Ängsten

a) Therapie durch Überflutung mit Angstreizen

Durch das Prinzip der Reizüberflutung oder Erschöpfung lassen sich in der Behandlung von konkreten Phobien oder Ängsten gute Erfolge erzielen. Die Angst vor Ratten, Schlangen, Spinnen, großen Höhen, geschlossenen Räumen oder andere Phobien lassen sich mit Hilfe von halbstündigen Sitzungen beseitigen, während der bestimmte Instruktionen vom Tonband abgespielt werden. Wir konzentrieren uns dabei auf sprachliche Konstruktionen und Vorstellungen von möglichst massiv angstauslösenden Assoziationen des Angstobjekts, auf Interaktionen mit diesem und auf die dabei zu erwartenden Gefühle. Eine jeden zweiten Tag neu erstellte Rangliste der verschiedensten Angstsituationen läßt sich vielfältig anwenden. Die unmittelbare Anleitung für den Umerziehungsprozeß erhält man durch einen einfachen Fragebogen, auf dem die möglichen Angstobjekte einzeln aufgeführt und mit Wertungen von 1 bis 6 nach ihrer größten Intensität geordnet werden (Angsthierarchie).

Man kann die Übungen auch persönlich vornehmen, aber dies scheint wenig sinnvoll. Über Kopfhörer in der Gruppe verabreichte phobische Reize haben den Vorteil, daß die persönliche Privatsphäre im gefühlsmäßigen Bereich bei diesem Erlebnis gewahrt wird und daß man die Angstreize objektiv und zügig

darbieten kann, ohne daß sich durch die Interaktion zwischen Therapeut und Proband störende Einflüsse ergeben.
Gegen die üblichen Rationalisierungsversuche seines Selbsthasses und seines Widerwillens ermöglicht man dem Teilnehmer eine direkte und brutale Konfrontation. Auch das Verfahren, etwa zehn bis fünfzehn Minuten oder gar eine halbe Stunde lang lebendige, bildhafte Vorstellungen von dem Angstobjekt durchzuhalten, macht dem Probanden seine Rationalisierung unannehmbar.
Mancher Erzieher, der es mit ausgesprochenen kriminellen Jugendlichen zu tun hat, macht möglicherweise die Erfahrung, daß körperliche Gewaltanwendung eine wirksame Alternative zu einer Reihe von passiveren, aber dafür gefühlsmäßig extremeren Methoden sein kann (z. B. Isolierung, starke Beruhigungsmittel, Überführung in besonders gesicherte Strafanstalten für Erwachsene usw.). Körperliche Züchtigungen scheinen bei zwei Arten von Anlässen gut zu wirken:

1. Wenn sich kleinere Vergehen ständig wiederholen; z. B. das Verprügeln der Freundin, Terror anderen gegenüber und kleine Diebstähle an Freunden und Verwandten, vor allem besonders sinnlose Diebstähle; wenn ständig Schwächere in Straftaten oder in selbstgefährdende Verhaltensweisen (Drogen usw.) hineingezogen werden. Bei dieser Art von Vergehen ist es ratsam, vielleicht sogar unbedingt notwendig, eine ganz formelle Untersuchung durchzuführen, den Delinquenten vor seinen Kameraden bloßzustellen (vorzugsweise vor Kameraden, die ihm sehr nahestehen und ganz besonders solchen, die in den betreffenden Vorgang verwickelt sind), sein Vergehen offiziell scharf zu verurteilen und eine entsprechende Strafe zu verhängen. Die Bestrafung sollte in aller Form und öffentlich erfolgen und beispielsweise in Schlägen auf das Hinterteil bestehen, die mit ausgestrecktem Arm mit Hilfe einer Rute oder dergleichen ausgeführt werden. Der springende Punkt ist dabei die wiederholte verbale Darstellung des Vergehens sowie die Anwesenheit und Einbeziehung von Altersgenossen und Kameraden des Übeltäters. Man sollte alles tun, um die Widerwärtigkeit und Verächtlichkeit des Vergehens zu betonen.
2. Bei plötzlichen, eindeutig zornigen und gewalttätigen Attak-

ken. Hier kommt es entscheidend darauf an, daß der Erzieher (a) absolut im Recht ist oder sich in einer Lage befindet, in welcher der Jugendliche angesichts seiner unmittelbaren und anhaltenden Fallgeschichte und angesichts der vom Erzieher gewöhnlich gezeigten unerschütterlichen Geduld, Toleranz und Vertrauenswürdigkeit sowie angesichts der generellen Belastung des Erziehers einen Irrtum auf dessen Seite einsehen und verstehen kann; doch ist es unbedingt besser, ganz sicher zu gehen. Dazu ist es wichtig, daß der Erzieher (b) von Grund auf und ganz aufrichtig wütend und moralisch entrüstet ist. Diese Methode ist allerdings kaum geeignet, mit voller Sachlichkeit und Objektivität Anwendung zu finden, es sei denn durch einen Erzieher mit ganz außerordentlichen schauspielerischen Fähigkeiten. Ferner muß der Erzieher (c) groß und kräftig sein und über genügend psychische Energie verfügen, oder er muß von einem entsprechenden »gerechten Zorn« erfüllt sein, um den betreffenden Jugendlichen völlig in die Enge zu treiben, dessen Wahrnehmung mit seiner intensiven Gegenwart gewissermaßen zu überfluten und ihn psychisch geradezu zu überwältigen. Am besten drängt man den Jugendlichen auch rein äußerlich in die Ecke und zwingt ihn — was außerordentlich wichtig ist — zu ständigem Blickkontakt. Die körperliche Züchtigung sollte im allgemeinen mit der Handfläche ausgeführt werden und sich gegen das Gesicht richten. Der Erzieher muß entweder so klar und eindeutig auf eine gegebene Situation reagieren, daß über deren Bedeutung keinerlei Unklarheit besteht, oder so wortgewandt und wortgewaltig sein, daß er den Jugendlichen auf jede denkbare Weise mit Worten »in der Luft zerreißen« und sein Werturteil, seine Meinung und seine Gefühle gegenüber dem Übeltäter so vielfältig, herzhaft, schneidend scharf und direkt wie möglich äußern kann. Es ist natürlich am besten, den auf frischer Tat ertappten Jugendlichen sofort dieser Konfrontation auszusetzen; diese Unmittelbarkeit läßt sich aber auch nachträglich einigermaßen wiederherstellen, wenn man das betreffende Vergehen ausführlich schildert und es somit wieder in den Brennpunkt rückt. Es kommt dabei entscheidend darauf an, daß man in einer kritischen Situation von Anfang bis Ende direkten und intensiven Kontakt wahrt.

Ich bin mir darüber im klaren, daß die meisten Lehrer und Erzieher sich über diese Seiten entsetzt zeigen werden. Ich möchte nachdrücklich darauf hinweisen, daß es sich hier um Delinquenten handelt, die in jeder denkbaren Weise Gelegenheit hatten, die Annehmlichkeiten persönlicher Freiheit und Unabhängigkeit ohne Zwang und Disziplinierung zu genießen. In streng gesicherten Anstalten, ja sogar in den meisten der üblichen geschlossenen Erziehungsheimen oder an öffentlichen Schulen haben Konfrontationen wie die oben beschriebenen natürlich keinen Sinn. Es kommt wesentlich darauf an, daß der Jugendliche diese Konfrontation mutwillig dadurch herbeigeführt hat, daß er das Vertrauen, die Offenheit und »Treu und Glauben« an einem offenen Erziehungsheim und die im allgemeinen freundliche, hilfreiche und von Fairneß bestimmte Atmosphäre seiner erzieherischen Umwelt mit Füßen getreten hat. Unsere Erfahrungen haben uns gezeigt, daß einige Individuen auf noch so viel Vertrauen, Liebe, Zuwendung und beste Angebote eben einfach nicht ansprechen. Wenn man verhindern will, daß die Betreffenden mit der schlimmsten Strafe belegt, nämlich aus dem Heim ausgestoßen und einem Leben überlassen werden, das mit Sicherheit lebenslänglich ins Gefängnis führt, dann muß ein moralischer und persönlicher Durchbruch erfolgen. Dies betrifft nur etwa *zehn Prozent der ins Erziehungsheim eingewiesenen Jugendlichen,* aber gerade für diese zehn Prozent ist eine massive Intervention entscheidend wichtig.

Aus unseren jüngsten statistischen Unterlagen geht hervor, daß von 222 Kindern im Sekundarschulalter 22 körperlich gezüchtigt wurden. Diese Methode ist bei uns nur einem Mitglied des Lehrkörpers gestattet, und zwar mir. Sie ist selbst an einer kleinen Sonderschule eine äußerst heikle Angelegenheit. Bei 20 dieser Jugendlichen bedeutet die gewaltsame Krise einen Wendepunkt in ihrer seelischen Entwicklung und eine Verhaltensänderung in Richtung auf zunehmende Reife. Bei zwei Jugendlichen hatte ich ganz einfach das Gefühl, daß es mir während dieser Konfrontation nicht gelungen war, ihre Teilnahmslosigkeit und Gleichgültigkeit zu durchbrechen. Beide Schüler wurden einige Zeit später aus der Schule herausgenommen und haben seither gute Fortschritte gemacht. Wir betrachten diese Fortschritte nicht unbedingt als Folge der gewaltsamen Konfrontation, obwohl dies durchaus sein könnte. Es ist natürlich ganz gut, wenn man einen sehr persönlichkeitsstarken Kollegen aus dem Kreis der Erzieher die »harte« Rolle übernehmen läßt. Die anderen spielen dabei mehr »Onkel« und »Tante«, bestreiten aber niemals die Rechtmäßigkeit der Bestrafung.

Bei kleineren Kindern darf diese Methode nicht angewendet werden. Der zu bestrafende Schüler sollte nach Körpergröße und Auftreten einem Erwachsenen ziemlich nahekommen. »Der« Schüler bedeutet natürlich nicht, daß weibliche Jugendliche davon etwa ausgenommen wären. Bei kleineren Kindern scheint es ganz angebracht, sie in kritischen Situationen einfach festzuhalten. Wir hatten es allerdings auch schon mit ein paar unglaublich psychopathischen kleinen Jungen im Alter von sechs und neun Jahren zu tun, die sehr nahe an der von uns gesetzten Grenze lagen.

Die in unseren Behandlungszentren lebenden Kinder wissen allerdings im allgemeinen recht wohl, daß Gewaltanwendung seitens der Erzieher fast immer nur durch folgende Vergehen hervorgerufen wird:

1. Wenn der Betreffende im Alkohol- oder Drogenrausch aufgegriffen wird und sich nicht sofort und bereitwillig unter Kontrolle bringen läßt, und wenn er seinen offenkundigen Zustand hartnäckig ableugnet.
2. Wenn eindeutig nachgewiesen werden kann, daß jemand ein anderes Kind zum Drogenmißbrauch verleitet hat, besonders wenn dieses zuvor noch nie Rauschgift genommen hatte; in solchen Fällen erfolgt sogar dann eine körperliche Züchtigung, wenn das Vergehen erst einige Zeit später aufgedeckt wurde.
3. Bei Gewalttätigkeit gegenüber kleineren oder schwächeren Kindern.
4. Bei extrem bösartigen verbalen Attacken. (Belohnungen für diesen Punkt im Sinne der negativen Anweisung werden immer seltener, je länger ein Schüler bei uns ist.)
5. Bei fast jedem größeren Vergehen, wenn der Betreffende etwa ein Jahr lang bei uns war und seine dumm-dreiste Straftaten hartnäckig weiter begeht.

Da es sich bei den meisten dieser Schüler um Psychopathen handelt, kommt es uns bei unseren Reaktionen nicht so sehr auf absolute Konsequenz an. Wir wollen vielmehr bei diesen Ju-

gendlichen die Fähigkeit, Angst zu erleben, steigern und das Bedürfnis, der Angst durch vernünftiges soziales Verhalten zu begegnen, fördern. Außerdem wirkt negative Verstärkung am besten, wenn sie in unregelmäßigen Abständen erfolgt und nur etwa ein Drittel der »Entgleisungen« betrifft. Diese beiden Faktoren legen dem Betreuer nahe, ganz bewußt um so »inkonsequenter« zu sein, je psychopathischer ein Jugendlicher ist.
Nach längerem Aufenthalt in unseren Behandlungszentren sind etwas weniger als zehn Prozent unserer Schüler dem Urteil ihrer Mitschüler zufolge »durch die Schülermitverwaltung nicht integrierbar«. Diese Jugendlichen werden, gemeinsam mit einigen anderen, die massiv in ihren früheren Drogenmißbrauch zurückgefallen sind, sich Drogen beschaffen, lügen, betrügen und andere hintergehen, für unterschiedlich lange Zeit in eine Abteilung verlegt, in der sie rund um die Uhr unter der Aufsicht eines möglichst strengen und versierten Erziehers stehen. Sie können dabei selbst für das geringste Vergehen massiv bestraft werden. Gleich wenn sie in diese Abteilung verlegt werden, findet eine äußerst harte Auseinandersetzung mit massiven verbalen Attacken und bis ins Detail gehende Warnungen vor den Folgen ihres Verhaltens statt. Man muß natürlich versuchen, sie so schnell wie möglich wieder aus dieser Abteilung herauszuholen, und zwar im allgemeinen früher als es geraten scheint. Mit diesem Verfahren sind die Jugendlichen relativ schnell in den Griff zu bekommen. Sie äußerlich »in den Griff« zu bekommen, reicht allerdings bei weitem nicht aus; es kommt darauf an, auch innere Kontrollmechanismen zu schaffen, die auch in Abwesenheit der Autoritätsperson funktionieren.
Bedenken Sie dabei bitte, daß es für diese Jugendlichen im allgemeinen nur eine Alternative gibt: lebenslänglich Gefängnis. Wenn sie aber einmal im Gefängnis sind, führt ihr massiv gestörtes Verhalten fast immer zu Strafverschärfung durch Einzelhaft oder zu sehr viel brutaleren Härten als der unseren.
Allgemein gesagt, ist Gewaltanwendung nutzlos oder schädlich. Wenn man Kinder ins Büro des Schulleiters schickt, um sie dort eine »Abreibung« holen oder sich andonnern zu lassen, richtet man nur Schaden an. Greift man aber dennoch zu Gewalt, dann nur bei Schülern, bei denen dies auch ankommt. Die körperliche Strafe darf nur von einem besonders problembewußten Erzieher

angewandt werden. Gewaltanwendung hat nur in einer von Fairneß bestimmten Umwelt einen Sinn, in der dem Schüler zuvor echtes, weitreichendes und unmittelbares Vertrauen entgegengebracht wurde, ein Vertrauen, das für die Erzieher unter Umständen Unannehmlichkeiten und Schwierigkeiten (wenn nicht noch größere Risiken) mit sich bringt. Körperliche Züchtigungen lassen sich wahrscheinlich überhaupt nur in einem offenen Erziehungsheim ohne Mauern und Gitter sinnvoll einsetzen.
Ich bin jedenfalls nicht bereit, Mitarbeiter zu entlassen, weil sie einmal die Nerven verloren und ein Kind geschlagen haben. In einem solchen Fall würde ich darauf bestehen, daß der betreffende Lehrer vor der Lehrer-Schüler-Konferenz zur Rechenschaft gezogen wird. Es ist oft weniger grausam, einem Kind eine Ohrfeige zu verpassen, als die empfundene Wut aufzustauen und krampfhaft unter Kontrolle zu halten. Außerdem wäre es absurd, wenn die Erzieher in ihrem verbalen Verhalten sehr viel schwerwiegendere Fehler machen könnten, ohne überhaupt aufzufallen, und andererseits den Hut nehmen müßten, weil ihnen in ihrem motorischen Verhalten einmal eine Fehlleistung unterlaufen ist. Selbstverständlich muß ein Lehrer, zu dessen persönlichem Stil es gehört, daß er ständig Kinder prügelt, oder der dafür ganz offensichtlich völlig ungeeignete Kinder schlägt, sofort und möglichst mit großem Krach den Laufpaß erhalten. Wenn sich Erwachsene an kleinen Kindern vergreifen, muß das ganz gewiß Konsequenzen nach sich ziehen.
Makarenko berichtet uns eine sehr treffende Anekdote aus den ersten Monaten seiner Arbeit in der Gorki-Kolonie. Man hatte ihm eine kleine Gruppe von jugendlichen Kriminellen, zwei oder drei Mitarbeiter und ein ausgebranntes, fensterloses Gebäude als Unterkunft zugewiesen. Makarenko gesteht, daß er bei aller Geduld mit der bodenlosen Faulheit dieser Jungen und mit allen möglichen Unverschämtheiten, die sie ihm an den Kopf warfen, eines Tages in maßlose Wut geriet und einen der Halbwüchsigen ins Gesicht schlug, weil dieser sich geweigert hatte, Holz zu holen, vor allem aber, weil dieser ihn geduzt hatte. Makarenko war höchst erstaunt, als diese großen Lümmel plötzlich alle ganz zahm und willig an die Arbeit gingen. Seine schuldbewußten Überlegungen (»Mein Gott, welches pädagogische Prinzip habe ich denn da entdeckt?«) führten ihn zu dem Schluß, daß dieser

unerwartete Erfolg gerade deshalb zustandegekommen war, weil er sich mit den Jungen nicht als weltfremder Idealist oder als Bürokrat auseinandergesetzt hatte (der die Jugendlichen schließlich als unverbesserlich hätte ins Gefängnis zurückschicken können), sondern mit der Leidenschaftlichkeit und Aufrichtigkeit eines wirklichen Mitmenschen. Makarenko berichtet auch über eine Reihe anderer »Lernerlebnisse«, die wegen ihrer Offenheit geradezu entwaffnend sind und befreiend, weil sie ganz deutlich machen, daß keine Schule (und erst recht keine Schule für verhaltensgestörte Kinder) jemals reibungslos und im Einklang mit den pädagogischen Idealvorstellungen ihrer Organisatoren funktioniert. Wie Makarenko habe auch ich für die Rehabilitation an unseren Schulen das Grundprinzip aufgestellt, daß man niemals einem Kind die Grausamkeit antun darf, es wegen seiner Straftaten oder wegen seines schlimmen Benehmens von der Schule zu jagen, denn dies wäre auf seine Weise die schlimmste Gewalttat.

b) Desensibilisierung

Die Beseitigung von Angstreaktionen durch die Darbietung von angstauslösenden Reizen im Zustand der Entspannung hat sich in unserem Behandlungsprogramm sowohl für den Internatsbereich als auch für unsere Tagesstätten außerordentlich gut bewährt. Für dieses Verfahren werden zunächst eine Reihe von Lichtbildern vorbereitet, die in verschiedene Kategorien nach den Angstobjekten geordnet sind, welche unseren Erfahrungen nach in der Charakterstruktur verhaltensgestörter Kinder eine Rolle spielen. Daneben werden auch Tonbandaufnahmen von Geräuschen, die man direkt aus einem Tonarchiv übernehmen kann, Aufnahmen von Tierstimmen sowie Beschreibungen angstauslösender Situationen, Gegenstände, Erinnerungen, Empfindungen, Örtlichkeiten und Menschen verwendet. Nach dem Abspielen eines Tonbandes mit Wahrnehmungs- und Entspannungsübungen schließt man den Schüler an den Fingern oder Handflächen an einen Hautwiderstandsmesser an und führt ihm die Lichtbilder vor. Wenn das Dia keine negative Reaktion (angezeigt durch das Meßgerät) hervorruft, zeigt man das nächste Lichtbild. Kommt es zu einer negativen Reaktion, so wartet man, bis das Kontrollgerät wieder einen etwas höheren Wert anzeigt,

und legt dann das nächste Dia ein. Geräusche oder Tonbandaufnahmen werden nach dem gleichen Prinzip dargeboten.
Zur Zeit werden etwa 80 verschiedene Kategorien untersucht, von denen wir allerdings die folgenden im allgemeinen für besonders geeignet halten: Schmutz, Wut, Aggression, Sexualität, menschliche Nähe bzw. Trennung, Tod, Exhibitionismus, Mütter, Autorität, Verunstaltungen, Verletzungen und Verstümmelungen, Autos und Unfälle, Erfolg und Belohnung, Eingesperrtsein, Wasser, Gesichter, Tiere. Spezifische Lichtbildreihen kann man dadurch zusammenstellen, daß man sich aus einem großen Bildarchiv die Aufnahmen aussucht, die Hautwiderstandsreaktionen auslösen.
Es gibt auch Untersuchungen über die Darstellung dieser Angstreaktionen durch Pulsfrequenz und Blutdruck; doch scheint die Messung des Hautwiderstandes völlig auszureichen.
Das Beste an diesem Verfahren ist die Möglichkeit, den ganzen Vorgang mit nicht allzu hohen Kosten (etwa 7500.— DM) zu automatisieren, so daß der Proband den Raum betritt, die Elektroden in die Hand nimmt und das Tonband- sowie Projektionsgerät in Gang setzt. Entsprechend der Meßwerte des Hautwiderstands laufen die Dias automatisch weiter, verweilen oder wechseln. Manche Kritiker jammern über diesen angeblich schrecklich mechanistischen Vorgang, aber das ist ein besonders hartnäckiges Vorurteil. Dieses Verfahren gewährleistet nämlich ein Maximum an Intimsphäre und Vertraulichkeit. Der Schüler regelt selbst seine Beschäftigung mit den Lichtbildern, befaßt sich mit genau jenen Dias, die wichtig für ihn sind, und wählt das für ihn persönlich zutreffende Material selbst aus. Während er sich mit der vom Erzieher aufbereiteten Realität beschäftigt, entscheidet er völlig selbständig über den Ablauf des Ganzen. Sein Nervensystem lernt, auf irrationale Angstreize angemessen zu reagieren, und dabei beschleunigt sich der Prozeß der Autokinese oder Selbstheilung.

c) Konditionierte Steigerung der Reaktionsrate durch Beseitigung aversiver Reize

Manche Schüler sind anfangs viel zu erregt und nervös, um im *Desensibilisierungs*-Programm sinnvoll mitarbeiten zu können. Viele der in früheren Kapiteln beschriebenen Übungen schaffen hier Abhilfe und fördern Ruhe, Entspannung und Selbststeuerungsfähigkeit, bis eine *Desensibilisierung* schließlich möglich wird. Eine einfache Methode mit Hilfe elektrischer Reize fördert bei introvertierten Schülern Ansprechbarkeit und Reaktionsbereitschaft und hilft bei hyperaktiven, ständig geistesabwesenden oder psychopathischen Kindern, die Reaktionen zu objektivieren und ökonomischer zu gestalten. Ich habe von diesem Verfahren schon weiter oben berichtet.

Zunächst zeigt man dem Schüler ein einfaches Gerät, mit dem elektrische Reize verabreicht werden können, und läßt ihn daran herumspielen und seine persönliche Wahrnehmungs- und Schmerzschwelle herausfinden. Dann erklärt man ihm: »Ich werde das Gerät jetzt einschalten und den Kontrollhebel langsam hochziehen, so daß der elektrische Reiz immer stärker wird, bis du die von mir gewünschte Reaktion zeigst. Dann schalte ich den Strom sofort ab. Ich möchte von dir jetzt gern irgendetwas hören, das du zu deiner Mutter sagen könntest, wenn sie dich morgens aufweckt. Erzähl mir bitte jedesmal etwas anderes.«

Man läßt die Stromstärke dann langsam ansteigen, bis der Schüler seine Antwort beendet hat, wartet noch eine Sekunde und dreht den Strom wieder zurück. »Jetzt eine andere Antwort.« Nachdem man die Stromstärke unter die Wahrnehmungsgrenze hat abfallen lassen, schaltet man dann den Strom wieder ein, bis der Schüler geantwortet hat. Diesen Vorgang sollte man allerdings nicht so lange ausdehnen, daß der Schüler Mühe hat, sich eine neue Antwort einfallen zu lassen. Wechseln Sie daher das Thema, sobald vor der nächsten Reaktion eine längere Pause eintritt.

Die Reaktionen können in ganz einfachen Dingen bestehen, etwa in Beschreibungen von Gegenständen oder Personen, und sollten vorzugsweise Gesprächsthemen betreffen, die zumindest ansatzweise emotional besetzt sind. »Was du zu deinem Vater sagen könntest, wenn er dir das Auto nicht gibt« — »Was du sagst, wenn dir das Taschengeld gestrichen wird« — »Was du sagen könntest, wenn dir ein hübsches Mädchen über den Weg läuft« — »Was du sagen oder tun könntest, wenn du ein Auto auf ein Kätzchen zufahren siehst« — »Denk dir für deine Freunde ein paar neue Spitznamen aus« — »Beschreibe mir deine Freunde.« Diese Verfahren wurde für die Behandlung einer Frau entwikkelt, deren Sprachrepertoire aus fünf stereotypen Antworten bestand. Sie antwortete nämlich prinzipiell auf jede an sie gerichtete Frage: »Ach, Herr Doktor, es hat alles damit angefangen, daß ich Tuberkulose hatte« oder »Herr Doktor, ich glaube, ich werde mich umbringen« oder mit irgendeiner von weiteren drei unangemessenen Bemerkungen. Nach drei Sitzungen (täglich etwa fünf Minuten) reagierte diese Frau im Gespräch ganz normal und mit der allgemein üblichen Variationsbreite von Antworten. Nach zehn Übungssitzungen wurde sie aus verwaltungstechnischen Gründen in eine andere Abteilung verlegt und fiel prompt in ihr früheres Verhalten zurück. Sie machte nach ihrer Rückverlegung schnelle und gute Fortschritte und wurde nach sechs Monaten *Desensibilisierungs-* und *Reaktionsraten-Steigerungs-*Training sowie Übungen in gefühlsbetontem sprachlichen Ausdruck und Selbstbehauptungstraining entlassen, ohne daß es zu Rückfällen gekommen wäre.

d) Steigerung der Entspannungsfähigkeit durch Beseitigung aversiver Reize

Eine verwandte Methode wird bei Menschen angewandt, die sehr erregbar, verkrampft oder nervös sind und unter erkennbaren, wenn auch unausgesprochenen, starken Ängsten leiden. Man erklärt dem Betreffenden — wie oben erwähnt — das Gerät und gibt ihm diesmal folgende Anweisung: Lassen Sie die Stromstärke so weit ansteigen, wie Sie es aushalten können, und sagen Sie einfach »Sei ganz ruhig«, wenn ich den Strom abschalten soll. Wenn der Proband »Sei ganz ruhig« sagt, wartet man eine Sekunde und schaltet ab. Dann stellt man die Skala wieder auf einen niedrigen Wert ein und wiederholt den ganzen Vorgang etwa zwanzigmal. Jeder Wert wird schriftlich festgehalten, so daß man die steigende oder fallende Toleranz des Probanden gegenüber elektrischen Reizen tabellenmäßig festhalten kann. Diese Behandlung sollte jeden zweiten Tag vorgenommen werden, sie wird auch Angstreduktionstraining genannt.

e) Speiseraum und Schlafenszeit

Wir erklären unseren Lehrern von Anfang an, daß der Speiseraum das wichtigste Klassenzimmer ist, das wir haben. In einer wirklich guten Internatsschule ist es unbedingt erforderlich, daß

Lehrer und Erzieher die Mahlzeiten gemeinsam mit den Kindern in einer ruhigen, entspannten Atmosphäre einnehmen, wobei sich die Kontrollfunktion der Erwachsenen darauf beschränkt, für die notwendigen Annehmlichkeiten und die Aufrechterhaltung des angenehmen Klimas zu sorgen. Einige Mitarbeiter gehen im Speisezimmer von Tisch zu Tisch, massieren den Kindern die Schultern, machen kurze, freundliche Bemerkungen und stellen sonstwie Assoziationen zwischen ihrer Funktion als Erwachsene und Autoritätspersonen und einer gemeinsamen Mahlzeit her, die sich so gründlich wie möglich von den üblichen Erfahrungen unterscheidet, die verhaltensgestörte Kinder bei Tisch gewöhnlich machen. Die Fallgeschichten unserer Kinder enthalten immer wieder deren eigene Berichte darüber, wie chaotisch, instabil, verkrampft, von Spannungen, Streitigkeiten und Strafen bestimmt oder sonstwie unerfreulich ihre Erfahrungen im Bereich dieser ersten und wesentlichen Verstärkungen sind. In den Familien schwieriger Kinder werden die Mahlzeiten meist von Nörgeleien, Vorwürfen, Strafen und Streitigkeiten begleitet. Wenn den Kindern Kleider gekauft werden, so geschieht das in flüchtigen, gehetzten Einkäufen, begleitet von Nervosität und Aggressivität. Die Zuteilung von Taschengeld ist im allgemeinen chaotisch, im großen und ganzen allzu großzügig, aber dafür unregelmäßig. Die Kinder müssen oft wiederholt bitten und nachfragen, bis sie ihr Taschengeld dann widerwillig ausbezahlt bekommen. Im Leben dieser Kinder hatten lerntheoretisch gesehen die meisten Belohnungen die Funktion von Verstärkungen für Unordnung, Unfolgsamkeit, Schwindeln, Intrigieren und Nervosität in einer generell von Angst und Strafen bestimmten Atmosphäre. Das wirksamste Mittel für Lehrer und Erzieher ist deshalb der ruhige Kontakt mit den Kindern bei Erholungspausen, besonders beim Essen, in einem stabilen, gelösten Klima.

Die Zeit des Schlafengehens soll bei Heimaufenthalten als Gelegenheit zu emotional ausgerichteten und ganz persönlichen Gesprächen dienen, wobei Hautkontakte, liebevolle Berührungen und gegenseitiges Gernhaben zwischen Erwachsenen und Kindern jeden Alters angebracht sind. Die Schlafenszeit selbst muß Ruhe, Entspannung und Frieden garantieren. Störungen der Nachtruhe kommen kaum vor, wenn die Mitarbeiter zuvor aktive Interaktionen möglich gemacht haben. Doch ist es un-

glücklicherweise allgemein üblich, die qualifiziertesten Leute von neun bis siebzehn Uhr einzusetzen und die Kinder nachts weniger geeignetem Personal zu überlassen.
Wenn die Kinder nur tagsüber von den Erziehern betreut werden, kann man die Eltern bis hin zu praktischen Handhabungen anleiten, den Kindern nachts physisches Geliebtwerden zu vermitteln. Es klingt zwar komisch, daß man dazu Anleitungen braucht, aber viele Eltern sperren sich sogar gegenüber ihren Kindern bei körperlichen Kontakten. Das Einschlafen kann man durch herzhaftes Kitzeln, Massagen und Bewegungsspiele sehr erleichtern, vor allem durch Übungen, die die lange Rücken-, Schulter-, Hals- und Beinmuskulatur betreffen. Der unmittelbare Abbau von Ängsten beruht dabei auf Rekonstruktion und Bewältigung angstauslösender Mechanismen aus dem Tageserleben des Kindes.

4. Lohn und Strafe: Die schwerfällige, aber manchmal durchaus nützliche Methode des operanten Konditionierens

Ich möchte mich im Rahmen dieses Buches nicht darauf einlassen, das Für und Wider des operanten Konditionierens zu diskutieren, sondern ganz einfach (und dogmatisch!) feststellen, daß diese Methode im allgemeinen sehr aufwendig ist, den in sie gesetzten Erwartungen nicht gerecht wird und sich nur schwer auf andere Umweltgegebenheiten und Verhaltensweisen übertragen oder generalisieren läßt. Ähnlich wie das Labor-Huhn, das seine Futterpille fallen läßt und daneben herumscharrt, oder wie das Schwein im Experiment, das den Belohnungshappen ausspuckt und weiter umherschnüffelt, sind auch Menschen gelegentlich ganz anders programmiert, als es dem Experimentator ins Konzept paßt.

a) Künstliche oder symbolische Verstärkung

Diese sogenannte »token economy«, wurde erstmals von Homer Lane beschrieben, der offenbar einer der ersten psychoanalytischen Pädagogen war. Lanes token-Verstärkung schuf jedoch in dem von ihm betreuten Erziehungsheim eine kleine Welt für sich, in der man sich die Miete, die Kleidung, die Nahrung und überhaupt alle materiellen Dinge des Lebens innerhalb eines Sozialgefüges selbst verdiente, das auch den nicht entsprechend »Funktionierenden« schützte. Lanes Methode beteiligte die Schüler außerordentlich intensiv an allen Belangen der Schule und setzte die Erzieher echten Risiken aus. Dieser Verstärkungsmodus besaß daher eine symbolische und reale Wirksamkeit, die sich bei komplizierteren und partiellen Verstärkungsmodi nicht einstellen kann. Es ist allerdings auch nicht schwer, mit Hilfe von entsprechenden Belohnungen für geleistete Arbeit und erwünschtes Verhalten in einer geschlossenen Abteilung Verhaltenskontrolle zu erlangen. Es empfiehlt sich, einen erheblichen Teil aller vorkommenden Verhaltensweisen von gewissenhaften Mitarbeitern sorgfältig beobachten zu lassen und dafür zu sorgen, daß die angewandten Verstärkungen bei aller Beständigkeit variabel sind und unmittelbar im Anschluß an das gewünschte Verhalten erfolgen. Ist das erwünschte Verhalten entsprechend komplex (etwa die Arbeit in der Wäscherei), so sollte man ihm immer eine gewissermaßen vertraglich vereinbarte Belohnung folgen lassen. Die vom Erzieher angestrebten Verhaltensweisen prägen sich sehr viel dauerhafter ein, wenn man sie nicht kontinuierlich, sondern intermittierend verstärkt, d. h. in unregelmäßigen Abständen etwa bei zwei Drittel der beobachteten, erwünschten Verhaltensweisen. Unerwünschtes Verhalten kann man durch Bestrafung hemmen, wenn diese unmittelbar auf die betreffende Handlung folgt. Dies ist aber sehr viel weniger wirksam als die Belohnung bzw. Verstärkung erwünschter Verhaltensweisen. Die Wirkung der Strafe hält länger an, wenn die Bestrafung in unregelmäßigen Abständen — also intermittierend — erfolgt, und zwar in umso größeren Zeitabständen, je länger die betreffenden Verhaltensweisen bestraft werden sollen. Wenn man also eine unerwünschte Verhaltensweise schon nach 100 Äußerungen beseitigt haben will, dann sollte man etwa ein Drittel davon bestrafen; hat man 1000 »Durchgänge« lang Zeit, sollte man nach den ersten 100 ungefähr jede zehnte unerwünschte Verhaltensäußerung bestrafen.

Die operante Konditionierung läßt sich sehr viel wirksamer gestalten, wenn man innerhalb des sozialen Umfeldes die erwarteten Belohnungen ausschaltet, die seitens der Bezugspersonen geradezu gewohnheitsmäßig erfolgen. Eine sorgfältige Beobachtung von häuslichen Szenen oder Klaßzimmersituationen zeigt, daß problematische Verhaltensweisen häufig gerade durch die besondere Aufmerksamkeit, die ihnen seitens der Erwachsenen zuteil wird, und durch die typischen Reaktionen der Erzieher auf das Verhalten der Kinder entstehen. Wenn Kinder ungezogen, aufsässig oder böse sind, werden sie von den meisten Erwachsenen sehr viel schneller beachtet, als wenn sie lieb sind. Es spricht durchaus für die fundamentale Gutmütigkeit unserer Kinder, daß sie nicht ständig ungezogen, aufsässig und böse sind. Wenn man die typischen Verhaltensweisen der Erwachsenen verändern kann (z. B. in diesem Fall: »Mutti, krieg ich ein Bonbon?« — »Nein, mein Schatz.« — »Mutti, ich will aber ein Bonbon!« — »Nein, Herzchen.« — »Huuuuhuuhu.« — »Schon gut, schon gut — da hast du dein Bonbon!«), dann normalisiert sich das Verhalten des Kindes sehr schnell. Schenkt man dem »Theater«, das ein Kind aufführt, wenn es abends nicht ins Bett will, etwa neun Tage lang keinerlei Beachtung, so wird das Kind künftig auf solche Szenen verzichten — und zwar ohne irgendwelchen Schaden zu nehmen, sofern dem unerwünschten Verhalten des Kindes keine organische Störung zugrunde lag.

b) Assoziative Verstärkung

Diese kann dazu dienen, Verhaltensweisen zu formen, die beim Konditionierungsvorgang gar nicht konkret auftreten. Bei Homosexualität hat man eine Übung versucht, bei der man dem Probanden Dias von Homosexuellen oder erotisch anziehenden Männern vorführte, ihm dabei Elektroschock verabreichte und anschließend entweder eine attraktive Frau oder ein neutrales Foto zeigte, wobei der Strom abgeschaltet wurde. Am wirksamsten war diese Methode, wenn der Proband die Möglichkeit erhielt, die Diafolge selbst zu kontrollieren. Je länger er dabei das Männerfoto betrachtete, desto stärker wurde der Elektroschock. Sobald er ein anderes Bild folgen ließ, hörte der Elektroschock auf. Die zufallsbedingte Abwechslung zwischen Fotos von Frauen und neutralen Motiven scheint aus irgendwelchen Gründen noch wirksamer zu sein, wobei einem Männerbild entweder eine neutrale Aufnahme oder ein Frauenfoto folgen sollte, aber niemals ein weiteres Männerbild.

Die schlichte Schockverabreichung beim Erscheinen eines Männerfotos scheint sehr viel weniger erfolgversprechend, da bei einer derartigen Behandlung noch viel mehr Nachfolgesymptome (Zwänge etc.) auftreten können.

Ganz allgemein gesagt, scheint das Nachlassen von Schmerz oder Unbehagen eine sehr viel wirksamere Form der Verstärkung zu sein als bloße Belohnung oder Bestrafung.

Wortassoziationen sind ebenfalls höchst wirksam. Der Therapeut fordert den Probanden dabei auf, sich das unerwünschte Verhalten so lebhaft wie möglich vorzustellen und sich gleichzeitig möglichst intensiv an den schlimmsten Brechreiz zu erinnern, den er je erlebte. Auch die Vorstellung von Krankheit, Schwäche, Schmerzen, körperlichen Gebrechen und anderen unangenehmen Zuständen wird vom Therapeuten gemeinsam mit dem Gedanken an unerwünschte Verhaltensweisen beschworen. Bei Symptomen wie etwa dem Rauchen kann die Therapie sowohl am konkreten Verhalten als auch an Vorstellungsassoziationen ansetzen. Diese Methode eignet sich auch als Möglichkeit der Selbststeuerung und Selbstkontrolle für entsprechend willensstarke und verbalisierungsfähige Patienten. Im allgemeinen verwenden wir einfache Belohnungs- bzw. Bestrafungskontingenzen in einem relativ späten Behandlungsstadium, wenn andere Verfahren sich als unwirksam erwiesen haben. Bei offensichtlich geistig behinderten Patienten arbeiten wir vorwiegend mit Belohnung, bei schwer Schizophrenen mehr mit Bestrafung. Unsinnige Verfahren wie etwa den Wortschatzdrill bei autistischen Kindern, denen man mit Hilfe von Belohnungs- bzw. Bestrafungskontingenzen zwanzig Worte beibringt, werden bei uns dagegen nicht verwendet. Bei solchen Kindern wirkt Körperkontakt in Verbindung mit Rollenspiel, Nachahmungsübungen und Rückkoppelungserlebnisse (feedback) sehr viel schneller und besser. Wenn den Erziehern neben all den mehr animalisch-sinnlichen Verfahren noch Zeit bleibt, kann er das Sprachverhalten von sprachlich schwerstgestörten (aber organisch gesunden) Kindern durch die Belohnungs-/Bestrafungsmethode natürlich sehr positiv beeinflussen. Die Anwendung dieses Verfahrens als erste Behandlungsform wäre allerdings selbst autistisches Verhalten.

Lehrer und Erzieher sollten nicht vergessen, daß sich im Grunde jede Art von erwünschtem Verhalten mit Hilfe voneinander scheinbar widersprechenden Methoden sicherstellen läßt. Wenn

Sie beispielsweise aus irgendeinem unerfindlichen Grund wünschen, daß ein Kind ruhig auf seinem Platz sitzenbleibt, und wenn die meisten anderen Kinder dies auch tun, so können Sie den betreffenden Schüler folgendermaßen behandeln:

1. Sie beachten es gar nicht, wenn das Kind seinen Platz verläßt;
2. Sie lassen das Kind durch einen Mitschüler dazu überreden, auf seinem Platz sitzenzubleiben;
3. Sie lassen das Kind von einer neuen und vom Kind respektierten Bezugsperson dazu überreden, auf seinem Platz zu bleiben;
4. Sie übertreiben die Situation und bringen das Kind durch Schimpfen und Anbrüllen dazu, auf seinem Platz zu bleiben;
5. Sie belohnen das Kind dafür, daß es seinen Platz verläßt;
6. Sie bestrafen das Kind, wenn es seinen Platz verläßt;
7. Sie belohnen das Kind, wenn es auf seinen Platz geht, und außerdem auch nach Ablauf bestimmter Zeitspannen, die es ruhig auf seinem Platz verbringt.
8. Sie geben dem Kind verschiedene Zeichen mit entsprechender Bedeutung;
9. Sie lassen die Klasse darüber diskutieren, warum das Kind nicht auf seinem Platz sitzen und auf die Vorschläge der anderen hören will;
10. Sie machen jedesmal einen Kopfstand, wenn das Kind aufsteht;
11. Sie lachen sich halbtot, wenn es seinen Platz verläßt;
12. Sie brechen in lautes Weinen aus, wenn das Kind aufsteht;
13. Sie geben jedesmal ein Klingelzeichen, wenn es aufsteht;
14. Sie tun jedesmal, wenn das Kind seinen Platz verläßt, etwas anderes;
15. Sie lassen einen Gong ertönen, wenn das Kind auf seinen Platz zugeht oder sich hinsetzt;
16. Sie zeigen ein unterschiedliches, aber ganz offensichtlich ungewöhnliches Verhalten, dessen Ablauf nichts damit zu tun hat, ob das Kind stillsitzt oder seinen Platz verläßt;
17. Sie erklären dem Kind, es dürfe sich nicht hinsetzen.

Ihre Aufzeichnungen darüber, welcher Ansatz bei dem betreffenden Kind wirklich Erfolg hatte, geben Ihnen einigen Einblick in die Lernabläufe, die in diesem besonderen Fall vorliegen. Jede dieser Verhaltensweisen wird mit Sicherheit der Verhaltensformung dienen, vorausgesetzt, daß das Kind weiß, worum es geht. Darüber hinaus gibt es noch mindestens zehn weitere Interventionsmöglichkeiten, die sich in diesem Fall eindeutig verwenden lassen:

Sie können das betreffende Kind filmen oder fotografieren; Sie können die ganze Klasse einen Jungen zeichnen lassen, der absolut nicht auf seinem Platz bleiben kann; Sie können das Kind unterbrechen und es ganz genau beschreiben lassen, was es gerade tut und was ihm während der letzten 30 Sekunden und im Augenblick aufgefallen oder durch den Kopf gegangen ist; Sie können die Klasse jedesmal aufstehen lassen, wenn das Kind seinen Platz verläßt, Sie können einen Mitschüler aufstehen lassen oder selbst aufstehen, sobald das betreffende Kind seinen Platz verläßt; Sie oder ein Mitschüler können dem Kind folgen, wenn es im Klaßzimmer umhergeht; Sie können die Kinder im Spiel auf ihren Plätzen zappeln lassen; Sie können die Stühle aufeinanderstapeln und alle Schüler auf dem Boden Platz nehmen lassen; Sie können die Stühle umdrehen und die Kinder »marschieren« lassen; Sie können die Klasse in Zweiergruppen aufteilen und einander auf dem Schoß, auf dem Rücken, auf den Füßen oder zwei Kinder auf einem Mitschüler niedersitzen lassen; Sie können die ganze Klasse Stühle an die Tafel malen oder aus Papier ausschneiden lassen; Sie können mit der Klasse ins Freie gehen; Sie können eine Konzentrationsübung zum Thema »Sitzen« aufzeichnen und sie den Kindern dann vorspielen; Sie können jemand vor der Klasse demonstrieren lassen, wie man sich hinsetzt; Sie können jeden Schüler versuchen lassen, sich so natürlich wie möglich vor der Klasse hinzusetzen, und dann darüber sprechen, wie schwierig das doch ist; Sie können die Kinder darüber nachdenken lassen, warum der »Marsmensch« sich nicht hinsetzen kann, obwohl er auch zwei Beine hat und so läuft wie wir; Sie können die Kinder eine Weile auf- und abspringen und dabei brüllen lassen.

Bei allen Versuchen, Verhaltensweisen zu verändern, kommt es entscheidend darauf an, daß dabei die Wahrnehmungs- und Kontaktfähigkeit gesteigert, durch Rückkoppelungs- und Selbsterfahrungsvorgänge die Selbstkontrollmöglichkeiten verstärkt sowie Kenntnisse und Fertigkeiten ausgebaut werden.

Anhang

1. Green Valley

(Ein Versuch der Persönlichkeitsbildung bei schwierigen Kindern und Jugendlichen, die dadurch zu aktiver Daseinsgestaltung fähig werden, anstatt Strafen, Gewalttätigkeit und Chaos zu provozieren oder Realitätsverlust und Selbstzerstörung anheimzufallen.)

a) Einige Erkenntnisse aus Rattenexperimenten

Ratten sind im allgemeinen netter zueinander als Menschen, vor allem wenn sie in Freiheit leben und nichts mit Menschen zu tun haben. Fangen Sie sich doch einmal ein paar wilde Ratten, setzen Sie diese in ein sehr geräumiges Gehege und beobachten Sie die Tiere. Sie werden dabei feststellen, daß Ihre Ratten äußerst »lebenstüchtig« sind. Sie verbringen den größten Teil ihrer wachen Zeit damit, zu *leben* — sie sind also unternehmungslustig wie fleißig und genießen ihr Dasein.
Wenn die Zahl der Tiere das Nahrungsangebot nicht übersteigt, laufen und klettern die Ratten unermüdlich und durchforschen ihre Umgebung. Sie spielen die ganze Nacht hindurch geradezu ausgeklügelte Spiele miteinander. Wenn Sie das Rattengehege mit Laufrädchen ausstatten, klettern die Ratten bald hinein und beschäftigen sich stundenlang damit. Versuchen Sie es einmal mit eckigen Laufvorrichtungen, die mehr Kraft und Geschicklichkeit erfordern: Die Ratten werden diese Geräte den leichteren, runden Laufrädern vorziehen. Mit dieser vergnüglichen Arbeit beschäftigen sich die Ratten ohne jede Belohnung und erledigen daneben auch ihre »nützlichen« Aufgaben höchst effektiv, sei es nun der Nestbau oder das Sammeln und Speichern von Nahrung. Ratten sind übrigens auch sehr gute Eltern und haben ausgesprochen wohlerzogene Junge.
Sie können Ihren Ratten auch etwas sehr »Menschenähnliches« aufzwingen. Normalerweise setzt man die zum Tierexperiment gefangenen wilden Ratten in einen sehr geräumigen Käfig, in

dem Schachteln und Material zum Nestbauen herumliegen. Die »menschenähnliche« Tierhaltung dagegen besteht in einer Art »Reihensiedlung«, bei der die Nistkästen fein säuberlich hintereinander angeordnet werden. Richten Sie also die Nistreihe nach dem Modell A-B-C-D ein und sorgen Sie dafür, daß die Ratten durch A und D kriechen müssen, wenn sie zum Nest B und C gelangen wollen.

Sobald man die Ratten zwingt, sich in einer solchen Reihensiedlung niederzulassen, beginnen die Tiere, sich sehr menschenähnlich zu verhalten. Ihre regelmäßigen Arbeits- und Spielzeiten verringern sich beträchtlich. Die Tiere kämpfen sehr viel miteinander und kümmern sich kaum noch um ihren Nachwuchs, wenn sie ihre Jungen nicht sogar anfauchen oder nach ihnen schnappen. Bei der ABCD-Haltung erleben Sie bei den Ratten eine enorme Anzahl von Früh- und Totgeburten, Krebs und andere Degenerationskrankheiten, Homosexualität und Aggressivität. Häufig stoßen die Muttertiere ihre Jungen versehentlich aus dem Nest und merken es noch nicht einmal, wenn die Neugeborenen hilflos auf dem Boden liegen. Manchmal werden die Jungen sogar aufgefressen. Die Nistplätze sind immer blutverschmiert, chaotisch und schlampig. Gnade Gott der armen Maus, die man in einen solchen Käfig läßt!

Im Labyrinthversuch zeigen diese Ratten längst nicht so viel Intelligenz wie ihre in getrennten Nestern aufgewachsenen Artgenossen. Ihr Körpergewicht ist ebenfalls geringer. Sie fressen lieber zuckerhaltiges Futter als Nahrung mit einem hohen Gehalt an Thiamin (Vitamin B1). Ihre Lebenserwartung ist geringer, ihre Zellstruktur weniger komplex, ihr Gehirn kleiner.

Die ABCD-Ratten bleiben auch nach ihrer Verlegung in ein Gehege mit getrennten Nistplätzen sehr erregbar, aggressiv und unproduktiv. Selbst ihre Enkel zeigen noch ein ähnliches Verhalten, obwohl sie und ihre Eltern in Einzelnestern aufgewachsen waren.

Richten Sie normale Ratten einzeln darauf ab, für ihr Futter bestimmte Leistungen zu erbringen, und bringen Sie die Tiere dann zusammen. Sie werden bald feststellen, daß die Ratten untereinander eine Art Arbeitshierarchie einrichten, in der die Tiere unterschiedlich viel arbeiten. ABCD-Ratten dagegen sind immer streunende Einzelgänger. Wenn man sie mit anderen zusammenbringt, stürzen sie sich häufig in Scheinkämpfe und fallen dann oft tot um. Dies geschieht auch, wenn verschiedene Rattenarten zusammenkommen, sehr viel häufiger aber bei ABCD-Ratten. Unter normalen Lebensbedingungen tötet nur ein kleiner Prozentsatz von Ratten spontan Mäuse: ABCD-Ratten aus Reihennestern fallen jedoch immer Mäuse an.

Es gibt noch viele andere Möglichkeiten, Ratten oder Menschen (von Katzen, Affen, Ziegen oder anderen Tieren einmal abgesehen) zu reizbaren, nervösen, aggressiven, dummen, schwächlichen, krankheitsanfälligen und trägen Kreaturen zu machen. Man braucht sie nur sehr früh von der Mutter zu trennen oder sie bei einer unzulänglichen Mutter aufwachsen zu lassen, sie ständig zum Stillhalten oder Ruhigsein zu zwingen, sie mit Lärm zu überfluten, sie in einer reizlosen und langweiligen Umgebung zu halten — und sie vor allem zu bestrafen, wenn sie ihre Umwelt erforschen oder spielen, Gefühle äußern, sich spontan verhalten, sich berühren oder sich bewegen.

b) Eine Grundtheorie der Verhaltensstörungen

Die für die Ausbildung von destruktiven oder störenden Verhaltensweisen maßgebenden Faktoren lassen sich verhältnismäßig gut bestimmen. Die Kräfte und Strebungen der menschlichen Grundstruktur stehen in Wechselbeziehung zueinander, wobei allerdings einzelne Strebungen zu fest verwurzelt sein können, als daß sie sich von anderen Faktoren formen ließen — bis sie freigesetzt werden. Jede beliebige Ursache kann dabei dominieren. In der folgenden Zusammenstellung sind die von uns erfaßten Faktoren nach ihrem vermutlichen Wirkungsgrad geordnet:

1. genetische Faktoren
2. konstitutionelle Faktoren
3. frühkindliche kinetische Wechselbeziehungen
4. frühkindliche Ernährung
5. die Vielschichtigkeit der Umweltreize
6. frühkindliche Lernvorgänge
7. kulturelle oder umweltbedingte Gegebenheiten
8. Krankheiten und Funktionsstörungen.

Wir wollen uns anhand der folgenden Beispiele einmal ansehen, wie diese Faktoren Leben und Verhalten des Menschen beeinflussen:

1. (genetische Faktoren)
Ein Tay-Sachs-Kind bleibt nicht am Leben. Bei den Hopi-Indianern werden die Kleinkinder lange Zeit herumgetragen; wenn man sie dann das erstemal auf den Boden stellt, fangen sie gleich an zu laufen — sie brauchen nicht erst zu krabbeln.
2. (konstitutionelle Faktoren)
Ein Kind, das am Downs-Syndrom leidet, kann nicht Arzt werden. Frühgeburten sind in ihrer Entwicklung fast immer besonders anfällig. Ein Kind, dessen Mutter unterernährt war, ständig unter Streß litt oder wiederholten Traumata ausgesetzt wurde, ist in seiner weiteren Entwicklung ebenfalls besonders anfällig. Es gibt »vitalstarke« und »vitalschwache« Menschen.
3. (frühkindliche kinetische Wechselbeziehungen)
Schimpansen, die im Dunkeln aufwachsen, können nicht sehen oder zumindest nicht gut sehen, und sind auch nicht in der Lage, später Sehfähigkeit zu entwickeln. Pferde, die auf die übliche Art und Weise aufgezogen werden, erstarren beim Anblick von Feuer vor Schreck oder geraten in Panik; wenn sie an einem Zaun hängenbleiben, bringen sie sich mit ihren kopflosen Versuchen, sich loszureißen, häufig selbst um; sie sind ganz allgemein ausgesprochen dumme, »neurotische« Tiere. Wenn man sie als Fohlen gelegentlich in den Arm nimmt, sie beruhigt, streichelt und ihnen gut zuredet, entwickeln sie sich ganz anders. Kinder, die ohne Mütter oder mit wenig Kontakt zur Umwelt aufwachsen, haben schlechtere Ausgangsbedingungen.
4. (frühkindliche Ernährung)
Ein Kind, das während seiner ersten sechs Lebensmonate stark hungern muß, bleibt in vielerlei Hinsicht zurück und kann seinen Entwicklungsrückstand auch später nicht aufholen. Waren auch seine Eltern und Großeltern chronisch unterernährt, ist es mit hoher Wahrscheinlichkeit in seiner generellen Leistungsfähigkeit stark beeinträchtigt.
5. (Vielschichtigkeit der Umweltreize)
Tiere, die im Käfig aufwachsen, haben ein kleineres Gehirn und entwickeln generell sehr viel weniger Fähigkeiten als Artgenossen, die in einer komplexen Umwelt oder in Freiheit aufwachsen.

6. (frühkindliche Lernvorgänge)
Eine Ratte, die in ABCD-Haltung aufgezogen wird, erleidet massive Schädigungen. Bei den Kindern von Waldpygmäen kommen so gut wie keine Unfälle vor. Bei den Arapeshs sind die Erwachsenen nicht in der Lage, Wut oder Zorn aktiv auszudrücken. Hutterianern, die psychotisch erkranken, zeigen weder Paranoia noch Aggressivität, sondern reagieren depressiv. Bei den Okinawas kommen keine streßbehinderten Neurosen vor; in der Kindererziehung wird keinerlei Zwang ausgeübt.
7. (kulturelle oder umweltbedingte Gegebenheiten)
Ein Zulu-Neger kann gerade Linien nicht erkennen, und Wüstenbeduinen erkennen Fotos nicht als Bilder. Trobriander-Indianer sterben, wenn sie bestimmte Worte hören und daran glauben. Ein Angehöriger des Mundugumor-Stammes, dem bei der Geburt die Nabelschnur um den Hals liegt, wird später zum Künstler, mit dessen Talent sich kein Stammesgenosse messen kann.
8. (Krankheiten und Funktionsstörungen)
Hypoglykämie, Über- oder Unterfunktion der Schilddrüse, Eisenmangel, Vitaminmangel oder ein Defizit an Spurenelementen, Diabetes, Allergien und andere Stoffwechselstörungen sind oft die Ursache für anormale, destruktive, psychotisch-epileptische oder sonstwie ungewöhnliche Reaktionen bis hin zum Tod. Häufig treten aber auch keine solchen Symptome auf. Dies gilt auch für Wucherungen und Infektionskrankheiten infolge von Bakterien oder Viren. Funktionsstörungen und Krankheiten sind oft die Folge von oder Begleiterscheinungen bei Überforderung und Streß, Traumata und emotionalen Konfliktsituationen. Die Grundlage für Verhaltensstörungen ist in diesem Zusammenhang besonders komplex und dynamisch.

c) Zirkus oder Zoologischer Garten?

Es mag ja sehr unfair sein, wenn wir die Auffassung vertreten, daß sich der in Green Valley praktizierte Ansatz zu den üblichen Schul- oder Klinikpraktiken verhält wie ein moderner, hochdifferenzierter Zoologischer Garten zu einem Zirkus.
Ein Zirkusdirektor interessiert sich in erster Linie für die Dres-

surleistungen, die seine Tiere dem Publikum bieten. Ihm genügt es vollkommen, wenn seine Tiere soweit gesund sind, daß sie ihre Kunststücke vorführen können.

Der Schullehrer ist normalerweise in erster Linie daran interessiert, daß seine Schüler bestimmte, vorgegebene, formale Leistungsanforderungen erfüllen. Ihm genügt es, wenn sein »Publikum« in Gestalt von Eltern und Schulbehörden diese Leistungen entsprechend würdigt. Er verlangt nichts weiter, als daß seine Zöglinge gesund und wohlerzogen genug sind, um mitzumachen und bestimmte Leistungen zu erbringen.

Dem verantwortungsbewußten Tierpfleger, der für einen entsprechenden Zoologischen Garten verantwortlich ist, kommt es darauf an, organische und »natürliche« Umweltbedingungen zu schaffen und zu erhalten. Er wünscht sich das Verhalten seiner Tiere so »natürlich« wie möglich. Der verantwortungsbewußte Zoologe weiß sehr wohl, daß »natürliches Verhalten« kein feststehender Begriff sein kann: Vor 100 Jahren jagten Löwen in Kenia noch nicht in Rudeln, sondern gingen als Einzelgänger auf Beutefang; die amerikanischen Stare konnten vor 100 Jahren noch keine vor der Haustür stehenden Milchflaschen aufpicken. Um die Jahrhundertwende war das Rehwild in den Vereinigten Staaten fast ausgestorben, scheint jetzt aber trotz der Umweltveränderungen prächtig zu gedeihen.

Der verantwortungsbewußte Tierschützer interessiert sich in erster Linie dafür, wie die Tiere alle möglichen organischen Wechselbeziehungen und deren Probleme bewältigen. Dabei kommt es ganz entscheidend darauf an, auf störende Eingriffe in die Umwelt der Tiere zu verzichten und gleichzeitig dafür zu sorgen, daß vielfältigste ökologische Vorgänge ungehindert ablaufen können. Der Zoologe mag einzelne Zusatzfaktoren in die Umwelt der Tiere einführen (etwa ein Laufrad auf freiem Feld), um dadurch neue Forschungsergebnisse zu erzielen, doch sein Hauptaugenmerk gilt eindeutig dem Tier und dessen gesamten Lebensbedingungen.

Wir sind in Green Valley der Auffassung, daß wir Biologen, Charakterbildner, Verhaltensforscher und Verhaltenstherapeuten sind und daß jeder von uns in irgendeiner Form auch Aufgaben als Vater oder Mutter, Arzt und Psychotherapeut, Lehrer und Erzieher erfüllt.

Darüber hinaus sind wir auch noch Verwaltungsfachleute, Manager, Buchhalter, Sekretärinnen, Apotheker, Chauffeure, Zimmerleute, Installateure, Elektriker, Bootsleute, Gärtner, Köche, Zimmermädchen, Künstler, Handwerker, Schriftsteller, Drucker usw. — und das alles unter ziemlich deutlicher Einbeziehung in den ökologischen und Erfahrungsbereich unserer Schützlinge.
Die von uns gebrauchten Bezeichnungen *Proband, Schüler, Patient* oder *Kind* sind durchaus auswechselbar und werden unabhängig vom Alter unserer Schützlinge oder vom Grund ihrer Einweisung in unser Heim benutzt. Manche Kinder und Jugendliche brauchen heilpädagogische und psychotherapeutische Betreuung; andere wieder landen bei uns, weil sie den Behörden Schwierigkeiten gemacht haben.
Die Persönlichkeitsbildung vollzieht sich bei uns auf einer existentiell demokratischen Ebene. Trotzdem hängt unser Proband-Schüler-Patient-Kind und dessen gesamte Umwelt im Internat von Institutionen ab. Unser Ideal von einer lebensfrohen, persönlichkeitsbildenden Erziehung verwirklicht sich nicht einfach von selbst, sondern nimmt erst durch die pädagogischen Hilfen unserer Mitarbeiter Gestalt an. Außerdem kostet das, was im Zoo oder in der Klinik wie »Nichteinmischung« aussieht, sehr viel Mühe und Anstrengung. Wenn es darauf ankommt, legen wir aber auch großen Wert darauf, über Fragen der Macht oder der Einmischung Kindern gegenüber keine Haarspalterei zu betreiben.

d) Faktoren, die unseren »Anthropologischen Garten« ausmachen

Bestandsaufnahmen und Regulierung biologischer Vorgänge

Es wäre sinnlos (wenn nicht geradezu kriminell), bei einem an Hypoglykämie leidenden Kind nicht zu allererst den Glukose-Haushalt in Ordnung zu bringen und ihm durch solche Unterlassungssünden die Chancen für eine positive Entwicklung von vornherein zu verweigern. Schließlich müssen erst einmal die rein organischen Hirnfunktionen einigermaßen stimmen, bevor wir dem betreffenden Kind Selbstkontrolle und Selbstbestimmung über das Zubettgehen, die richtige Ernährung oder das Lesenlernen einräumen. Eine medizinisch überwachte Diät hilft hier oft sehr viel weiter.

Feste, klare, konsequente und realistische Grenzen
Das Kind weiß ganz genau, worauf und auf welche Bezugspersonen es sich verlassen kann. Dabei scheint es gar keine so große Rolle zu spielen, ob die ihm gesetzten Grenzen nun unbedingt fair sind, obwohl angemessene, faire Grenzen besser und richtig sind. Um einen Vergleich aus der Landwirtschaft zu gebrauchen: Manchmal braucht ein sturer Maulesel eben einen hinter die Löffel, damit er aufpaßt. Ein paar harte, aber offene und ehrliche Ausdrücke genügen oft schon. Sobald wir uns der Aufmerksamkeit des Kindes einigermaßen sicher sind, bieten wir ihm eine Reihe von Verhaltensmöglichkeiten und fordern es auf: »Such dir eine aus.« (Unseren jüngsten Untersuchungsergebnissen zufolge bestand etwa zehn Prozent unserer Schützlinge aus solchen »Mauleseln«.)

Viel Zeit für Entspannung, Eingewöhnung und Erholung
Unsere jugendlichen Patienten befinden sich fast immer in einem starken, chronischen Erregungszustand. Sie leiden an Schlafstörungen, Schreckhaftigkeit, Hyperaktivität und massiven Stoffwechselstörungen.
Unser Rezept besteht häufig zunächst einmal einfach aus einer hohen Dosis an »dolce far niente«.

Guter Schlaf

Qualifizierte Bezugspersonen
Diese geben Wärme, Freundlichkeit, Zärtlichkeit und Menschlichkeit.

Alles weitere ist Ästhetik.

e) Welche Probleme bewältigt werden müssen, bevor die Kinder zu uns kommen

Bei der heilpädagogischen Behandlung schwieriger Kinder stellt sich oft folgendes Problem: Warmherzige, liebevolle, freundliche und pädagogisch qualifizierte Leute beschäftigen sich nicht gerne mit gefühlskalten, unnahbaren, ängstlichen oder aggressiven, langweiligen oder leistungsgestörten Kindern. Das kann allerdings auch daran liegen, daß diese Pädagogen eben nicht warmherzig, liebevoll usw. sind ...

Kürzlich machte sich auf einer Seminartagung zum Thema »Weiterbildung pädagogischer Mitarbeiter« ein herzerfrischend ehrlicher Leiter eines ausgezeichneten Behandlungszentrums für schwierige Kinder über Referenten und Veranstalter mit den Worten lustig: »Was wollen Sie eigentlich mit all den schönen Reden? Ich habe im letzten Jahr wegen 120 Planstellen 650 Formulare ausgefüllt, und ich kenne in unserem Arbeitsgebiet niemanden, der nicht die gleichen Schwierigkeiten hätte.«
Dieses Problem gilt für jeden, der eine Internatsschule leitet, auch wenn es sich bei dem Heim um ein hübsches, sauberes, gepflegtes, vornehmes Internat für hübsche, saubere, gepflegte Kinder handelt. Der Mitarbeiterstab ist alles andere als vollkommen, und die Erzieher bleiben meist auch nicht lange.
Green Valley konnte dieses Problem jahrelang dadurch in Grenzen halten, daß sein Mitarbeiterkollegium ausschließlich aus Angehörigen (und zwar Männern und Frauen) einer freien Bruderschaft bestand. Wir können dies heute nicht mehr im vollen Umfang aufrechterhalten. Vielleicht liegt das einfach daran, daß man bei Verdienstmöglichkeiten von 12 000 Dollar im Jahr für den Verkauf von Versicherungspolicen oder für Installationsarbeiten nicht mehr recht einsieht, weshalb man für 600 Dollar im Jahr Kinder erziehen soll. Es kann aber auch sein, daß sich in letzter Zeit die Stimmungsmache gegen schwierige Jugendliche verstärkt hat. Eins steht jedenfalls fest: keine der zugunsten von Kindern und Jugendlichen arbeitenden Institutionen verfügt über eine ausreichende Zahl qualifizierter Mitarbeiter.
Daraus ergibt sich die zwingende Notwendigkeit, einer klaren, theoretischen Grundlage sowie einer praktikablen Verwaltungs-, Management-, Erziehungs- und Therapiemethodik zu folgen. Alles muß sich in einem schrittweisen Aufbau vollziehen, der mindestens so klar und einfach ist wie der organisatorische Ablauf in einer Autoreparaturwerkstätte.
Wir glauben, dieses Problem dadurch in den Griff bekommen zu haben, daß wir innerhalb eines demokratisch strukturierten, sozialen Umfeldes einem in erster Linie biologisch-anthropologischen Ansatz folgen. Man braucht keine besonderen übermenschlichen Fähigkeiten, wenn man so vorgeht, daß die Verweigerung der Mitarbeit seitens des Kindes eine Einschränkung der Wahl- und Entscheidungsmöglichkeiten zur Folge hat.

f) Ankunft in Green Valley

Das Kind bekommt bei seiner Ankunft gesagt:

1. Die einzige Möglichkeit, hier herauszukommen, ist auf dem Weg über einen qualifizierten Schulabschluß. Wir geben hier nie jemanden auf, werfen niemand hinaus und lassen uns niemals entmutigen.
2. Wir halten absolut nichts von dem Gerede über verhaltensgestörte oder schwierige Kinder. Wenn du eine Verhaltensstörung oder Schwierigkeit erleben willst, brauchst du mich bloß mal ins Schienbein zu treten. Die Tatsache, daß deine Mami gemein zu dir war, hat nicht das geringste damit zu tun, daß du stiehlst oder nicht lesen kannst.
3. Deine schulischen Leistungen und Lernfortschritte hängen nicht von dir ab. Es kümmert uns wenig, ob du nicht lernmotiviert, dumm, faul, böswillig oder sonst etwas bist und die Mitarbeit verweigerst. Bei uns wirst du auf alle Fälle lernen. Wir sind Lehrer von Beruf und werden dir auch etwas beibringen.
4. Wir gehen von der Annahme aus, daß du ein erwachsener, selbständiger Mensch werden willst, daß du so schnell wie möglich hier herauskommen möchtest und daß du irgendein Diplom oder Zeugnis willst, mit dem du etwas anfangen kannst, und außerdem Kenntnisse und Fertigkeiten, die dir eine gewisse Unabhängigkeit und ein Einkommen einbringen.
5. Wir erlauben dir persönliche Freiheit und Privatsphäre. Wenn du deine und anderer Leute Privatsphäre respektierst, wirst du dein eigenes Zimmer und die Rechte und Freiräume eines erwachsenen und selbstverantwortlichen Menschen behalten.
6. Wenn du unbedingt willst, kannst du deine Fixierung auf Bullen, Bewährungshelfer, Fürsorgebeamte, Psychotherapeuten, Sozialarbeiter, Psychologen, Psychiater usw. auf Schritt und Tritt beweisen. Benimm dich ruhig weiter wie ein Säugling oder wie ein Landstreicher, dann verlierst du jedenfalls deine Privatsphäre, deine Rechte und deine Freiräume und landest schließlich irgendwo, wo es verdammt nach dem Grundausbildungslager eines Marine Corps aussieht.
7. Wenn du dich weiterhin genüßlich in deinen Mißerfolgen und Leistungsstörungen suhlst — das heißt, wenn du partout nicht lesen lernen oder anstelle des Lesens sonst etwas Sinnvolles

tun willst —, dann werden wir dich an der Hand nehmen und dich Schritt für Schritt in Richtung Erwachsenwerden und Selbständigkeit führen. Wir haben hier sehr viel Platz und alle möglichen Dinge, mit denen du dich beschäftigen kannst: Bücher, Boote, Autos, Projektgruppen, was du willst. Du wirst hier deinen Abschluß als Facharbeiter machen oder dich fürs Studium qualifizieren.

8. Bei uns gilt das Motto: *»Beherrsch dich selbst, oder laß dich von uns beherrschen.«*

g) Die Behandlung

In einigen Fällen stellt sich bei den ersten, umfangreichen Untersuchungen sehr bald heraus, daß die Kinder aus biologischen Gründen keine Selbststeuerung ausüben können. Dies trifft etwa auf einen von zehn Patienten zu. Die Betreffenden leben dann, gemeinsam mit jungen Eltern, in einem so normalen Haushalt wie möglich. Man läßt dabei nichts unversucht, sie in das demokratische Zusammenleben der bestehenden Gemeinschaft einzugliedern. Diese Patienten brauchen außer der Aufgabe, sich selbst und ihr Zimmer in Ordnung zu halten, nicht zu arbeiten. Sie nehmen allerdings an den Gemeinschaftsveranstaltungen teil, auch wenn der eine oder andere kaum kontaktfähig ist.
Die meisten Kinder und Jugendlichen erhalten bei uns von Anfang an ihr eigenes Zimmer, das sie selbst in Ordnung halten müssen. Das eigene Zimmer kann ihnen aber wieder entzogen werden, wenn sie den Raum verkommen lassen oder eine der von der Vollversammlung erlassenen, für alle gültigen Regeln gröblich verletzen. Bei diesen Versammlungen haben Schüler und Erzieher gleiches Stimmrecht. Gelegentlich kommt es vor, daß einige Erzieher die Vollversammlung boykottieren, um die Spannungen in der Gruppe zu intensivieren und den offenen Konflikt herbeizuführen. Diese Methode ist ein höchst wirksames Mittel, das Zusammengehörigkeitsgefühl der Schüler zu stärken.
Viele Kinder scheinen sich sofort nach ihrer Ankunft in Green Valley richtig zu Hause zu fühlen. Die in ihrer Fallgeschichte verzeichneten Verhaltensstörungen treten dann gar nicht mehr auf. Die Schüler fangen dann sogleich an, sich sinnvoll zu beschäftigen, und erreichen bald einen qualifizierten Schulabschluß.

Offenbar ermöglichen es die hier herrschenden Umweltbedingungen den Kindern, eine entsprechende Selbststeuerungsfähigkeit zu entwickeln, ohne daß man besonderen therapeutischen Aufwand treiben müßte. In der neuen Umgebung verlieren eingefahrene, gewohnheitsmäßige Verhaltensweisen ihre Bedeutung und werden schnell überwunden.
Andere Kinder und Jugendliche bleiben monatelang unbeteiligt, unaufrichtig, träge, gelangweilt, nervös und aggressiv. Sie lassen sich von den neuen Umwelteinflüssen nicht beeindrucken und müssen einer gründlicheren Diagnose unterzogen werden. Häufig brauchen diese Kinder Regulierungshilfen auf biologischer Grundlage. Funktionsstörungen im Bereich der Psychomotorik oder der Wahrnehmungsfähigkeit erfordern bei den grundlegensten Lernprozessen besondere heilpädagogische Betreuung. Wieder andere sind praktisch von Geburt an von dauerstreßbedingten oder traumatischen Konditionierungen beherrscht und brauchen eine besondere, verhaltenstherapeutische Behandlung. Es gibt sehr wirksame Methoden, die Nervenfunktionen zu stabilisieren, phobische Erlebnisbereiche zu desensibilisieren, die Wahrnehmungsfähigkeit zu steigern und eine präzisere und realistischere Umweltbeziehung zu ermöglichen. Diese Methoden sind inzwischen soweit entwickelt, daß sie sich unter psychiatrischer oder psychologischer Kontrolle durchaus von Hilfskräften und anderen Mitarbeitern anwenden lassen. In vielen Fällen kann man die entsprechenden Übungen sogar automatisieren, so daß sie nur noch technisches Personal erfordern.

2. Diagnostische Besonderheiten

Die in den Einrichtungen unserer *Humanitas*-Gesellschaft gewonnenen Erfahrungen verdeutlichen und bestätigen Forschungsergebnisse, wonach das in der Pädagogik gewonnene, diagnostische Material nicht immer sonderlich nützlich oder zuverlässig ist. Die Erfahrung lehrt, daß ein erfahrener Psychologe anhand einer Fallgeschichte oft genauere Prognosen für künftige Verhaltensweisen erstellen kann, wenn er statt des gesamten Materials nur einen oder zwei fallgeschichtliche Faktoren auswertet. Es zeigt sich auch, daß viele Laien das allgemeine Erscheinungsbild, das Verhalten und die sprachliche Ausdrucksfähigkeit der Kinder oft besser beurteilen können als der Fachmann, wobei wir als Kriterium nicht das formale Einordnen eines Falles in Lehrbuch-Kategorien nehmen wollen, sondern konkrete Verhaltensprognosen. Zudem hat es sich erwiesen, daß verhaltenspsychologische Experten von allen mit Sozialarbeit befaßten Berufsgruppen am wenigsten in der Lage sind, über das Verhalten bestimmter Individuen einigermaßen zuverlässige Prognosen abzugeben.

Jeder Neuankömmling wird in unseren Behandlungszentren zur besseren Beurteilung einer umfangreichen Testbatterie unterzogen. Diese Tests sind in erster Linie darauf abgestellt, dem Kind oder Jugendlichen in der Testsituation selbst schon Erfolgserlebnisse zu vermitteln, mit deren Hilfe er ein ganz neues Verhältnis zum Lehrer und Erzieher entwickeln kann. Der Proband erlebt dabei ganz neue Formen der Wahrnehmung und des Verhaltens. Die dabei gewonnenen Testergebnisse dienen in erster Linie der Forschung und werden den Lehrern und Erziehern nur insoweit zugänglich gemacht, als sie ganz allgemein der Weiterbildung und dem Hintergrundwissen der Mitarbeiter bezüglich der Entwicklungsbedingungen von Kindern und Jugendlichen dienen.

Anhand jahrelanger Erfahrungen mit Kindern aus allen denkbaren sozialen Schichten, unterschiedlichster Abstammung und verschiedenartigster Umwelteinflüsse sind wir jedoch in der Lage, allgemeine Kriterien für den Umgang mit diesen Kindern herauszuarbeiten.

Die in Green Valley verwendeten, differentialdiagnostischen Kategorien werden — zusammen mit den charakteristischen Merkmalen — in diesem Teil des Anhangs aufgeführt. Wir wollen ganz allgemein folgendes über jedes Kind in Erfahrung bringen:

1. In welchem biologisch-physiologischen Zustand befindet sich das Kind? Seine Konstitution weist mit Sicherheit eine gewisse Anfälligkeit, traumatische Schädigungen, Funktionsstörungen usw. auf.

   a) Die primären Funktionsstörungen, die sich uns durch Verhaltensstörungen anzeigen, sind:

   Hypoglykämie,

Allergien,
Über- oder Unterfunktion der Schilddrüse,
ernährungs- oder stoffwechselbedingte Mangelerscheinungen.
b) Primäre, funktionelle Störungsanfälligkeiten:
verzögerte Entwicklung, vor allem im Bereich der Sinneswahrnehmungen,
starke Erregbarkeit,
Schlafstörungen oder funktionelle Narkolepsie.
c) Strukturelle Störungsanfälligkeiten betreffen:
die Körperkraft,
die körperliche Gewandtheit und Koordinationsfähigkeit,
Vitalität und Widerstandsfähigkeit,
die Reaktion dieser Faktoren auf Streß.

2. Wie werden Wahrnehmungen vom Nervensystem verarbeitet?
a) Messungen der Funktionstätigkeit des sympathischen Nervensystems, vor allem anhand von ermittelten Grundwerten der psychogalvanischen Hautreaktion, der Labilität psychogalvanischer Reflexe, des Pupillenreflexes, des Blutdrucks, der Pulsfrequenz, der Verdauungsvorgänge; der allgemeine Tonus und die Leistungsfähigkeit des sympathischen Nervensystems, wie sie sich im Zustand der Haut, in Allergien und in der Histaminreaktion zeigen.
b) Wie verlaufen Konditionierungen bei dem Betreffenden: Langsam und mit schneller Löschung oder langsam und mit langsamer Löschung; schnell und mit schneller Löschung oder schnell und mit langsamer Löschung usw.? Prognosen über das Verhalten von Kindern in bestimmten Situationen lassen sich vielfach stellen, wenn man die charakteristischen Konditionierungskurven der Betreffenden, ihre entsprechenden Reaktionen auf Streß und ihre Löschungskurven kennt.
c) Wie weit liegen kortikale Störungen vor? Diese lassen sich anhand der Leistungen des Betreffenden bei Pursuitmeteraufgaben feststellen. Verringert sich diese Leistung, wenn man den Probanden zu größerem Tempo zwingt, ihn ablenkt oder ihm Prismengläser aufsetzt? Wie hoch ist die charakteristische Tremorneigung? Reagiert der Betreffende auf Streß mit Tremor oder Unbeweglichkeit, erhöhtem oder verringertem Blutdruck und Puls? Welchen Eindruck hinterläßt er beim klinisch geschulten Beobachter: Zeigt der Proband Durchhalte-

vermögen, Frustrationstoleranz gegenüber Langeweile und Bewegungslosigkeit, die Fähigkeit, sich auf Details zu konzentrieren oder subtilere Koordinationsleistungen zu erbringen? Wie stark ist die Minderleistung, die durch kortikale Störungen verursacht wird?

d) Wie groß ist das Ausmaß physiologisch meßbarer Erregbarkeit? Fast alle Kinder, die in Sonderschulklassen überwiesen werden, verbleiben lange Zeit im Zustand starker Erregbarkeit. Läßt diese Erregbarkeit rapide nach, wenn man dem Kind Anweisungen oder Ratschläge erteilt? Läßt der Erregungszustand schnell nach, wenn man das Kind ruhigstellt, für maßvolle Ernährung sorgt und dem Kind liebevolle Zuwendung zuteil werden läßt — oder hält die hohe Erregbarkeit trotz körperlicher und seelischer Geborgenheit unverändert an? Welche Auswirkungen hat diese Erregbarkeit auf diese Wahrnehmungs- und Leistungsfähigkeit?

e) Wie stark wirken Widerstände? Reagiert der Betreffende physiologisch wie verhaltensmäßig massiv auf Autoritätssymbole? Wie stark läßt sich der Proband durch Suggestion beeinflussen?

f) Wie hoch ist die generelle Leistungsfähigkeit und deren Beständigkeit? Wie korreliert sie mit den biologischen Anlagen des Schülers, seinen motorischen Reaktionen und den Funktionen des Nervensystems? Ein Proband, der körperlich sehr kräftig und vital ist und über eine gut koordinierte Motorik verfügt, gleichzeitig aber starke kortikale Funktionsstörungen, hochgradige Erregungszustände und Widerstände aufweist und sehr geringe Leistungen erbringt, dürfte ein ausgesprochen schwieriger Fall sein. Vitalschwache Probanden mit schlecht koordinierter Motorik, starken kortikalen Störungen, geringer Erregbarkeit, schwachen Widerständen und hoher Leistungsfähigkeit (trotz körperlicher Anfälligkeit) machen dagegen wenig Schwierigkeiten.

Wann haben Isolation und strenge Behandlung therapeutischen Wert, wann nur einen optischen Effekt? Zöglinge mit niedriger Hemmungsschwelle profitieren im allgemeinen von guter Organisation, Strenge, positiven Verstärkungen, Isolierung, Konsequenz und gelassener Behandlung.

Im allgemeinen reagieren wortgewandte, affektive und aktive

Individuen — sofern sie besonders widerstandsfähig sind und nicht an extremen Wahrnehmungsverzerrungen und Halluzinationen leiden — positiv auf massive Einwirkung, oft sogar auf physische Gewalt. Bei sprachgestörten, gehemmten, autistischen, neurotischen Individuen macht Streß dagegen alles nur noch schlimmer. Sie brauchen sehr viel Zuwendung und keine Spur von Gewaltanwendung.

Es wäre völlig sinnlos, Kinder mit schwachen Leistungen, niedriger Hemmungsschwelle, starker Erregbarkeit, rascher Konditionierbarkeit bei ebenso rascher Löschung mit besonderen Unterrichtsmethoden traktieren zu wollen. Sie könnten sich darauf gar nicht einstellen. Zunächst muß ihre Erregbarkeit herabgesetzt werden. Dies nimmt viel Zeit in Anspruch und erfordert intensive Zuwendung, Veränderung der Umweltverhältnisse, vielfältige Beschäftigungsmöglichkeiten, generelle Verbesserung des körperlichen Zustands und viel Freude. Andererseits lassen sich aber leistungsstarke Kinder mit hoher Hemmungsschwelle sehr erfolgreich in alle möglichen Übungen einspannen.

Wir haben ganz allgemein die Erfahrung gemacht, daß fachlich nicht vorgebildete Mitarbeiter auf Kinder intuitiv richtig reagieren. Wir sehen keine Anhaltspunkte für die Auffassung, man könnte irgendjemanden durch Schulung jenes Einfühlungsvermögen, die menschliche Wärme und Fairneß vermitteln, die offenbar das einzige Kriterium zur Unterscheidung zwischen guten und schlechten Therapeuten ausmachen. Der Lehrer tut gut daran, die angelernten, diagnostischen Kategorien wieder zu vergessen und das Kind sich selbst diagnostizieren zu lassen, indem er ihm im Klassen- oder Behandlungszimmer eine Vielzahl von Verhaltensmöglichkeiten anbietet. Finanziell gut ausgestattete, »medizinisch« orientierte Zentren tun jedoch gut daran, bei der Behandlung des Kindes auf dessen biologische und neurologische Gegebenheiten einzugehen. Bei keinem der innerhalb eines Zeitraums von fünf Jahren (bis Juni 1968) an uns überwiesenen 222 Schüler der Sekundarstufe war zuvor auch nur die allgemeinste körperliche Untersuchung vorgenommen worden. Fast die Hälfte dieser Jugendlichen litt an funktionell bedingten Leseschwächen, und kaum einer von ihnen war zuvor mehr als nur höchst oberflächlich augenärztlich untersucht worden. Praktisch alle 222 Schüler bekamen eine zehn- oder mehrseitige »Diagnose« mitgeliefert, wobei man unter »Diagnose« offenbar wohlformulierte Spekulationen über die psychosozialen Antriebe des jeweiligen Kindes aus dem Blickwinkel verschiedener psychologischer Sekten zu verstehen hat. Bei 211 der 222 Jugendlichen lagen unbehandelte Hypoglykämie, Allergien, mangelhafte oder einseitige Ernährung, Über- oder Unterfunktionen der Schilddrüse und Narkolepsie vor.

Lehrer und Erzieher, die — gleichgültig, wo sie arbeiten und wie begrenzt dort die Mittel sein mögen — nicht alles in ihrer Macht Stehende tun, um ein schwieriges Kind zunächst einmal gründlich untersuchen zu lassen, sollten ihren Beruf an den Nagel hängen. Wenn man als Lehrer überhaupt einen Psychologen ernst nimmt, sollte man ihm folgende Fragen stellen:

1. Wird sich dieses Kind aktiv am Unterricht beteiligen oder sich in sich selbst zurückziehen?
2. Wird das Kind, vom Lehrer unter Druck gesetzt, sich wehren, unterdrückte Wut zeigen, weinen, außer Fassung geraten und abschalten, oder wird es ganz einfach von vornherein abschalten?
3. Wird dieses Kind Spaß am Spielen zeigen oder nicht? Wird es sich am Spiel anderer Kinder beteiligen?
4. Hat das Kind eine starke Unfallneigung?
5. Ist dieses Kind in der Lage, Lesen zu lernen? Wie lange wird es brauchen, bis es dies kann?
6. Wird dieses Kind versuchen, anderen wehzutun?
7. Wenn mir bei diesem Kind einmal die Hand ausrutscht: werde ich dann den Zugang zu ihm verlieren oder nicht?

Wenn Sie es mit Kindern zu tun haben, deren Fallgeschichte von außergewöhnlichen Verhaltensstörungen geprägt ist, z. B. mit einem neun- oder zwölfjährigen Mörder, dann fragen Sie den betreffenden Psychologen: »Worin unterscheidet sich dieses Kind von anderen, die genauso aussehen und sich genauso verhalten wie dieses, aber nie gewalttätig geworden sind? Ist dieses Kind eine Gefahr für andere oder für sich selbst?«

Diese Fragen lassen sich nicht einfach anhand irgendwelcher Akten oder Sprechzimmerbeobachtungen beantworten. Im Falle spezieller Formen von Fehlverhalten, wie etwa bei Mördern im Kindesalter, lautet die beste Information: Solche Kinder sind von anderen, die aus ähnlichen sozialen Umweltverhältnissen kommen, nicht zu unterscheiden. Jugendkriminalität im eigentlichen Sinne und andere Formen des Fehlverhaltens lassen sich dagegen prognostizieren. Der Lehrer und Erzieher erhält durch einfache Leitfäden genügend Informationsmaterial, um die jeweils vernünftigsten, therapeutischen Maßnahmen empfehlen zu können, etwa drastische Veränderungen in den Umweltverhältnissen, die Trennung vom Elternhaus, vom weiteren sozialen Umfeld und von der bisherigen Schule und die Neueingliederung in eine Umgebung, die dem Kind in jeder Beziehung Hilfestellung leistet und ihm gleichzeitig feste, klare und faire Grenzen für sein Verhalten setzt.

Bevor Sie die Überweisung eines Kindes in eine andere häusliche Umgebung, andere soziale Umweltverhältnisse oder in eine Internatsschule empfehlen, sollten Sie das Kind von einem Arzt untersuchen und begutachten lassen, der gründlich, gewissenhaft und mit der Tatsache vertraut ist, daß scheinbare Kleinigkeiten wie Würmer, Eisenmangel, leichte Allergien, Mangel an Vitamin B oder C, Über- oder Unterfunktionen der Schilddrüse oder Schlafstörungen sowie ernstere Probleme wie Hypoglykämie, schwere Allergien, Diabetes, Narkolepsie, Epilepsie und andere Funktionsstörungen, Beschwerden und Krankheiten sich sehr stark auf das Verhalten der betroffenen Kinder auswirken.

Die in Green Valley gebräuchlichen, diagnostischen Kategorien:
Schizophrene,
Psychopathen,
pseudoneurotische Psychopathen,
im Bereich der sozialen Bindungen schwer Verhaltensgestörte,
autistisch-gehemmte Verhaltensgestörte,
pseudoneurotische Schizophrene,
in ihren sozialen Beziehungen verhaltensgestörte Normale (Anpassungsreaktion).

Diagnostische Kategorien, die als psychopathisch behandelt werden:
Funktionelle Narkoleptiker,
affektive/aktive Homosexuelle,
Alkoholiker,
Süchtige (mit Ausnahme von »Klebstoff-Schnüfflern« und depressiven Marihuana-Süchtigen).

Andere wichtige Kategorien:

Kanner-Syndrom (frühkindlicher Autismus),
Hirntraumata durch Gewalteinwirkung,
schwere Sprachstörungen infolge Hirnschädigungen.

3. Gefahrensignale

Anzeichen, die die Notwendigkeit einer ärztlichen Untersuchung, gezielterer Behandlung und tiefgreifender Umweltveränderungen erkennen lassen:

1. Schlafstörungen, vor allem der plötzliche Verlust des gewohnten Schlafrhythmus; ausgeprägte Schlaflosigkeit, häufig bei gleichzeitigem Erschöpfungsschlaf am Morgen und während des Tages;
2. Reizbarkeit, Wutanfälle, Verlust der Selbstbeherrschung, Trotz;
3. Rapide Stimmungsumschwünge;
4. Plötzliche und ausgeprägte Verhaltensänderungen und Regressionen auf frühere Verhaltensweisen (hat das betreffende Kind jemals das Sprechen verweigert, nachdem es sprechen gelernt hat?);
5. Absonderung von anderen Kindern;
6. Zündeln (vor allem in Verbindung mit Bettnässen);
7. Humorlosigkeit;
8. Zerstörungswut, Grausamkeit; häufig verbale Äußerung von Todesdrohungen, vor allem gegenüber den Eltern;
9. Auffälliger Lidschlag — vor allem langsamer, schläfriger Lidschlag in Normalsituationen und hektischem Lidschlag bei Streß oder beim Lügen usw.;
10. Tics, Nägelbeißen, Ängstlichkeit, ständige, hektische Lippenbewegungen, Nervosität und Unruhe, gehetzt wirkendes Verhalten, kurze Konzentrationsspanne, mangelnde Konzentrationsfähigkeit;
11. Regressionsneigung, Weinerlichkeit, Überempfindlichkeit gegen Kritik, »Märtyrer«-Komplex;
12. Ungewöhnlich starker »Tom-Sawyer-Effekt« — Gleichgültigkeit und Trotz gegenüber Bestrafungen, Selbstverstümmelung, Faszination an Schmerzempfindungen, totale Verweigerung;

13. Extremer »Superman«-Komplex, auffallende Vorliebe für Schußwaffen, Messer und andere aggressive Instrumente;
14. Heftige Abneigung gegen die Schule und schlechte Schulleistungen, vor allem starke Diskrepanz zwischen Leistung und Fähigkeiten, und ganz besonders schwache Leistungen im Lesen;
15. Schuleschwänzen.

Wenn dazu noch ein extrem strenger oder extrem nachgiebiger Vater kommt, wenn die erzieherische Aufsicht der Mutter nachlässig, inkonsequent, extrem streng ist oder ganz ausfällt, wenn der Vater dem Kind gegenüber gleichgültig oder offen feindselig ist, wenn die Mutter dem Kind gegenüber gleichgültig oder offen feindselig ist, wenn ein Elternteil fehlt, wenn das Familienleben gescheitert, von Affektausbrüchen, Streit oder emotionalen »Wechselbädern« geprägt ist, dann wird das Kind mit hoher Wahrscheinlichkeit kriminell werden oder sich sonstwie drastisch fehlentwickeln.

Nach unseren Erfahrungen mit über 500 schwierigen Kindern ist es für einen potentiell schwierigen Jungen so ziemlich das Schlimmste, wenn er von seiner Mutter allein aufgezogen wird, oder wenn in seiner Familie eindeutig die Mutter den Ton angibt. Dabei spielt es kaum eine Rolle, ob bei entsprechender Prädisposition des Kindes die dominierende Rolle der Mutter auf deren Hysterie, Neurosen oder krampfhaft verteidigte Herrschsucht zurückzuführen ist. Fast alle unsere Kinder kommen aus Familien mit ausgesprochen problematischen Mutterfiguren. Eine charakterstarke, warmherzige Frau, die das häusliche Leben durch ihre Integrationskraft intakt halten kann, ist durchaus in der Lage, das Fehlen des Vaters oder dessen allzu große Nachgiebigkeit oder Strenge, Gleichgültigkeit oder Feindseligkeit auszugleichen. Dies gilt bis zu einem gewissen Grad auch für Väter, obwohl deren Rolle in einer vergleichbaren Situation besonders schwierig ist. Es ist nun einmal eine Katastrophe, wenn einem das Schicksal eine labile oder lieblose Mutter beschert. Die väterlichen Ausgleichsmöglichkeiten scheinen dabei umso geringer zu sein, je höher das Einkommen der Väter ist. Dies wirft ein bezeichnendes Licht auf das verarmte Familienleben bei Führungskräften, Managern und anderen Angehörigen hoher Einkommensgruppen.

In diesem Zusammenhang muß jedoch betont werden, daß von den von uns untersuchten 500 Kindern der Sekundarstufe unserer festen Überzeugung nach nur etwa 125 vorwiegend infolge ihrer Eltern und ihrer häuslichen Verhältnisse verhaltensgestört sind. Oft sind die Eltern nur nicht in der Lage, andere Umwelteinflüsse auf die Entwicklung ihrer Kinder aufzufangen, oder sie verschlimmern durch ihre spezifischen Reaktionen diese Probleme noch weiter. Wir haben es mit vielen schwierigen Kindern zu tun, deren Geschwister sich völlig normal entwickeln und die keinerlei Verhaltensstörungen zeigen. Man sollte als Lehrer immer daran denken, daß keine Bevölkerungsgruppe — so problematisch sie auch sein mag — *nur* schwierige Kinder hervorbringt, und daß selbst Bevölkerungsgruppen mit idealen Sozialisationsbedingungen durchaus einzelne Problemkinder aufweisen. Wir sind der festen Überzeugung, daß man dem Kind am besten dient, wenn man sich ihm als einem Individuum innerhalb des sozialen Umfeldes seiner Altersgenossen zuwendet. Wenn das Kind sich sowohl in seiner Altersgruppe als auch hinsichtlich der Anforderungen, die die Schule künstlich an das Kind stellt, einigermaßen bewährt, wird es aller Wahrscheinlichkeit nach sozial lebens- und durchsetzungsfähig sein.

Wir sind anhand unserer Forschungsergebnisse zu folgendem festen Grundsatz gelangt: Solange ein Kind sich in der Schule ohne Anwendung drastischer Maßnahmen halten läßt, besteht das Beste, das der Lehrer für den Schüler tun kann, darin, ihm das Lesen und Schreiben und vor allem die Freude daran beizubringen. In der Fachliteratur spricht nichts dafür, daß es wirksamere therapeutische Maßnahmen gibt. Wenn der Lehrer aber ganz sicher ist, daß er einem bestimmten Schüler angesichts der begrenzten Möglichkeiten an seiner Schule diese elementaren Fertigkeiten beim besten Willen nicht vermitteln kann, dann — aber auch nur dann — sollte er alles daran setzen, dieses Kind in eine völlig andere Umwelt zu bringen.

4. Tausend und ein Thema für den Unterricht

a) Der Identitätsbegriff

Wer bin ich?

Ein Mensch. Worin besteht der Unterschied zwischen Menschen und anderen Lebewesen?

Weiße, Schwarze, Gelbe, Braune — alles Menschen?

Mensch, Gorilla, Schimpanse, Orang-Utan, Gibbon, afrikanische Affen, südamerikanische Affen, Lemuren.

Unterscheidet sich der Mensch mehr vom Schimpansen als ein Embryo, ein Fötus, ein Baby oder ein Schwein?

Wie erkläre ich einem Roboter den Unterschied zwischen einem menschlichen Embryo, Fötus, Baby, Kind, Erwachsenen und einem Gorilla, Schimpansen, Orang-Utan usw.;

Schwein / Schweine-Embryo / Schweine-Fötus / Ferkel / Jungschwein;

Fisch / Fisch-Embryo;

menschenähnlicher Roboter.

Leben: Worin besteht der Unterschied zwischen Lebendem und nicht Lebendem? Gallert, Qualle, sich selbst reproduzierende Maschine (Beispiel demonstrieren!), Virus, Kristall, amorphe Masse, Gas, Stern, Stein, Computer, Rechenmaschine, selbstgesteuerte Raketen, Puppe, Delphin, Wal, Mongoloide, Schwachsinnige;

Warum essen wir Wale und Delphine, aber keine Schwachsinnigen?

Wann ist jemand tot? Warum leben bei einem Toten Herz, Leber, Nieren, Augen oder Zähne noch eine Weile?

Wann zeigt Fleisch keine Spur von Leben mehr?

Tier: Was ist der Unterschied zwischen Tier und Pflanze?

Hat ein Kohlkopf Empfindungen? Können Tiere denken?

Was bedeutet »denken«? Gibt es einen denkenden Computer, oder wird es einmal einen geben?

Ist denken immer gleich denken? Denken die Menschen, die meisten Menschen, einige Menschen?

Was ist rational, was irrational?

Haben Schweine Schmerzen?

Klug: Was bedeutet »klug«, was »dumm«? Kann ein Hund sprechen? Kann ein Hund Gedichte schreiben? Kann ein Schwein lernen, sich zu duschen? Kann ein Fisch das Tanzen lernen?

Ist »schnell/fast richtig« besser als »langsam/immer richtig«? Ist es besser, sich immer an alles zu erinnern, oder durch Kombination dahinterzukommen?

Individuum: Inwiefern ist man ein Individuum? Wo beginnst du und wo höre ich auf? Wann bist du von deinen Eltern getrennt?

Jagt ein Habicht einen Vogel als Vogel?

Kannst du, ohne mich zu berühren, bei mir Veränderungen hervorrufen, die ich nicht fertigbringe?

Also, hört mir einmal gut zu und stellt euch vor, ihr rutschtet eine drei Meter lange Rasierklinge hinunter — könnt ihr euch ganz genau in das Gefühl hineinversetzen, das ihr dann hättet?

Wenn ein netter Mensch zu dir sagt: »Ich mag dich« — kannst du dann den gleichen Gefühlseindruck auch ohne den Betreffenden haben?

Ist es ein Unterschied, ob ein Fuß ein Gaspedal bewegt oder ein Bein einen Fuß? Warum?

Gehört ein Telefon, ein Teleskop, ein künstlicher Arm oder ein verpflanztes Herz zu meiner Person?

Bin ich anders, wenn ich mit sechs Leuten zusammen bin, wenn ich mit einem einzelnen Menschen zusammen bin, ganz allein im stillen Kämmerlein sitze, mich in Gesellschaft von Jungen oder Mädchen oder Männern oder Frauen oder in einer Menschenmenge befinde, ganz ruhig dasitze, spiele, kämpfe, liebe, hasse?

Wo bist du, wenn alle dich ansehen?

Wo bist du, wenn du schläfst? Was geschieht, wenn die Hälfte deines Gehirns ausfällt, wenn du Fieber hast, unter Einfluß von Drogen stehst, an Vitamin-B-Mangel oder an Pellagra leidest?

b) Was man alles tun kann

Steig auf ein hohes Gebäude und schau hinunter.
Was tun die Menschen, und wo gehen sie hin?
In welche Richtung fahren die Autos?
Wieviel Platz nehmen die Straßen ein?
Wie liegen die Grünflächen?
Wo wird gearbeitet?
Wie kommt der Straßenverkehr voran?
Was geschieht wo, vor allem nachts?
Fahr aufs Land hinaus.

Wie groß sind die Bäume?
Sind die Bäume verschieden, unterschiedlich groß oder ungefähr gleich? Woran mag das liegen?
Wie sahen die Felder aus, und wieviele Bauern waren darauf?
Kennen die Bauern einander?
Wo sind die Menschen?
Wo arbeiten und wo leben sie? Wer hebt etwas vom Boden auf?
Sieh dich in der Schule um.
Wer ist der Hausmeister?
Wo kommen die Lebensmittel her? Wo bewahrt man sie auf? Wer bereitet die Speisen zu? Was tun die Leute den ganzen Tag, und wer sind sie?
Inwiefern sind die Wände sauber?
Wie wird das Schulgebäude verwendet?
Wieviel Wandflächen gibt es da? Was ist eine Wand, und wozu ist sie da?
Entwirf einen Plan für ein Schulgebäude. Fang noch einmal von vorne an. Entwirf ein Schulgebäude für Menschen wie die Zulus, die keine geraden Linien ziehen oder sehen können. Mach einen Entwurf für einen Straßenzug, eine ganze Stadt, ein Krankenhaus ohne Wände.
Was versteht man unter einem Spaziergang? Bedeutet laufen spazierengehen?
Welche Linie ergäbe es auf einem Blatt Papier, wenn du einen Bleistift in gerader Richtung in einen Autoreifen stecktest? Was versteht man unter rollen? Was ist ein Rad? Gibt es außer dem Kreis noch eine geometrische Figur, bei der jeder Punkt den gleichen Abstand zum gegenüberliegenden hat? (Ein Tip: es gibt sie!)
Was ist ein Kind?

5. Die Humanitas-Gemeinschaft

Wir führen die Ursprünge unserer Gemeinschaft auf die Brüder des gemeinsamen Lebens und die Brüder des freien Geistes zurück, zwei freisinnige, religiöse Orden, die im 14. und 15. Jahrhundert in den Niederlanden, Böhmen, Siebenbürgen und Polen wirkten. Diese Orden unterhielten wie wir humanistisch orientierte Schulen, deren Lehre auf wissenschaftlicher, experimenteller Grundlage beruht und an denen das Zusammenleben nicht von Willkür und Autoritätsglauben, sondern von Liebe und Selbstverantwortung geprägt war. In der Reformationszeit wurden diese Orden zum Ausgangspunkt für radikale Reformatoren wie die Wiedertäufer, die Amischen Mennoniten, Mennoniten, Herrnhuter, Hutterianer, Brüder der Einheit und andere.

Unter den radikalen Reformatoren entwickelten sich die Hutterianer zu christlichen Gemeinschaften, deren Angehörige innerhalb des größeren Gemeinwesens als Handwerker, Ärzte, Baumeister und Mechaniker arbeiteten. Obwohl sie verfolgt wurden, fanden sie wegen ihres hohen Bildungsniveaus und technischen Verstandes zahlreiche willkommene Zufluchtsstätten. Nachdem sie nach Amerika ausgewandert waren, gaben sie ihre stadtbezogene Lebens- und Arbeitsweise jedoch auf und wurden in weit abseits der großen Städte liegenden Gemeinden zu Farmern, die sich wissenschaftlicher Erkenntnisse und Arbeitsweisen bedienten und zahlreiche Anstöße zu neuen Entwicklungen gaben. Im Gegensatz zu den Amischen Mennoniten und den Mennoniten verzichteten sie nicht auf arbeitssparende Erfindungen und wissenschaftlichen Fortschritt. Sie verachteten den Pomp und das Getue des weltlichen Lebens, teilten Kleidung, Lebensmittel und Lebensführung miteinander und nutzten ihre strenge Einfachheit in weltlichen Dingen zur Kapitalvermehrung und Selbstdisziplin.

Zweifellos ist der Rückzug in ländliche Gemeinden, den alle Hutterianer antraten, sobald sie nach Amerika gekommen waren, die beste Gewähr für ein Weiterleben der Gemeinschaft mit unberührten Wertvorstellungen. Unsere Vorväter glaubten jedoch, daß das bloße Weiterleben weniger wichtig ist, als vor der Welt Zeugnis abzulegen und den eigenen Glauben durch die Umwelt auf die Probe stellen zu lassen. Wir sind uns dennoch bewußt, daß das Glaubenszeugnis unserer Gruppe oft nahezu zum Erlöschen kam und daß der von uns gewählte Weg das Risiko der Aushöhlung sowohl unserer Mitglieder als unserer Glaubensüberzeugungen einschließt.

Die *Humanitas*-Gemeinschaft hat die freigeistige und freireligiöse Haltung der Wiedertäufer weiterentwickelt und nimmt jeden gerne als Mitglied auf, der unsere Regeln zu akzeptieren bereit ist. Dies war, genau genommen, in der Vergangenheit möglich; heute legen wir jedoch besonders viel Wert auf andere Christen, Juden, Hindus, Buddhisten, Moslems und andere Humanisten. Vertreter all dieser Glaubensrichtungen sind als Brüder in unsere Gemeinschaft eingetreten.

Bei uns gibt es keine »Theologie«. Die radikalen Reformatoren gingen sowohl in ihrem Glauben als auch in der Praxis so intensiv wie möglich auf das Neue Testament zurück. Sie glauben — und wir mit ihnen —, daß sich jeder Mensch den letzten Fragen stellen kann. Wir erheben auch keine Geistlichen in priesterliche Würden, sondern betrachten alle Gläubigen als Priester. Wir bauen keine Kirchen, richten keine Sonntagsschulen ein, trennen den Gottesdienst nicht vom Alltagsleben und ergehen uns auch nicht in Spekulationen über Gott und die letzten Dinge. Um es mit den Worten des heiligen Augustinus zu sagen: Wir wissen nicht, was Gott ist, aber wir wissen, was er nicht ist.

Wir sind der Überzeugung, daß alle theologischen Aussagen — überhaupt alle Aussagen über letzte Dinge — unvollkommen sind und daher nicht als abgeschlossen betrachtet werden können. Unserem Glauben entsprechend sollten zwischen uns und der Gemeinschaft mit anderen Seelen nicht Worte und Formulierungen stehen. Wir glauben aber, daß gegensätzliche Verhaltensweisen trennend wirken können und daß Menschen, die überlegt ein religiöses Bündnis eingegangen sind, sich von Menschen trennen sollten, deren Verhalten sie für falsch halten. Es ist heute und zu allen Zeiten falsch, einem Kind das Brot wegzunehmen. Es ist heute und zu allen Zeiten falsch, Menschen ohne entsprechende Beweise zu verurteilen. Man kann noch viele andere absolute Wertmaßstäbe aufstellen, über die wir uns einig sind und die sich in unserem Verhalten niederschlagen. Grundsätzlich versuchen wir aber wie die Hutterianer auf dem Lande, uns unseren eigenen Glauben und unsere eigenen Wege der Erlösung selbst zu schaffen. Wenn wir anderen Menschen gegenüber ein Zeugnis unseres Glaubens ablegen, so nicht, um sie zu bekehren oder gar ein Urteil über sie zu fällen. Unser Rückzug von anderen Menschen bedeutet auch keine Verurteilung anderer Lebensweisen, sondern den Versuch, das für unser Leben als richtig Erkannte zu bewahren. Wir glauben an gesellschaftsspezifische Werte und Normen und sind bereit, jeden beliebigen Menschen in unsere

Gemeinschaft aufzunehmen, trennen aber klar und deutlich zwischen uns und anderen. Wir lassen uns nicht einreden, daß jede Form des menschlichen Lebens gleichwertig sei. Dies glaubt auch sonst niemand; aber wir geben jedem, der sich uns anschließen will, ganz klar zu verstehen: Dies hier ist unsere Gruppe — und sie geht vor.

Die meisten Menschen scheinen Schuldgefühle, Selbsttäuschungen und willkürlich begründete Autoritäten zu brauchen. Es gibt ganz gewiß hinreichende Anhaltspunkte für die Vorstellung von einem »Todestrieb« beim Menschen. In unserer ländlichen Gemeinde ist davon aber nichts zu spüren; bei uns ist die Lebenserwartung sehr hoch, Degenerationserscheinungen sind gering, Neurosen, Kriminalität und soziale Spannungen unbekannt, und die einzigen Fälle von Geisteskrankheit, die es bei uns gibt, scheinen von Anfang an organischen Ursprungs gewesen zu sein. Wir versuchen, eine sich ständig weiterentwickelnde, in tätiger Liebe geeinte Gemeinschaft zu schaffen, die sich in ihrer Umwelt aktiv engagiert und dafür Zeugnis ablegt, daß das Leben ein Geschenk Gottes ist. Viele Menschen (auch wenn sie behaupten, nicht an Gott zu glauben), verhalten sich so, als schuldeten sie jemand etwas für ihr Leben. Wir stehen in hartem Gegensatz zu dieser Vorstellung und zu denen, die sie vertreten und durchzusetzen versuchen.

Die Christen unter uns glauben daran, daß der Opfertod Jesu für alle Menschen gilt und etwas Vollkommenes ist. Das bedeutet unserer Glaubensüberzeugung nach, daß Sünde und Schuld ein für allemal tot sind. Wir glauben, daß Menschen, die Sünde und Schuld predigen, nicht im Sinne Christi handeln, denn sie machen sein Opfer zunichte. Unserer Überzeugung nach dienen diejenigen, die ständig von der Sündhaftigkeit der Welt reden, dem Bösen. Man muß statt dessen Mittel und Wege finden, um den Menschen die Erlösung nahezubringen. Wir glauben ganz einfach nicht, daß die Menschen verloren sind, nur weil sie nicht gelernt haben, auf die Botschaft Christi zu hören. Es liegt an uns, einen Weg zu finden, um ihnen diese Botschaft zu übersetzen — so als sprächen sie Kisuaheli.

Die Humanisten unter uns glauben an unseren Versuch, dem Menschen zu einem vollen, reichen und schöpferischen Leben in der Gemeinschaft mit anderen zu verhelfen. Das in unserer Spra-

che und unserem Leben allgegenwärtige Schuldgefühl und Rechtfertigungsbedürfnis bedeutet für uns aber noch immer eine bedeutende Hürde aus diesem Weg.
Die Rationalisierung des Mythischen hat Menschen, die sich an Wortbedeutungen klammern, den Zugang zu Christus versperrt. Wir bemühen uns, die Botschaft Jesu dem Verständnis zugänglich zu machen. Schuldgefühle sind etwas völlig Überflüssiges, und dennoch beherrschen sie das Leben der meisten Menschen. Sie glauben an die Macht Satans, aber nicht an die Macht Christi; sie glauben an die Sünde, nicht aber an die Vergebung der Sünden. Sie werden von dämonischen Kräften geprägt und spüren nichts vom heiligen Geist, vom Heiland, vom Erlöser.
Wenn diese Ausdrucksweise den rationalistischen, modernen Menschen abstößt, dann wäre es unserer Auffassung nach Götzendienst, an dieser Sprache festzuhalten. Leider scheint es aber keine allgemeinverständliche, andere Ausdrucksweise dafür zu geben.
Wir als Gruppe halten nicht viel von den Erfolgen der Psychotherapie. Es gibt keinerlei Anhaltspunkte dafür, daß irgendwelche anderen Vorgänge als die in der Gemeinschaft wirksamen dabei helfen, das menschliche Leben zu erweitern, zu erhalten, zu bewahren und mit Freude zu erfüllen.
Wir haben in unserer ganzen Geschichte Kirchen verachtet und den Bau von Kirchen für Götzendienst gehalten. Wir haben uns auch immer geweigert, eine von den übrigen Gläubigen getrennte Priesterkaste zu schaffen. Wir lassen unsere Prediger ihr Brot im Schweiße ihres Angesichtes verdienen und sehen Götzendiener in denen, die sich Autoritätsinstanzen aufbauen.
Der einzige wahre Glaube ist unserer Überzeugung nach der, durch den die einzelnen Menschen in Frieden, Hilfsbereitschaft, Verantwortung für einander, Freude, Geduld, Liebe und Versöhnungsbereitschaft zusammenleben können. Wir haben nie daran geglaubt, daß jeder, der sich ständig auf Gott beruft, auch wirklich im Namen des Herrn kommt. Wir nehmen auch keinen Anstoß daran, wenn jemand von Jesus nichts wissen will, aber in seinem Sinne lebt und wirkt.
Wir dienen auch denen, die unserer Gemeinschaft nicht angehören, zu unserem eigenen Nutz und Frommen, denn wir haben vor allem Zeugnis abzulegen. Unser Evangelium, das nichts an-

deres als »frohe Botschaft« bedeutet, lehrt uns, daß die Sünde keine Macht hat und daß die Schuld der Welt getilgt ist. Wenn mehr Menschen an diese Botschaft glauben können, dann wird die Lebensfreude, die uns erfüllt, das Leben anderer und damit wiederum unser eigenes Leben bereichern. Zudem haben Menschen, die Sünde und Schuld ungeheuer wichtig nehmen und sie geradezu zum Kult erheben, zu allen Zeiten Menschen verfolgt und bekämpft, die lebensfroh und tolerant sind. Es wäre zu unser aller Vorteil, wenn die Welt mit Lebensfreude erfüllt wäre, denn Freude bringt wieder Freude hervor.

Es liegt ebenfalls in unserem ureigensten Interesse, Menschen zu dienen, für die diese Fragen nicht die geringste Bedeutung haben — Menschen, die am Verhungern sind, vor Schmerzen fast umkommen oder durch ihre Umwelt in ihrem menschlichen Potential so reduziert wurden, daß sie keinen Funken menschlichen Geistes und menschlicher Intelligenz mehr besitzen. Wir stehen dann nicht mehr unter dem Zwang, »zu uns selbst zu finden«, »mit uns selbst ins Reine zu kommen« oder »zu erkennen, wer wir sind«. Wir sind Menschen der Liebe und der Freude und lassen nicht zu, daß andere verhungern oder verstümmelt und gedemütigt werden. Wir wissen, daß wir zu wenige sind, als daß wir die ganze Welt verändern könnten, wissen aber auch, daß wir unsere Schuldigkeit getan haben.

Wir leben in enger Gemeinschaft miteinander und benutzen unsere strenge und einfache Lebensweise als Mittel für unser inneres Wachstum auf das Gute hin, weil wir um die Erweiterung unserer Existenz wissen, die in dem Wissen um uns selbst, in dem Wissen um das Gute und in dem Bewußtsein liegt, daß wir Brüder haben, die uns lieben, die sich an uns freuen, die uns und unseren Kindern Nahrung geben, die Anteil an unserer Arbeit nehmen, die um der von uns gewählten Aufgaben willen gemeinsam mit uns Selbstdisziplin üben und die unsere Regeln nicht dazu verwenden, Sünde und Schuld wiederzuerwecken, sondern mehr Freude und Liebe in unser aller Leben zu bringen.

Wir leben in enger Gemeinschaft miteinander, weil die Vereinigung der Kräfte jeder ethisch gefestigten, disziplinierten, glaubenstreuen und lebenstüchtigen Gruppe von vornherein im Gegensatz zu isoliert lebenden Menschen einen wesentlichen Vorteil verleiht.

Strenge und Einfachheit in der Lebensführung wirken sich, von einer Gruppe innerhalb einer Wohlstandsgesellschaft praktiziert, sofort höchst förderlich auf die wirtschaftlichen Voraussetzungen der Gemeinschaft aus. Sie scheinen auch die Disziplin innerhalb der Gruppe zu festigen, Konflikte zu verhindern, die ethischen Voraussetzungen zu stärken und die Zielvorstellungen zu präzisieren. Daran ist nichts Geheimnisvolles oder Religiöses — jeder kleine Geschäftsmann, der vorankommen möchte, tut im Grunde dasselbe.

Genügsamkeit ist etwas sehr Relatives. Sowohl wir persönlich als auch unsere ländlichen Gemeinschaften als Ganze erfreuen uns einer Einrichtung und Ausstattung, von der unsere Berufskollegen oft nur träumen. Wir haben mehr soziale Sicherheit, eine bessere Gesundheitsfürsorge und vielfältigere Freizeit- und Urlaubsmöglichkeiten, als die meisten unserer amerikanischen Landsleute.

Wir geben gerne zu, daß unser Verhalten durchaus egoistisch motiviert ist. Wenn wir gut und anständig sind, dann nicht, um Beifall von anderen dafür zu bekommen, ja nicht einmal, um ihnen etwas Gutes zu tun, sondern um unser Wissen um die Menschen und damit um uns selbst zu vertiefen. Wir betrachten Menschen, die von sich behaupten, sie wollten Gott oder der Menschheit dienen, mit großer Skepsis. Wir sind nicht anmaßend — und das ist im Grunde alles, was wir tun können, um unseren Interessen zu dienen.

Es hat sich so ergeben, daß wir gewissermaßen einen Forschungsauftrag in Sachen Sozialarbeit erfüllen. Unser utopisches Ziel besteht in der Umgestaltung der Gesellschaft in Gemeinschaften, in denen individuelle Unterschiede respektiert und die Selbstdarstellungs- und Ausdrucksmöglichkeiten des einzelnen bei größtmöglichem Freiheitsspielraum gefördert werden. Wir sind Realisten und interessieren uns für das Praktikable. Wir erlauben keinem Forscher- oder Betreuer-Team, irgendeine spezifische Form von Dienstleistung über mehr als 36 Monate auszudehnen. Selbst wenn die Betreffenden glauben, daß diese Arbeit im 37. Monat praktisch von selbst laufen würde, brechen wir sie ab. Wir gehen dabei von dem Grundsatz aus, daß wir ein Projekt, das innerhalb dieser Frist nicht gelingt, einfach nicht im Griff und wohl auch nicht verstanden haben, oder daß dieses Projekt,

falls das Letztere doch der Fall ist, eine Hilfeleistung unsererseits bedeutet, für die seitens der betreffenden Zielgruppe gar kein Bedürfnis besteht. Seit 1957 haben wir in folgenden Bereichen gearbeitet:
Schülerspezifische Organisation von Oberschulen im Hinblick auf kulturelle Programme und Aktionen;
relaienorientierte, politische Aktionsgruppen auf Bundesebene, Reformbewegung und kulturelle Kreise;
soziale Einrichtungen auf lokaler Ebene (Kinderbetreuungszentren für umherziehende Landarbeiter, Jugendzentren, Übungsgruppen für Kinder mit Leseschwächen usw.);
Schulen, Behandlungszentren und praktische Neuerungen hinsichtlich besserer Lesemethoden und therapeutischer Programme;
Anleitung zu politischem Handeln für schwarze und weiße Slumbewohner (in den USA und in Kanada).
Unsere Erfolgskriterien bestehen darin, daß:
die neugeschaffenen Institutionen die nachfolgenden Entwicklungen und Personalveränderungen um mindestens drei Jahre überleben;
die Organisations- und Aufbauphase nicht länger als 6 Monate in Anspruch nimmt;
die angewandten Methoden mindestens 85 Prozent der Wirksamkeit direkter Konsultation aufweisen, wenn sie schriftlich oder durch Film und Tonband vermittelt werden;
die betreffenden Einrichtungen in erster Linie von Laien und freiwilligen Helfern in Gang gehalten und von Ortsansässigen geleitet werden (andere Mitarbeiter können aber angeworben werden);
die Unkosten ein Drittel dessen, was üblicherweise aufgewendet werden müßte, nicht übersteigen;
die Lern- oder Therapieziele klar und praxisbezogen definiert sind und in einem über dem Rahmen des Üblichen liegenden Maß erreicht werden.
Lange Zeit hindurch betrachteten wir ein Projekt prinzipiell nur dann als Erfolg, wenn die in ihm tätigen Mitarbeiter in keiner Weise »ausgesiebt« wurden. Wir halten uns zwar nicht mehr ganz so streng an diesen Grundsatz, richten uns bei unseren Auswahlmaßnahmen aber nur ganz oberflächlich nach der sozialen Eignung der Betreffenden für ihre Aufgabe — dies vor allem des-

halb, weil die uns heute am Herzen liegenden Forschungsaufgaben und Aktionen in der Bevölkerung die obere Mittelschicht und die Oberschicht betreffen.
Nach diesen Kriterien liegt unsere Erfolgsquote bei 90 Prozent. Unter idealen Bedingungen würden wir einander in Führungsaufgaben sehr viel häufiger abwechseln. Leider ist unsere Gruppe für ein ideales »Rotationsprinzip« in der Führung noch immer viel zu klein. Immerhin war der derzeitige Verwaltungsdirektor unserer Schule im vorigen Jahr Studienleiter, das Jahr zuvor Vertrauenslehrer, davor Schulberater im Camp und noch früher Arbeiter.
Der Schwerpunkt unserer Forschungstätigkeit und praktischen Arbeit liegt heute im Bereich des Schulwesens und in der Behandlung besonders schwieriger Erziehungsfälle — vom Kriminellen bis zu langjährigen Patienten von Nervenkliniken. Unsere Unternehmungen schließen Schulen, Behandlungstechniken für schwierige Jugendliche, kleinere landwirtschaftliche Betriebe, Fischereiunternehmen, die Produktion elektronischer Geräte für Psychologen und verlegerische Tätigkeit ein.
Bis zum Jahre 1975 wollen wir eine in sich geschlossene Gemeinschaft aufbauen, um für die weitere Erforschung unserer Vorstellungen von der Entfaltung menschlichen Potentials eine optimale Umwelt für die Familien zu schaffen. Wir erwägen eine Änderung unserer bisherigen Praxis, Mitarbeiter durch Dienstleistungsunternehmen anzuwerben. Dies würde bedeuten, daß die Interessenten künftig aus der Gemeinde selbst kommen werden.

6. Nachwort des Autors

Nachdem ich das unredigierte Manuskript dieses Buches an zahlreiche Freunde und Kollegen geschickt hatte, kristallisierten sich drei wichtige Gedankengänge heraus, die einiger Erläuterungen, Verbesserungen und Stellungnahmen bedurften.

1. Man war sich allgemein darin einig, daß der Wissensstand der Öffentlichkeit hinsichtlich der Lerntheorie viel zu begrenzt ist, als daß man auf technische Anmerkungen zu bestimmten Lernvorgängen, Lehrstilen, Lehrmitteln, Lehrmethoden, Lern-

vorgängen und Lehrmodellen, vor allem zum Aufbau der Lernphasen in der Entwicklung des Kindes, hätte verzichten können. (Ich bitte meine Leser um Verständnis für die oft umständlichen und trockenen technischen Details; sie schienen mir nämlich recht wichtig.)

2. Fast alle Erzieher, die ich kenne, sind entmutigt, verärgert, ressentimentgeladen, frustriert und pessimistisch. Ich bin inzwischen ein gutbezahlter Vortragsredner, der für alle möglichen Zuhörergruppen Vorlesungen über Erziehungsfragen hält. Wenn ich mit Eltern spreche, bekomme ich zu hören, die Schulbehörden seien ein politisches Otterngezücht, die Aufsichtsbeamten säßen in ihren Ämtern nur stumpfsinnig ihre Zeit ab, die Schulleiter seien mehr als überflüssig, die Lehrer arbeiteten wie Buchhalter nach Schema F, und die anderen Eltern seien einfach unausstehlich. Spreche ich mit Lehrern, dann bekomme ich zu hören, die Eltern verlangten ständig Noten, Zwischenzeugnisse und tägliche Schulleistungsberichte, die Schulleiter hinderten sie auf Schritt und Tritt an echtem, pädagogischem Wirken, die Schulbehörden bestünden aus ebenso feigen wie machtbesessenen Politikern, und die Schüler seien die reinsten Ungeheuer. Besonders lebhaft ist mir eine dreitägige Fortbildungstagung in Erinnerung, zu der ich als Seminarleiter eingeladen war. Ich sollte kurz vor Beginn eines neuen Schuljahres in einem der wohlhabendsten Schulbezirke, einem goldenen Ghetto in der Nähe von Cleveland, zu den Lehrern sprechen. Damals dachte ich mir: »Endlich kann ich mich einmal mit Fragen des normalen Unterrichts befassen, anstatt immer nur mit Sonderschulpädagogik und schwierigen Fällen!« Das war geradezu rührend naiv. Die Lehrer wollten überhaupt nur über schwierige Kinder reden. Während eines meiner Diskussionsbeiträge sprang ein Schulleiter auf und rief: »Ach, Sie haben ja keine Ahnung! Morgen steigen wir wieder in unsere Löwengrube und kommen uns vor wie im Krieg!« Und das an einer Schule mit Teppichböden in jedem Klassenzimmer! Wenn ich mit Schulleitern diskutiere, dann erzählen sie mir von völlig verrückten Eltern, von den miesen Lehrern, mit denen sie sich abplagen müssen, und von blödsinnigen Schulräten und Ministerialbeauftragten. Spreche ich mit Schulräten, dann bekommen ich zu hören, die Schul-

leiter spotteten jeder Beschreibung und die zuständigen Bildungspolitiker seien überhaupt das Letzte.

Einmal war ich als Referent vor eine Versammlung von Bildungsexperten geladen, die im Erziehungsministerium von Connecticut arbeiteten. Als ich meinen ziemlich langen Vortrag beendet hatte, ergriff der Regierungsbeauftragte das Wort, äußerte sich begeistert über meine Ausführungen und wandte sich dann mit folgenden Worten an die Versammlung: »Genau das sag ich Ihnen die ganze Zeit!« Während der Diskussion meinte ein Fachvorsitzender allerdings: »Sie können das nicht verstehen. Das ›Establishment‹, die Grauen Eminenzen hinter den Kulissen machen es uns völlig unmöglich, nach diesen Grundsätzen zu handeln.« Nach mehrjähriger Arbeit in der Stadt und im Staat New York weiß ich wahrhaftig ziemlich genau, wie tief Schulpolitiker in Korruption versacken können. Dies gilt aber ganz sicher nicht für das ganze Land, ja noch nicht einmal für die meisten Schulen und Schulpädagogen. Die meisten meiner Vorträge werden mit großer Begeisterung aufgenommen, meine Bücher, Broschüren und Lehrmaterialien finden reißenden Absatz, und die meisten Besucher, die sich unsere Schulen ansehen, sind hellauf begeistert.

So grundverschieden die Kritiker unseres Schulwesens auch sind, so sind sie sich im Prinzip dennoch in der folgenden Beurteilung einig: Den Lehrern ist alles egal. Die Schulleiter sind die reinsten Psychotiker. Die Schulordnungen und sonstigen Vorschriften dienen nur den Zwecken der Behörden und sind praktisch unabänderlich. Die Kinder sind Opfer der allgemeinen Trägheit, der Korruption, politischer Schachzüge, von Ideologien und allen möglichen Kollektivpsychosen. Wir aber lieben unsere Kinder und sind bereit, für sie zu kämpfen. Wir sind bereit, von uns aus Sozialarbeit zu leisten; Sozialarbeit besteht für uns nicht in schönen Worten, sondern in der Beschaffenheit von Nahrungsmitteln, Kleidung, Wohnraum, Brillen, Gesundheitsfürsorge — und in Liebe und Zuwendung. Wenn die Schulordnung verbietet, daß man Kinder anfaßt, dann setzen wir uns eben über diese Vorschriften hinweg, sorgen dafür, daß sie geändert werden, ziehen in einen anderen Schulbezirk — oder schießen den Vorsitzenden der Schulaufsichtsbehörde auf den Mond. Es macht uns nichts aus, ein paar Hundert Dollars aus der eigenen Tasche zu bezahlen, um unseren Kindern zu helfen. Wir legen uns notfalls mit allen Autoritäten an, um bessere Arbeitsmöglichkeiten, mehr freiwillige Mitarbeiter, besseres Lehrmaterial und ein reichhaltigeres Angebot für unsere Kinder durchzusetzen.

3. (Ich muß noch vorausschicken, daß die Ansicht meiner Freunde und Kollegen durch meine Erfahrungen untermauert wird): Manche Ärzte verdienen nicht, daß man sie Ärzte nennt. Sie sind nachlässig und gleichgültig, schlecht ausgebildet, lernen nichts dazu und behandeln ihre Patienten, denen sie überhöhte Honorare abverlangen, mit größter Geringschätzung. Wenn ich höre, daß das Durchschnittseinkommen der amerikanischen Ärzte in den letzten acht Jahren um soviel angestiegen ist, wie das Gesamteinkommen des Durchschnittsamerikaners ausmacht, dann läuft mir die Galle über. Ich könnte Sie mit zahllosen Horrorgeschichten über Ärzte ergötzen, glaube aber, daß Sie selbst genügend einschlägige Erfahrungen haben und daher auf weitere Ausführungen meinerseits verzichten können.

Wenn Kinder unterernährt sind (und das sind Millionen — wir hatten auch mit Hunderten von unterernährten oder falsch ernährten Kindern zu tun, die aus wohlhabenden Familien oder mittleren Einkommensschichten stammten), dann braucht man keinen Psychotherapeuten, um sie zu behandeln. Genauso gut könnte man mit ihnen zum Astrologen gehen. Viele Ärzte arbeiten nicht mehr so, wie sie sollten. Wenn Ihr Arzt nicht mit Ihnen über Ihre Krankheit, über deren Ursachen, Verlauf und Komplexität sprechen will, dann suchen Sie sich am besten einen anderen Arzt.

Sie sollten natürlich auch bereit sein, den zusätzlichen Zeitaufwand, den ein guter Internist, Facharzt für allergische Erkrankungen oder praktischer Arzt Ihren Belangen widmet, besonders zu bezahlen. Wenn ein Arzt sich jedoch in seinem Fachgebiet nicht auf dem laufenden hält, mit der einschlägigen Literatur nicht vertraut ist und Sie als Mensch geringschätzig behandelt, haben Sie in seiner Praxis nichts mehr verloren.

Speist man sie mit vagen Formulierungen ab wie »Diese Erkrankung ist seelisch bedingt« oder »Wir haben es hier wohl mit einem hirnspezifischen Syndrom zu tun« oder »Wissen Sie, Sie leiden möglicherweise an Multipler Sklerose. Kommen Sie doch in vier Monaten wieder vorbei, damit wir feststellen können, was in der Zwischenzeit daraus geworden ist«, empfehle ich Ihnen sehr, den Arzt zu wechseln. Wenn Ihr Krankheitsbild so komplex oder so ungewöhnlich ist, daß ein guter Internist nicht mit Hilfe von gründlichen Laboruntersuchungen und konsultierten Fachkollegen die Ursache der Störung herausfinden und therapeutische Maßnahmen ergreifen kann, dann sollte er den Mut aufbringen, Ihnen zu sagen: »Ich weiß nicht, was es ist.« Wenn er das ganz ehrlich zugibt und wirklich Arzt ist, dann wird er Sie immer untersuchen und allen Möglichkeiten nachgehen, die sich aus der umfangreichen, medizinischen Fachliteratur ergeben. Er wird aber auf keinen Fall aufgeben oder Ihnen raten, einfach abzuwarten — geschweige denn erklären, es sei einfach »seelisch bedingt«!

Ich kann gar nicht nachdrücklich genug erklären, wie wichtig die ärztliche Untersuchung und Behandlung für die Erziehung sowohl des normalen als insbesondere des schwierigen Kindes ist (und von welchem Kind kann man schon behaupten, es sei überhaupt nie schwierig?). Dies gilt in vollem Umfang auch für das Wohl der ganzen Familie. Eine regelmäßige, alljährliche, gründliche, medizinisch-biologische Bestandsaufnahme durch einen qualifizierten Internisten oder praktischen Arzt, der jedes Familienmitglied eingehend auf seine Stoffwechselfunktionen untersucht, ist in jeder Beziehung die beste Lebensversicherung, die Sie abschließen können.

Ravensburger Elternpädagogik

Wolfgang Stuckenhoff

Spiel, Persönlichkeit und Intelligenz

Anleitung zum intelligenzfördernden Einsatz von Spiel, Spielmaterialien und Rollenspiel bei Kindern.
160 Seiten mit 27 Schwarzweißfotos, Format 14 x 21 cm.
Kartoniert. Originalausgabe.
Persönlichkeitsentfaltung und Intelligenzentwicklung des Kindes stehen in enger Wechselbeziehung mit seinem Spiel und seiner spielerischen Erfahrung der Umwelt. Wie kann und soll der Erwachsene bei diesem Prozeß konstruktiv mitwirken? Welche Kinderspiele und Spielmaterialien sind förderlich, welche Form des Rollenspiels führt zu kooperativem Verhalten und zur Stärkung der Persönlichkeit? Vor dem Hintergrund spieltheoretischer und pädagogischer Erkenntnisse bietet der Autor in allgemeinverständlicher Form eine reiche Auswahl von Anregungen und Vorschlägen, die dem jeweiligen Entwicklungsstand des Kindes entsprechen. Zahlreiche Fotos geben zusätzliche Empfehlungen.

Otto Maier Verlag Ravensburg